湖南省新闻出版发展基金会资助项目

总　目

目　录

知养恬斋试帖 道光戊戌刊

知养恬斋试帖　卷二十七 ····· 125

十二侵 ································· 125

蜀槎小草

知养恬斋诗钞

知养恬斋试帖 道光甲辰刊

知养恬斋赋钞

知养恬斋试帖 道光戊戌刊

曾主陶　点校

知养恬斋试帖　卷一

一东

蓬山振雄笔

振袂蓬山顶，词曹笔阵雄。韵流青镂管，名重碧纱笼。起草仙心杂，生花吉梦通。鳌头凌𫘤荡，鸡距握玲珑。墨海澜回紫，辞条露染红。佩声三岛外，胪唱五云中。摇岳才如虎，登瀛气吐虹。簪毫窥圣藻，翔步凤楼东。

春风得意马蹄疾

清望标金马，豪吟走玉骢。苦心曾夜雨，得意此春风。杏苑英华富，兰筋顾盼雄。万花飞日下，一骑策云中。足展先知骥，毛丰早顺鸿。群真空冀北，榜不漏江东。宫树摇浓绿，街尘衬软红。卷阿欣扈跸，第颂继梧桐。

风软游丝重

忽讶游丝坠，溶溶袅碧空。重疑回絮雪，软乍试光风。玉铎声犹寂，珠尘舞自工。吹来何缥缈，转去更玲珑。淡影摇虚白，微和扬落红。浓分烟漠漠,斜曳雨蒙蒙。淑气涵蘋末,生机妙棣通。皇言纶綍出,申巽赞元功。

落日楼台一笛风

登眺情无限,楼台倚梵宫。万山刚落日,一笛自吟风。西下轮犹挂,南飞曲未终。影斜金的皪,声彻玉玲珑。檐马徐敲铁,竿乌乍转铜。俯临江水绿,高唱晚霞红。远思牵王粲,清才忆马融。恩光依鹤籥,钧奏达尧聪。

碧筒杯

妙得天然具,传杯借碧筒。簪抽莲叶渚,筵坐藕花风。灵窍三分导,幽香一线通。曲生清味永,净友苦心同。轻胜红螺举,虚含绿蚁融。露摇银错落,春湛玉璁珑。呼吸成仙液,雕劖属化工。何如莲炬彻,赐宴杏园东。

枣花未落桐叶长

好是清和候,吹来长养风。花疏篱畔枣,叶茂井边桐。未见繁英落,犹看远荫丰。帘开仍馥郁,圭剪倍葱茏。纂纂垂偏密,萋萋望不穷。小留莺检点,倒挂凤玲珑。画意幽图外,诗情楚室中。御园饶茂植,翘秀近璇宫。

榆 钱

榆荚纷飞处，新钱布满空。影疑沉白水，柯合号青铜。花市抛何密，槐衙撒不穷。铸应凭活火，价莫问清风。点缀成圆相，描摩自化工。两三行并贯，千万选宜同。买夏从蓝圃，沽春贮碧筒。御园韶景富，茂对庆绥丰。

麦随风里熟

宿麦垂垂熟，秋容一望同。肥硗无异地，长养自随风。细落轻花后，和吹浅浪中。穗摇金丽颢，粒飏玉玲珑。剪剪天初燠，穰穰岁早丰。闻香频说饼，解愠正挥桐。白雪占方验，黄云卷未空。扬仁宣巽命，率育惬宸衷。

一树梅花一放翁

身化千花国，花前尽放翁。有香皆立雪，无树不吟风。修到三生后，相思一夜中。幻形浑是蝶，留爪漫惊鸿。团扇全身肖，疏林好梦通。认原忘我相，呼合作天公。醑秘心俱醉，清癯貌总同。晚归谁写照，黄月淡朦胧。

夏虫不可语冰

冰上谁传语，休教问夏虫。纵看鸣趯趯，不辨凿冲冲。冷暖情先判，寒暄话孰通。蝉难知雪候，蚊仅许雷同。技笑雕犹小，词终镂未工。一壶忘映月，四壁止吟风。解事何庸强，拘墟本易穷。励清勤蚁术，茂育仰宸衷。

问道识风淳

周原鸾斾过，孔道凤城通。近识长安日，淳留上古风。采诗来节使，问俗到衢童。雨露金穰锡，河山玉镜融。沿途无害马，遵路庆厖鸿。壤击黄轩后，鞭停绿野中。自他和气应，与我太平同。圣治超怀葛，刍荛达帝聪。

春风鼓俗

匦寓含生意，皇猷拟化工。畏原殊夏日，和自鼓春风。善也清机引，夔乎协气融。德应君子布，好与庶民同。吹垢除纤翳，调元赞太空。扇扬情共慰，箫过感斯通。蒲长尧厨荚，薰来舜陛桐。湛恩周海内，渐被总厖鸿。

曾看挥毫气吐虹

旧识簪毫客，仙才迥不同。焚香曾选卷，吐气看成虹。咏想霓裳丽，奇争笔阵雄。吞余丹篆古，写待碧纱笼。借手酬知己，从心补化工。文光高北斗，风景忆南宫。名冠三千士，诗传六一公。珥彤依舜日，长愿励葵衷。

四月南风大麦黄

斗南占物阜,登麦事匆匆。白兆三冬雪,黄随四月风。律调秋独早,种播地先同。色辨金穰候,薰来玉琯中。气催蘴共秀,收与谷兼丰。饼饵香频拂,篝车路渐通。鸢飞天漠漠,鸠唤雨蒙蒙。率育关宸念,来牟御廪充。

劳农劝民

盛代修农政,芳原夏课同。劳因敦稼事,劝即重民功。申命兼匡直,辛勤望北崇。蚕忙期乍过,雁趣意先通。酒载平畴外,旌扬夕照中。欢庐人挟纩,愠解帝挥桐。勉作成淳俗,知依慰圣衷。丹屏无逸绘,万井庆绥丰。

知养恬斋试帖　卷二

二冬

农乃登麦

棟风吹过后，麦气望葱茏。率育将贻我，先登乃自农。蚕忙催倏忽，鸠警患疏慵。日至欣相告，秋收快早逢。即今烟穗重，忆昔雪花浓。铚刈同黄茂，仓储慰素封。两歧歌待献，九谷职兼供。明受方陈颂，绥丰圣化酽。

古书浇胸

艺林勤汲古，山谷擅词宗。直决江河义，常浇锦绣胸。文津吞八九，学海溯千重。自信菑畲富，何曾垒块容。肠搜经液润，心醉墨香酽。雪涤中边彻，源探左右逢。一瓻知趣永，三味久情钟。启沃宸修懋，龙纶焕辟雍。

人在蓬来第一峰

艺苑无双士，蓬山第一重。看花来凤阁，簪笔蹑鳌峰。气得江山助，恩沾雨露浓。杏园新走马，芸案旧雕龙。脱白胪传首，梯青宿荡胸。仙班分玉笋，人镜对芙蓉。独步螭头近，群英骥尾从。枫宸麈迪简，赓拜意春容。

塞芙蓉兮木末

西风刚几日，江上尽芙蓉。木末塞应易，花梢放最浓。兆缘人镜协，地宛锦城逢。冷艳双头苗，生香十指供。纵探零露候，闲策倚云筇。襟拟同蓝采，裳教带芰缝。霜华浮灼灼，彩练望溶溶。阙下千官会，连茹快景从。

过雨看松色

翠掩南溪路，山家旧种松。恰看红雨过，剧爱绿云封。径滑闲停屐，林深暂倚筇。泥人惟霡霂，招我借葱茏。碧涤钗千股，青欹盖几重。诗情疏更古，画意淡兼浓。雾涌犹栖鹤，云收待化龙。仙关知未远，花外数声钟。

乃亦有秋

耕也何曾馁，丰收亦在农。乃登秋始至，其有岁欣逢。石廪祥堪验，金穰瑞早钟。二红云子熟，三白雪花浓。腹鼓群情畅，腰镰比户封。夕阳催捆载，流水急村舂。扈扈官先授，鱼鱼化最酕。幽图悬黼座，薄海庆时雍。

清秋勤省稼，区夏利归农。乃粒图无逸，斯箱廓有容。雀衔均邕茂，鱼梦已惺忪。虎掌乘风获，獐牙带月舂。家都储黍稷，力并给租庸。长丙邻争羡，呼庚友未逢。刀耕劳再四，栉比叠千重。枫陛民依切，编氓警惰慵。

澹思浓采

岂是操双管，临文澹复浓。抽思原宕逸，振采特春容。冰雪经千劫，云霞拓几重。胸中无障翳，腕下有陶镕。漫许尘先染，多关秀独钟。寄情如菊瘦，摘艳比桃秾。渺渺神俱永，醰醰未最酽。鸿裁推典午，笔阵任横纵。

农为政本

论秀稽元长，成厘策贮胸。食原先八政，职必任三农。载耒花分杏，挥弦栋倚松。俭勤颂汉诏，耕凿守尧封。灵雨沾双斾，豳风绘九重。陈常时夏遍，力穑有秋逢。道大财原足，民和利不庸。屡丰古泰运，省稼驭苍龙。

王政先敦本，齐书重劝农。纪纲陈朵殿，耕获遍花封。帝力于何有，民功是日庸。棉区膏雨润，清圳稻香浓。粟贮金汤固，租轮玉食供。笠云村近远，镰月亩横纵。九职谋皆裕，三登化最酽。宸躬勤黛耜，击壤乐时雍。

一枝松动鹤来声

恰有抟霄鹤，来栖偃盖松。一枝烟影动，六翮夜寒冲。梵宇婆娑干，芝田缥缈踪。音占縻尔爵，鳞想化为龙。白羽凌风返，苍髯带露浓。化身君子阵，托足大夫封。迹供仙心幻，云依佛顶重。朗吟张务句，声似九皋逢。

从善如登

迁善宜登善，贤关未许封。势如连步上，道在降心从。理境崇千仞，修途隔几重。日跻忘退志，山立勉希踪。高枕居应便，前旌告屡逢。升阶天咫尺，履坦地宽容。品自昭清峻，功常儆惰慵。帝京民共止，协一际时雍。

如石投水

柱石钦名论，明良汉代逢。陈谟天可补，投契水能容。不朽知言立，如流喜谏从。高谈殊碌碌，雅度想溶溶。未负涓埃意，全空芥蒂胸。悠然涵量海，卓尔露词峰。尽许筹堪借，何曾域自封。渊泉昭圣德，砥砺凛寅恭。

重与细论文

仙李多时别，开尊兴倍浓。诗怀论入细，文社结来重。定有花生梦，能无篆吐胸。赏心词络绎，握手话从容。句妙题襟续，情深戴笠逢。远书迟寄雁，近作擅雕龙。旧雨欣投笔，凉风漫倚筇。皋虁依舜陛，鸿藻协笙镛。

日高花影重

小苑迎初日，看花客倚筇。高腾光蔼蔼，渐拂影重重。香逐新晴散，寒教宿霭冲。菜铺红旖旎，枝叠绿横纵。画意疏还密，烟痕淡忽浓。好凭双管绘，漫笑八砖慵。朗照添余荫，斜晖阁下春。尧天方近午，福草映葱茏。

上农挟五

力穑言稽管，程功重上农。余三谋必裕，挟五职同供。队合摩肩往，朋呼计指从。丁添开蜀龚，辰抚隶尧封。纬末邻先卜，锄经力不慵。伍编欣比耦，十拔勉希踪。门倚迎风柳，村依避雨松。欢虞徒小补，圣世尽崇墉。

知养恬斋试帖　卷三

三江

绿满窗前草不除

书声芳草里，众绿绕晴窗。秀色常经眼，生机自满腔。莫删红雨径，好护翠云幢。鸦嘴防轻下，龙文许独扛。西堂诗忆谢，南浦赋摹江。莎蹋吟应健，蕉题兴未降。蝉纱开六六，蝶翅引双双。湛露承尧陛，风行遍万邦。

闲坐小窗读周易

偶读羲文易，虚明就小窗。静观通奥窔，闲坐息纷哤。摘洛开疑网，钩河树智幢。书城宜拥百，经学已无双。傲倚疏棂寄，情因夺席降。搜奇从月窟，继晷借星釭。编久劳三绝，莛非籍寸撞。宸衷修省切，典学迈周邦。

江色映疏帘

杜老行吟处，柴门对锦江。疏帘遮漠漠，远水映淙淙。涨暖时浮鸭，庭闲不吠龙。开轩围竹树，绕砌长兰茳。雪练初分九，银钩乍上双。湿光横曲槛，凉影浸虚窗。卷幔情先惬，乘槎兴未降。蓬瀛欣咫尺，桃浪送轻艭。

疏柳一旗江上酒

瞥见依依柳，沾春兴未降。一旗悬野店，两桨泊寒江。曾否留金勒，分明飐绣幢。鹅黄才织树，蚁绿定浮缸。望趁烟笼驿，酣凭月上窗。青钱应掷几，红袖想垂双。地有王维画，人停毕卓艭。东风沉醉处，絮雪满渔矼。

江春入旧年

又趁东风便，寻春泛画艭。光阴流水逝，寒意隔年降。记点梅图九，曾停桂楫双。岁华荣玉烛，腊酒泼金缸。柳未舒官渡，椒先颂客窗。雪消辞白战，花卖送红腔。此去忙旌节，从来问钓矼。阳和无限意，吹绿满空江。

人随沙路向江村

指点前村路，归人兴未降。白沙寻古渡，黄月澹空江。境僻尘俱净，程遥语不哤。绿莎调马径，红蓼钓鱼矼。烟外筝横一，溪边屐曳双。步随流水远，钟恰晚风撞。芦渚才惊雁，花关渐吠龙。幽寻吾亦惬，快访鹿门庞。

白水满时双鹭下

振鹭翩然下，溪光照水窗。白浮鳞一一，红浴掌双双。拍岸波方涌，凌空势欲降。素涛铺组练，翠黛点兰茳。晴雪忽忽坠，湍花隐隐撞。来从调鹤径，栖向钓鱼矼。画景留前渡，诗情寄小艭。髯苏饶逸兴，胜概写烟江。

虚窗点易静研朱

寡过无如易，研精静不厐。点朱厘断简，生白倚虚窗。手校开疑网，心清对晓缸。编排鳞六六，案引雀双双。韦绝经陈孔，花生笔梦江。披图森绿字，拭砚缀红釭。牺画三爻饮，龙文百斛扛。丹毫勤乙览，巡洛重经邦。

知养恬斋试帖　卷四

四支

花坞夕阳迟

花气烘晴坞，斜阳未下时。艳留春蔼蔼，香送影迟迟。林密
驹难度，阴移蝶不知。浅蒸红旖旎，低阁绿参差。铜箭延长晷，
金盆挂远枝。几丛添辇画，一抹剩胭脂。日有重光瑞，天教壮采
施。升平多丽藻，离照本无私。

圆出于方

圆必由方理，商高数试推。从心先得矩，运掌即知规。径尺
隅堪反，周环管可窥。朗如金镜握，直借玉绳披。一鉴天光印，
重门月影移。联珠仍合璧，举局细安棋。瓠破言征汉，图开画悟
羲。用中钦帝德，神知妙兼施。

读书破万卷

读破书中义，风云入妙思。千秋胸贮后，万卷手披时。鼎说
征颐解，卮言陋管窥。百城欣假我，三味益多师。剖误冰同释，

探微镜不疲。丁牛都导窾，亥豕讵滋疑。落叶行间埽，生花笔底奇。仰惟宸翰富，天藻灿彤墀。

山川出云

官纪云为瑞，民欣雨及时。山浮青蔼蔼，川泳绿差差。岭脊堆蓝重，潭心擘絮迟。栖烟看鹭点，嘘气有龙知。练向悬岩曳，虹从远涧垂。林霏霞外隐，帆影雾中移。宿霭如披画，甘霖已濯枝。怀柔逢圣宇，纠缦焕彤墀。

桐叶知闰

龙门桐百尺，细叶缀高枝。黄落秋先到，青添闰可知。望将珠斗影，题遍石栏诗。益节偏同藕，归奇恰合蓍。荫遮三径外，翠剪一珪时。金井条初放，铜仪候渐移。鱼鳞文未刻，凤尾数堪推。敬授廑宸虑，东厢美实垂。

麦具四时气

瑞麦图堪绘，田家月令知。妙能兼四气，曾不害三时。夏陇黄云簇，春畦绿浪吹。霜寒催种早，雪重压苗低。屈指秋成候，关心日至期。占年符石廪，按候转铜仪。饼饵香千顷，粺䅑穗雨歧。宸衷廑率育，击壤乐恬熙。

芳树垂绿叶

画出扶疏景，芳林叶叶披。缘情浑未断，青眼恰同垂。系马烟浮袖，藏莺露满枝。澹笼云扰扰，低覆水差差。柳暗眠刚起，槐阴夏不知。接巢迷翡翠，拂牖混玻璃。黛洗风停后，岚拖雨过时。御园多厚植，万树荫龙池。

竹下风池绿

小立新亭晚，心清暑不知。青摇风过竹，绿浸水平池。磴曲云垂密，波空月到迟。浮蓝吹缥缈，浓黛洗参差。静对鸾栖处，凉酣鹭浴时。约开萍一道，茁就笋千枝。俗远鄙苏宅，春生小谢诗。茂林环太液，翙凤集彤墀。

野含时雨润

庶汇臻咸若，甘霖恰膏之。润含春满野，泽沛雨知时。芳树鸠啼早，香泥燕啄迟。麦云黄簇簇，秧水绿差差。雾重沉花气，烟轻湿柳丝。涧泉纷滴翠，岩乳滑凝脂。绣陇如披画，茅檐共品诗。湛恩周化宇，有物荷天慈。

吉人辞寡

勿侈悬河论，昌言贵可师。慎昭君子德，寡爱吉人辞。不足恒为善，无多或矢诗。扪心何蔼蔼，脱口故迟迟。圭白磨礲后，忧丹畅厉时。驷追除稗说，凤翙表英姿。违自防千里，忠惟励九思。敷言皇锡极，彝训奉纶丝。

沃土宜桐

夙爱龙门种，空山手自移。千寻材最美，五沃土尤宜。绿润银床拂，清阴玉井披。地腴根倍固，闰积叶先知。尽许条栖凤，何劳壤用麋。植应松友共，法自草人遗。丹穴新栽后，青云直上时。石栏题叶处，山水兴方滋。

蜻蜓立钓丝

钓艇前江系，蜻蜓快所之。眼初回碧玉，足正立朱丝。点水身俱活，禁风力不支。翠纶随上下，锦浪浴参差。荇带牵芳饵，花翎绘折枝。蓼滩疏雨后，荷屿嫩凉时。字锡青亭雅，情耽碧沼痴。忘机安物性，蒲藻灿龙池。

横塘舒意钓，一缕漾轻丝。蚱蜢初维处，蜻蜓小立时。乍来还款款，欲去更迟迟。影荡波千顷，凉贪月半池。翠披新羽翼，红衬倦腰肢。云水聊相托，天渊任所之。笼妨宫女线，弱称放翁诗。更喜纶收后，银炉贯柳枝。

藐尔蜻蜓质，回汀伴钓师。有情窥白小，无力倚青丝。飘举轻风便，留连夕照迟。朱绳潭底饵，赤弁水中姿。六足徐黏处，双环浅逗时。照依瓜蔓水，栖傍藕花枝。翼戢凉微浸，波澄影不缁。短蓑疏箬笠，相对足凝思。

野含时雨润

蔼蔼云笼野，祁祁雨濯枝。凉酣消夏馆，润布买春时。有渰苗兴矣，无声黍膏之。沛霖沾帝泽，爱物本天慈。绣陌浓描黛，烟畦密散丝。绿沉瓜蔓坞，红浸藕花池。计亩私犹及，名亭喜可知。瀛寰酥化遍，柔殿绘豳诗。

濯鳞鼓翼

极目天渊际，禽鱼乐可知。濯来鳞皎洁，鼓去翼差池。凤沼忘机候，鹓班快意时。鬐扬红蓼岸，羽翙碧梧枝。六六凌波静，双双振翮迟。攸然诚得所，举矣任何之。上下惟其察，飞潜自适宜。皇衷欣茂育，歌咏谱由仪。

千章夏木清

消夏延清景，情移杜老诗。千章围古木，百尺荫高枝。涛响深林合，苔花曲干垂。绿天铺隐隐，赤日到迟迟。昼永蝉微咽，云归鸟未知。眠琴泉落处，读画月斜时。胜地钟英厚，名材毓质奇。何如温室树，雨露沃彤墀。

贾岛祭诗

腊鼓残年逼，吟毫镇日持。好倾银瓮酒，为祭锦囊诗。证果须参佛，传薪自得师。瓣香心视后，杰句手敲时。立格何嫌瘦，关情合卖痴。黄羊祈慧业，白凤吐清辞。供养云烟富，神明水月知。诘朝新献岁，驴背更搜奇。

片善辞草莱

紫陛群英集，丹屏片善知。幸兼荠菲采，长与草莱辞。枕每思居者，旌应想告之。玉从昆岭取，羽尽吉光持。白屋弹冠候，青郊辍耒时。别怀南浦赋，乐意北山诗。共裕升三选，咸归协一师。承平欣第颂，迪简仰彤墀。

水母目虾

江景澄如练，名征水母痴。龙睛嫌未点，虾目转相资。瞳共秋波剪，神同海月驰。鱼珠休借照，龟鉴已前知。假我昭昭便，增人昧昧思。金箆难刮处，草屏待捞时。混沌何须凿，灵明漫许私。万流方仰镜，发育荷天慈。

知养恬斋试帖 卷五

五微

领袖群仙上紫微

领袖登瀛侣，欣然上紫微。霓裳无俗韵，宫锦载恩辉。得得梯青上，翩翩脱白归。六鳌才共钓，一鹗已先飞。契自风云合，光容日月依。榆花银汉路，柳汁玉堂衣。仙袂看争举，朋簪愿不违。九重邀特赏，黼黻赞纶扉。

解带围新竹

新植愚溪竹，春深翠似帏。箨冠容小立，蕙带许重围。扶干悬鱼卸，惊条宿鸟飞。一心期长养，十指测依稀。若若金腰绾，森森玉骨肥。赠宜君子缟，赐借主人绯。约来情应尔，平安愿不违。材储东箭美，擢秀近皇畿。

春色先从草际归

芳草年年碧，春来只当归。阳和回大地，煦育验先机。冻解香泥润，烟浮湛露晞。二分叨长养，一色遍芬菲。旧雨萤曾化，新晴蝶乍飞。绿随流水远，红待落花依。启秀承天泽，扬华近帝畿。愿摅葵藿志，长此戴恩晖。

春风柳上归

记与东风别，花时信久违。梅边辞腊去，柳上盼春归。人律才吹垢，扳条又染衣。玉关千里度，金缕几重围。翠盖倾如待，青蘋扇尚微。送来寒剪剪，望到影依依。拂面红犹软，关心绿渐肥。扬仁申巽命，万汇荷恩晖。

蜂重抱香归

卓午重帘卷，游蜂缓缓归。众香清入抱，弱翅重难飞。粮足催花课，衙喧试锦衣。黄涂金翼薄，红衬玉腰肥。艳摘心偏切，芬扬力尚微。一身来缥缈，双股载芳菲。晓日房初构，春风路不违。密官新奉使，好咏柳依依。

花边鸟趁抱香蜂

鸟喧深树里，蜂抱众香归。隔叶时相趁，穿花忽共飞。数声听宛转，一径绕芬菲。羽掠轻风引，须沾晓露微。匆匆来画槛，款款逼柴扉。逐队情偏切，寻芳约不违。低捎烟满坞，薄采锦成围。茂对宸怀豫，繁英灿帝畿。

香罗叠雪轻

幸拜宫袍赐，天香尚染衣。闲将罗偶叠，轻似雪初飞。谁取
银云织，刚同玉屑霏。细心加熨帖，着手亦芬菲。沉水连襟浣，
条冰称带围。坐应三日驻，艳胜六花肥。殿正含风启，人沾湛露
归。握兰叨圣泽，槎又载支机。

阊门左扉

置闰朝颁朔，乘乾帝察玑。立中开紫闼，虚左阊丹扉。敦史
言频记，羲图位弗违。阶东尧荚长，阆右舜琴挥。阴翕调元气，
天旋应化机。厢桐添叶小，厨蓂引薰微。拱极星随转，当阳露未
晞。九阊光玉烛，治日共瞻依。

金带围

良相维扬聚，繁英映曙晖。四枝金作带，一样锦成围。叶拂
卿云烂，香披湛露晞。花真纤紫绶，草待视黄扉。璀璨宜垂佩，
玲珑等赐绯。当风何若若，近日宛依依。此会陪瑶席，他年话衮
衣。好教偕屈轶，翘秀傍彤闱。

知养恬斋试帖　卷六

六鱼

水深鱼极乐

万顷洋洋水，深潜纵壑鱼。机忘依藻候，乐极唼花余。流顺情咸若，潭空境奥如。金波沉隐隐，玉尺去徐徐。新月难窥处，残冰乍陟初。濯鳞红照影，吹浪白生虚。人静观濠濮，皇游咏漆沮。恩波今浩荡，沐浴遍乡闾。

晴色雨余滋

绘出暄妍景，清光朗太虚。绿添疏雨后，红透嫩晴余。四岳云收尽，三竿日上初。帘浮花气盎，陇送稻香徐。雾散鱼鳞屋，波平燕尾渠。蔚蓝澄不滓，空翠画难如。衙曲刚停展，庭闲偶曝书。凤楼朝旭丽，凭眺驻銮舆。

诗书至道该

领取醇醇味，敦诗更诵书。雅言皆矩矱，至道此权舆。金石流遗韵，羹墙见古初。无邪思俨若，惟孝政施于。卷展群疑析，郆存众说储。匡衡颐解后，伏胜口传余。研虑依芸案，熏香遍石渠。文渊森宝笈，不数邺侯车。

月明楼阁在空虚

一片光明界，南楼月皎如。门都开跌荡，府俨入清虚。碧落遥连处，红栏小立余。似缘千里共，直傍五云居。桥远梯金凤，檐高挂玉蜍。修凭仙客斧，贮合上清书。近水精华进，凌霄意气舒。那禁元刺史，高咏爱吾庐。

学者心之白日

学富明诚远，微言试溯徐。青云千载附，白日寸心如。悬象无形里，灵犀有耀余。一丸腾性海，五色灿经畬。珥抱生花笔，轮扶问字车。迟迟春在宥，杲杲影凌虚。草意情田暖，葵衷艺圃摅。丹忱期献曝，瑞纪十辉书。

学海微茫里，东升日皎如。目迷红彻晓，心静白生虚。思力穿云候，情惊快雪初。有光通孔壁，无迹御羲车。壮彩中天揭，清辉太古储。明先贞味爽，爱定足冬余。测影凭银管，晞阳近帝居。

清光来炯炯，一卷镇相于。白日心常捧，青年志自摅。术时旋磨蚁，待旦问更鱼。蒙谷幾微认，咸池径寸虚。戈挥斜照外，鼓振大昕初。漫揣愚夫籥，宜翻壮士车。凤冈同焕烂，驹隙共乘除。寿宇迟螭驾，方升颂九如。

积学能旁烛，曈昽日宛如。风怀原洞彻，宿海任容与。膺服凭黄袄，心花吐碧蕖。此中常皎皎，所照自徐徐。启曜无云翳，含光若谷虚。绛帷开绣帙，元室照华琚。穿胁苍凉出，扪胸灿烂储。寸衷天地别，发箧乐轩渠。

帆随湘转

卅六湘湾远，轻帆转自如。偶随波上下，不计路萦纡。楚水三篙涌，衡云九面舒。曲常听欸乃，船合号相于。香草春流外，桃花晓涨余。烟消樯影直，风送橹声徐。骚国洲浮桥，仙源棹引渔。泛槎欣揽胜，破浪快踟躇。

卓荦观群书

欲挹群言雅，劳搜未见书。流连开卷后，卓荦抚躬余。目待空千古，胸宜富五车。炼都时往复，投笔快轩渠。壮志畴同我，遗编独起予。放怀谋腹笥，得意问经畬。只觉心花粲，休教眼界虚。太冲才博洽，三昧乐何如。

绕屋树扶疏

极写幽栖景，浓阴绕旧庐。屋常邀掩映，树恰对扶疏。一亩吟风处，千章蔽日初。开帘青到座，发箧绿浮书。柳种先生宅，松环处士居。东篱遮翠幕，北牖拂蓝舆。茂密天疑补，盘桓地有余。何如培国栋，百获岁无虚。

三余读书

觅得琅嬛境，旁搜未见书。赏心惟六籍，屈指计三余。志奋风云会，功防日月除。夜灯红欲烛，晴雪白生虚。漂麦依花径，然糠坐草庐。连篇皆墨宝，卒岁藉经畬。听雨闲驱蠹，知更或警鱼。名言稽董遇，华国至文舒。

斫梓染丝

朴斫兼煊染，功宜励始初。伐山文梓美，下箔色丝储。燕贺鸠呼候，龙雕虎绣余。涂丹淇水浩，组素浚郊旟。养者青盈把，治兮绿满裾。断迁须敬止，经纬莫梦如。低俯绳堪正，涵濡锦渐舒。大材施妙绪，三复彦和书。

分秧及初夏

一罫新秧苗，农功亟夏初。播从花雨后，分及麦风余。绿插千畴遍，青铺五叶舒。芳晨勤策马，乐岁兆占鱼。秀发时将届，清和月正徐。鹤头丰草苇，虎掌立苗疏。高廪谋先裕，长赢候不虚。舜琴薰乍拂，酿泽被菑畬。

信及豚鱼

异类皆知信，中孚象岂虚。舞曾观鸟兽，吉更卜豚鱼。蹢涉泥三径，馨扬水一渠。不追仍入苙，相忆每传书。情达私豵候，诚摅祭獭余。豕交殊蠢尔，鳞集亦李如。牧记听经会，来逢鼓瑟初。至诚钦圣德，感召及佃渔。

鸟散余花落

啼鸟匆匆去，飞花尚有余。落英铺点点，清韵散徐徐。风过香犹拂，天空翼正舒。青云千里远，红雨半窗虚。有托来仍往，无言密复疏。不须听买鴆，端合坐披书。锦阵曾穿后，金铃乍响初。好依温室树，鹄立近皇居。

新月补林疏

绕屋环嘉植，阴分半亩余。叶添新荫美，林补旧痕疏。绿覆天无隙，青围地不虚。春山遮转隔，夜月到应徐。螺黛浓描后，莺巢暗接初。落红加点缀，积翠肯删除。柯长珊瑚密，屏联翡翠舒。愿同温树茂，瑶秀近宸居。

如保赤子

诚求孚夏甸，怀保绎周书。人为苍生出，民真赤子如。恫瘝谁念汝，休戚最关予。版献添丁后，堂高正已余。草心怜率土，蒿目轸穷闾。离属情同切，慈严意岂虚。来归思翼燕，孔迩慰颁鱼。寿宇姘嵘广，熙春化日舒。

大衍虚其一

大衍灵蓍揲，苞苻理毕储。爻原三可饮，数乃一先虚。太极浑无象，元模变不居。抱应堪作式，拔岂待连茹。兼综纲提网，流通斗运车。万殊归本后，两执用中余。画类天开始，占同震索初。谦冲钦圣德，阐握契图书。

借书常送迟

不惜荆州借，欣逢未见书。送迟成一例，读遍待三余。忆自瑶华载，曾将宝笈储。苔笺抄不尽，薇露盥无虚。赵璧防轻返，曹仓许寄居。赏心应尔尔，释手故徐徐。假我文章富，怀人鄙吝除。幸依香案近，秘府灿琼琚。

德辐如羽

德本辐堪举，惟防励志疏。寸心欣有得，片羽较何如。度自翩翩式，衷常翼翼舒。两阶陈舞后，千仞览辉余。邮速驰为檄，旌扬结在车。温恭宜木集，仁义作巢居。振刷儒林近，翱翔艺圃初。群英鹓鹭序，奋迅侍天衢。

黄花如散金

红雨春将晚，黄英野渐舒。金波方散去，花影自纷如。风信连番后，光阴一寸余。赏宜人问价，坐有客披书。碎似难胜剪，挥应不碍锄。著依吹缕缕，点石坠徐徐。铸岂同秋橘，芳才掇圃蔬。湛恩蕃庶草，式度仰宸居。

古事问仲舒

古业凭谁考，鸿才仰仲舒。事能通百代，学不负三余。名拟崔琳重，怀征宋璟虚。含香人入直，问字客停车。信受多闻益，如披未见书。紫薇新奉诏，黄阁旧延誉。典似家珍数，材原国器储。好勤修缦笈，献纳近宸居。

虚室生白

精白涵无际，灵台众妙储。生生机不息，了了室原虚。幾见缁尘染，惟容素抱舒。镜澄衷洞若，烛照虑莹如。天宇云消后，冰岩月到初。清光来炯炯，广厦启渠渠。始信聪明净，都缘障碍除。尧心黄屋澹，离照庆那居。

虚心师竹

爱竹仍师竹，何妨日与居。目谋原不俗，心好更能虚。合下菖蒲拜，先教芥蒂除。镜台频埽后，玉版共参余。胸许吞千亩，才忘傲五车。春风欣坐我，朗月宛窥予。逸气云俱上，澄怀水自如。上林多茂植，东箭比璠玙。

白菡萏香初过雨

忽讶通湖白，高低菡萏舒。香添疏雨后，花放嫩晴初。密叶珠犹走，繁英玉不如。波回新绿长，尘涤软红除。色澹时藏鹭，阴凉渐戏鱼。舞风偏馥郁，照水自清虚。盖影亭亭处，兰薰冉冉余。宸游欣茂对，在藻颂皇居。

知养恬斋试帖　卷七

七虞

龙见而雩

麻命颁春殿，隆仪举夏雩。辖方耕帝耤，龙已跃天衢。辰伏光初炳，辛祈敬共乎。柴燔诸福备，馨荐百灵扶。陈玉开黄幄，联珠灿白榆。面稽通胙蠲，肤合灌醍醐。玉宇烽烟靖，金瓯阊泽敷。皇衷麎育物，钦若握乾符。

范蠡乘舟泛五湖

一舸辞官乐，浮家借五湖。好山多是越，远水欲吞吴。脱剑离英主，藏弓诚大夫。鸱夷权伴汝，鸟喙傥容吾。梦里金戈静，吟边雪练铺。臣怜功狗在，客话饭牛无。废苑游麋鹿，空台唤鹧鸪。胥涛凄咽里，回首吊姑苏。

划却君山看洞庭

纵目君山外，遥看万顷湖。青螺须尽划，碧练好平铺。眼底风涛壮，胸中芥蒂无。断鳌烦健者，控鲤欲仙乎。一幅屏初卷，微尘镜不污。倚天挥巨剑，拔地失方壶。掷去鲸波阔，横来雁影孤。安澜逢寿宇，酿化遍仓梧。

荡胸罗宿海，放眼小蓬壶。划却山千仞，贪看水一湖。案教青玉失，盘似白银无。纳处应须芥，悬来不碍蒲。豁然移地轴，朗若接天吴。净洗峨嵋雪，平分宝镜图。鲟听山月邈，鸦散阵云孤。铁笛中宵弄，金波万里铺。

山鸟山花吾友于

偶随花鸟使，闲访赤沙湖。物性如相友，山灵不负吾。嘤嘤乔共托，莘莘棣纷敷。夙契枝头订，深情水面俱。柳阴相识久，林杜独行无。言许鹦哥赠，名教柚弟呼。携柑踪其迹，梦草兴非孤。策杖春风里，湘南宛画图。

慎乃俭德

一代艰难业，良臣念永图。慎先君子德，俭克古王谟。每却遐方贡，常蠲乐岁租。三风惩共儆，四海困全苏。禄不期骄侈，财遑计有无。聿怀箴翼翼，好乐凛瞿瞿。节卜甘斯吉，丰防匮可虞。宸怀贞百度，化俗迈山枢。

臣以廉为本，君惟俭是图。小心昭克慎，大训守无逾。自秉青纨末，遑求赤水珠。茅茨尧在牖，糗草舜登厨。败礼多因纵，防奢岂厌拘。衣裳犹浣濯，车马弗驰驱。贡不求珍异，情难玩细娱。玉金皇度式，郅治迈唐虞。

春鸥洗翅呼

野鸥来浩荡，春水满平芜。翅任翩翩洗，声听得得呼。前汀闲唤侣，别浦偶携雏。雪练轻堪拍，霜翎净不污。濯经红雨润，眠藉白沙铺。韶景逢三月，忘机到五湖。绿波随处好，碧海订盟无。何似龙池畔，喈喈凤在梧。

看竹何须问主人

径款花关入，闲看竹一区。主人应不俗，佳客急相须。风月如招我，烟霞肯拒吾。围堪同解带，访或独携壶。畛域分何有，平安报岂无。门忘教鹤守，友亦任莺呼。宛转穿松径，徘徊近笋厨。会将椽笛采，东箭贡皇都。

望杏瞻榆

课农来井野，事不缓须臾。转瞬看红杏，关心问白榆。卖当春雨后，种向碧天无。丽景装庄似，韶光汉社符。酒帘村口认，钱荚陇头铺。钻火期旋改，耕烟未早扶。会当趋北陌，莫更失东偶。黛耜麏巡省，皇仁率土敷。

桑麻铺菜

布帛将登贡，桑麻宛绘图。铺菜依北陌，赋物纪西都。匼匝青围屋，纵横绿荫涂。条风吹更好，穀旦绩来无。偃盖童童合，清阴幪幪敷。梯斜随处倚，蓬直不须扶。过雨青罗腻，涵烟白苎腴。帝廷丝枲纳，黼黻仰鸿谟。

忠信为甲胄

战胜天人际，忠存信亦孚。干戈躬自省，甲胄义相符。十室才原有，三军志岂无。周防丹悃固，爱戴赤心敷。士许同袍咏，公因望岁呼。容非夸暨暨，诚愿效区区。即此盟肝胆，非徒卫发肤。皇威崇脱剑，励学重真儒。

无逸图

铁石梅花意，唐贤自写图。有愬悬炯鉴，无逸绘良谟。寅畏三宗训，辛勤百代模。所为君子作，依念小人愚。精白箴忘善，丹青勉作孚。直曾金箸表，文向锦笺铺。臣愿防丛脞，公犹逊硕虑。御题森宝笈，乔采照蓬壶。

卢橘夏熟

嘉橘因时熟，扬芬出上都。饯春花吐素，藻夏实称卢。著色烦松使，征名重木奴。日方蒸火伞，星早散璇枢。好启来薰阁，闲描对弈图。江南芳赠陆，村北句题苏。暑雨催三径，秋香忆五湖。丹屏珍锡贡，第颂献蓬壶。

白云在天不可呼

欲吐凌云气，天高兴不孤。蔚蓝空企望，虚白费招呼。角逐情原切，心声感自孚。玲珑偏羡汝，磬欬未通吾。素任三霄绘，青余一纸铺。荡胸生咫尺，搔首问模糊。喝月休烦尔，乘风得到无。惟应诗酒伴，万变写成图。

天耳聪能听，云头远莫呼。重青攀不到，一白澹如无。响欲飞珠唾，痕徒望雪铺。友风劳问讯，卿月费描摹。宛若扪其口，油然合以肤。鹤声闻孰辨，鱼锦净难污。亲舍怀从狄，朋欢感自苏。何如歌纠缦，松栋盛都俞。

翘首天光里，云容白自铺。相看浑未得，欲出不轻呼。有口鸣谁假，无心态可摹。尽教先睹快，尚觉赏音孤。点点凭栏槛，英英展画图。澄霄惟送雁，长啸漫惊乌。景衬琼楼好，吟怜玉局迁。曼龄嵩祝近，佳气蔼蓬壶。

信及豚鱼

试验豚鱼族，何由不戒乎。孚如诚可感，蠢尔信为符。并蓄犹交豕，将归或忆鲈。泥涂虽分隔，江海藉忱输。谊本乌金重，盟难白水渝。未招旋入苙，所乐合依蒲。诗记豜同献，文曾鳄许驱。圣衷昭允塞，闿泽被颙愚。

知养恬斋试帖　卷八

八齐

荷叶遮门水浸阶

室向花中筑，花深水满溪。红蕖遮路曲，碧浪浸阶西。不借
蕉天补，浑如竹月迷。几行停翠盖，一径踏玻璃。绿暗都擎雨，
蓝拖不染泥。晚烟沉蛱蝶，新涨浴凫惊。幕合莲为号，台应钓许
携。碧丛欣逭暑，丽藻焕天题。

猿啼洞庭树

湖波浮瀕洞，云树望冥迷。画鹢冲风渡，清猿镇日啼。寒声
惊别浦，落叶打长堤。掷果号偏切，停桡听最凄。路疑巫峡近，
帆挂岳阳西。断梦悬千里，荒烟锁一蹊。黄昏残响咽，青霭乱峰
低。怀古吟骚屑，芳尊手自携。

春风得意马蹄疾

快赴簪花宴，东风迅马蹄。兰筋千里骋，杏苑一鞭携。红雨
香成国，青云路有梯。锦看新样制，桥记旧时题。近日心先喜，

蒸霞目未迷。铜街休缓度，玉勒任骄嘶。此地袍曾染，何人辔许齐。郎君新得意，帖正写金泥。

红杏春风里，吟鞭得意携。莺迁舒锦翼，马疾试霜蹄。脱白来槐市，飞黄过柳堤。路从天上指，名早日边题。对景心花粲，腾空耳竹批。香吹紫左右，尘软衬高低。抗策空余子，囊诗付小奚。长安千万树，目好刮金鎞。

一骑东风疾，人来杏苑西。风方衔紫诰，马正策霜蹄。金埒供驰骤，琼林任品题。花簪才子笔，裳咏众仙霓。黄气眉间露，青云足底携。识途争附骥，出谷早听鹂。壮志空羁绁，长材冠驶䮨。城南天尺五，乘兴快攀跻。

得路骅骝壮，风轻入四蹄。饱看春似海，快意月初梯。喜气生骈骎，香尘扑锦泥。燕台声价重，雁塔姓名题。蹀躞遵皇路，扶摇步御堤。六闲轻紫燕，一顾识黄骊。迅发程偏远，先驱驾埶齐。万花飞舞处，人在凤城西。

仰看南岳与云齐

寿岳青如许，来游近麓西。仰看千岭秀，直与五云齐。翠巘疑身到，丹霄试面稽。烟霞供吐纳，风月待攀跻。霭霭岚光合，重重黛影低。神碑梯月读，好句问天携。目共飞鸿送，眸因放鹤迷。太平多瑞应，巡祀锡金泥。

云逐度溪风

虚白涵空阔，云深罻隔溪。横吹风浩渺，飞度水高低。善也轻能御，油然望欲迷。浓青移画幨，新绿绉玻璃。湿絮蒙蒙擘，波纹剪剪齐。帆斜前渡外，帘隐断桥西。淡沱遮兰渚，刁调送柳堤。一声听欸乃，烟雨霁幽蹊。

秧　针

簇簇金针苗，新秧数亩齐。度从流水畔，刺向落花畦。巧为句芒乞，敲凭稚子携。东风磨渐就，南陌指休迷。悬处初垂露，抽来未染泥。裹绵云满野，脱颖翠成蹊。密补苔衣滑，平牵柳绵低。翘材逢圣世，竞秀遍兰荑。

闭户燕泥香

燕燕刚来睇，春风小苑西。昼长扃白版，香细护红泥。记款柴关入，常依画阁栖。衔将花旖旎，掠去剪高低。青琐窥新垒，乌衣隔旧蹊。篆回梁绕玳，翠掩窦如圭。彩缕看犹系，珠帘卷未齐。纶扉鹓序肃，封紫锡洪禔。

栖烟一点明

雪衣何处觅，烟树望萋萋。缥缈千重隔，分明一点栖。独拳应立雨，觍面不分蹊。飞白冲才破，浓青踏忽低。凝眸浑漠漠，曳足认提提。湿絮铺逾远，柔翰刷未迷。新图添陇北，潜影落桥西。鹭序依枫陛，云程快共梯。

溪喧獭趁鱼

獭祭纷如此，嘉鱼任取携。声喧垂柳岸，势趁浣花溪。白浪欣堪踏，红鳞急欲批。尾刚衔队队，足忽骋提提。水远神先赴，渊驱路未迷。响沿芳草畔，影逐画桥西。鲻版形谁绘，鲈乡句偶题。宸游歌在藻，育物畅天倪。

野旷天树低

树色蒙蒙远，天容漠漠低。心临平野旷，目送晚烟迷。林杪盘归雁，星边散牧羝。遥看浓绿混，直与蔚蓝齐。月吐犹衔岭，云沉直泛溪。昏黄笼竹柏，浅碧压玻璃。冷翠真难画，清霄竟可梯。蓬壶看咫尺，爽挹凤城西。

风静听溪流

何处怡清听，临流句偶题。好风停静夜，新涨落前溪。虚籁凭来去，澄怀自取携。响回青草渡，韵绕绿杨堤。漱玉应添雨，飞花尚满蹊。尽教心共洗，不厌耳频提。地埒尘千斛，天涵月半圭。渊泉昭圣德，中巽惠群黎。

暂蹶霜蹄未为失

台合黄金筑，骅骝价肯低。程将驰雪塞，势暂蹶霜蹄。伏枥心原壮，看花目转迷。功名劳汗血，踪迹怅涂泥。紫电期飞鞚，青云好共梯。识途增阅历，赠策伫攀跻。式愿依金马，材休愧铁骊。从新加剪拂，纵辔凤城西。

平生夸相马，天马竟徕西。日下迎金勒，风前蹴铁蹄。红兰名久重，碧草路堪跻。本许轻驱策，非关妄品题。劳筋疲远道，失足踏恒蹊。祖逖徒心赏，孙阳岂目迷。前程怀渥水，退步惜障泥。转盼春风好，花骢陌上嘶。

岂许轻千里，翻教蹶四蹄。关山迟雨雪，道路怅云泥。怒极心花发，驰归耳竹批。前驱争紫燕，后劲策黄骊。偶觉生非偶，腾骧驾孰齐。蚕丛期远到，龙种莫骄嘶。顾盼应知爱，声华未许低。即今驹齿落，皇路快攀跻。

一蹶方思振，殷勤策马蹄。道忘千里远，驱与六闲齐。凡骨从教洗，雄心莫暂低。悔寻芳草路，误踏落花泥。志岂甘驽钝，功偏让驶骎。先鞭挥紫塞，后效指青梯。华鼓催繁节，兰筋不久稽。锡蕃蓬圣世，天骥骋铜鞮。

若泥在钧

德器钧堪运，张华语试稽。形形皆是道，印印宛如泥。高矩心先絜，元模手自提。红添炉火活，白拓雪花低。巨细归斟酌，方圆任取携。忆云三径远，范水一痕齐。鸿化同陶铸，鸠工待品题。仰惟皇极建，甄物锡洪禔。

春泥秧稻暖

绮陌春如画，新秧种满畦。生机添活水，暖意透香泥。绿润将成罫，红酣待踏犁。嫩晴烘陇北，软绣遍桥西。琴播痕犹浅，针抽颖渐齐。匆匆催马去，滑滑听鸠啼。土美禾堪养，风暄柳亦荑。龙骖方省稼，好景入天题。

梯倚绿桑斜

十亩闲闲处，枝斜绿满蹊。才过挑菜节，常倚摄桑梯。古干欹偏好，初光引恰低。级堪连步躧，筐定隔墙携。宛宛青云共，童童翠盖齐。菜铺疏雨后，影过夕阳西。柘馆春盈箔，柴关路滑泥。豳风图可绘，佳景入天题。

知养恬斋试帖　卷九

九佳

天街小雨润如酥

九天调玉烛，一雨湿铜街。以润功斯溥，如酥景最佳。吹烟笼御柳，和露滴宫槐。丝散蒙蒙远，膏流处处皆。软红沾不起，新绿净如揩。时若符师律，休征应泰阶。障泥千骑湿，辇道百花排。翠耜初耕耤，酕仁惬圣怀。

苔痕上阶绿

几日苔花长，春痕一色佳。送青依陋室，分绿上空阶。石瘦曾题字，扉闲久掩柴。偶经红雨润，都似翠云排。屐齿黏犹少，廊腰补渐皆。浮蓝纷未埽，沉碧净如揩。帘卷时飞蝶，庭虚半篆蜗。仙蒉舒帝陛，茂豫惬宸怀。

惟古于辞皆己出

嗜古昌黎伯，研精字字皆。雄辞何浩瀚，凡艳尽推排。手抉鸿文焕，胸吞鸟篆佳。表成羞佞佛，碑到已平淮。鼓荡饶元气，涵濡见圣涯。陈陈言务去，戛戛俗难谐。八代衰仍起，三唐律未乖。琳琅邀乙览，后进此模楷。

大笔淋漓染，韩潮处处皆。已辞真杰出，古业最精佳。漫衍狂澜障，纵横墨浪排。乘龙原上界，驱鳄到幽崖。换骨凡应脱，从心巧莫阶。天河分锦轴，泰岱埽云霾。东野研摩共，南朝礼制乖。文坛飞将在，谁具此襟怀。

吏部文星在，沉雄力孔皆。辞惟今我出，诣与古人偕。书不窥秦汉，神常溯葛怀。斗山名共震，渊海道无涯。汩汩清机引，煌煌缛旨排。顿承真面目，全异俗形骸。胸有经猷裕，文非字句佳。笑渠牙慧拾，蠹简握空斋。

红药当阶翻

薇垣清切地，红药种偏佳。花自翻金带，根先托玉阶。英铺三月暮，叶倚五云排。翘秀先兰芷，分班近棘槐。倾风同草偃，向日与葵偕。鳌背含华早，猩唇吐艳皆。春深留粉署，香远散铜街。愿共尧蓂植，杨芬豫圣怀。

良苗亦怀新

秀发平畴外，良苗色最佳。美原因土养，新亦及时怀。厌厌茶初杓，芃芃黍与偕。雨催秧叶放，风送稻花排。黄伫云千亩，青添水一涯。菜看铺翠罽，种想缀金钗。栗里耕方暇，薰琴韵早谐。嘉禾欣献颂，茂育仰尧阶。

秀语夺山绿

谁道青梯秀，无如绿字排。万山奇许夺，数语巧难阶。丘壑胸中贮，烟云腕底偕。尽教铺画稿，翻欲让诗牌。卓笔峰同峻，摊笺黛宛揩。色宜千仞减，韵听一敲谐。不待匀蓝染，都缘刻翠佳。蓬壶欣载笔，第颂惬宸怀。

春秋多佳日

栗里多清兴，朋欢竟日偕。春秋期不负，山水趣原佳。植杖云归壑，横琴月满斋。五株新柳荫，三径好花排。莺友时通讯，鸿宾每到阶。秋香添酒社，松影落诗牌。温肃饶新契，寒暄趁雅怀。抚辰钦圣虑，风物丽铜街。

知养恬斋试帖　卷十

十灰

梅炎藻夏

午炎蒸处处，夏气蔼恢台。物色添新藻，光阴话熟梅。黄将金作绘，红想玉成堆。庾岭岚烟改，江城画本开。艳从风里摘，香自雪中来。妙笔摹难似，倾筐墅恰才。和羹怀傅说，索句问方回。樱宴丹屏赐，承恩遍棘槐。

万竹青青照客杯

不俗无如竹，相逢便举杯。几人浮白坐，万个送青来。蚁泛清阴合，鸾栖异境开。素心惟玉版，蓝尾此金罍。螺黛垂偏远，鹅黄酌恰才。七贤真洒落，三雅共追陪。情自临风畅，根应近日栽。湛恩承福宇，第颂继台莱。

骅骝开道路

蹀躞轻千里，骅骝信轶才。雄心忘道远，骏骨自天开。金勒花间度，银鞍日下来。红尘双镫回，朱汗一鞭催。龙种权奇见，蚕<u>丛</u>蹴蹋回。群教空冀野，价早重燕台。紫塞程先到，青云志独恢。皇华交轸驭，盛世骥呈材。

高松来好月

闲眺疏林晚，凉空绝点埃。松间云埽去，天外月飞来。兔魄光新吐，龙鳞干旧栽。枝翘千仞上，影透二分才。有色青迷屋，无声白到苔。玉钗横几席，冰镜挂楼台。地是清虚府，人夸礌砢材。重轮昭圣瑞，作栋集英才。

子美集开诗世界

天教诗垒辟，人自锦江来。世界胸囊括，河山笔埽开。庙堂千里隔，门巷百花栽。岁月销戎马，烟云落酒杯。长城师陷破，古鼎力扛回。君国无穷泪，乾坤有数才。兴亡心上史，滟滪眼中堆。一卷长留在，鸿名耀九垓。

苔行滑如簟

小筑新昌里，春生满院苔。净如铺簟滑，行爱蹋莎来。翠滴松阴久，纹成蓲叶才。展当凉雨过，卷待好风回。绿嫩宜停屐，青深不染埃。柳眠添掩映，花睡尽徘徊。契许同岑结，诗应枕石裁。升平登衽席，匜宇祝台莱。

隔花催唤打鱼人

宫树浓烟绕，渔舟系未开。柳边鲜要击，花里唤频催。斫鲙图将展，栖莺梦未回。一声香雪坠，双桨绿波来。举网云连岸，攀条锦作堆。棹歌银浪去，屧响玉楼才。鲤白跳千尾，鲈红贯四腮。御厨王鲔荐，渥泽被蜒垓。

应是雨催诗

欲觅惊人句，青天首重回。云刚如墨泼，雨定为诗催。镂月饶吟兴，摩空有赋才。待他银竹立，引我笔花开。铜钵何劳击，琅笺及早裁。黑蛟应跃去，白凤想飞来。戴笠忘炎夏，挥毫走怒雷。作霖宸赏惬，颂好献台莱。

梅雨洒芳田

润洒芳畦遍，流膏洽九垓。稽田曾望杏，课雨乍迎梅。已觉肥红绽，旋看众绿催。村前沉宿雾，林外隐轻雷。旧壤龙鳞沃，新渠燕尾开。翠添秧水活，炎送麦云来。人慰为霖愿，天储燮鼎才。劭农廑圣念，对育及恢台。

凉开竹下扉

特辟清凉界，闲园竹旧栽。庭空惟月到，门小任风开。劚笋人刚去，携琴客乍来。偶然敲白版，随处滑苍苔。地胜鸾栖稳，烟深犬吠才。浑忘红日近，都是绿云堆。美荫三分补，轻飙一道回。香山多韵事，诗酒快追陪。

还来就菊花

预订看花约，柴关首重回。踏莎容小别，就菊许还来。鸡黍今番话，鲈莼异日杯。香依人并淡，径为客重开。高格何嫌傲，寒芳想共陪。车停红树晚，诗待白衣裁。旧雨情难负，凉风信渐催。秋英欣载采，御苑集仙才。

祥开日华

紫陛升华候，丹庐作赋才。祥光瞻日出，丽景自天开。龙烛何时彻，鸡筹向晓催。一轮腾海峤，五色灿蓬莱。松栋延禧久，茅檐献曝才。草沾浓露湛，杏倚吉云栽。旭采澄三殿，恩晖照九垓。知临钦圣治，熙洽遍春台。

且向百花头上开

领袖群芳队，东风放早梅。羹从金鼎和，花对玉堂开。头地推先达，心香引后来。九英铺粉署，十友冠瑶台。接踵皆桃李，随肩有棘槐。孤山曾寄傲，上苑独抡魁。颜色霓裳借，声名羯鼓催。向荣宸赏惬，颂继北山莱。

十月先开岭上梅

铁獭冲寒至，深山处处梅。小阳期未爽，大庾萼先开。春早香成国，峰高玉作堆。穿云欣乍见，锄月记曾栽。节比黄花晚，诗随白雪催。情应牵水部，根似托瑶台。风细龙涎吐，天空鹤梦回。好依温室树，调鼎见长才。

知养恬斋试帖　卷十一

十一真

望虱如轮

欲试雕虫技，欣看射虱人。贯心期入彀，注目已成轮。斫去形原幻，扪来象未真。白忘藏敝絮，红待碾轻尘。发影牵俱动，辋痕汰尚新。处裈移有迹，抽矢扣何因。讵讶机能转，端由艺独神。圣朝惟尚德，正志励儒臣。

陈诗观民风

就日欣瞻圣，观风屡问民。新诗庐北阙，大礼纪东巡。天籁讴思切，星轺采纳频。韶咸音并古，怀葛俗同醇。击壤根心发，簪毫拜手陈。和声谐雅颂，温语被丝纶。玉律调三殿，金瓯豫一人。熙朝宏渐被，寰海庆登春。

今来席上珍

燕设芙蓉阙，含桃最可人。琼筵今偶赐，宝树昔曾珍。笼借青丝络，盘将赤玉陈。坐花拈的的，映月数璘璘。崖密名原重，簟珠价不贫。颁应烦内使，聘合待儒臣。句忆唐宗咏，时占夏令新。瑶京朱果锡，景福集丹宸。

杏花榆荚晓风前

晓色分烟树，春风送早春。杏红花乍放，榆碧荚初新。畲待开芳甸，钱将散锦茵。雨声听昨夜，星影望清晨。爽发疏林籁，香吹远陌尘。日边栽共好，天上种同匀。艳拂寻诗客，耕催纬耒人。韶光琼岛丽，对育仰枫宸。

布谷声中夏令新

候改禽声里，农家月令新。分秧期渐近，布谷唤偏亲。梅雨初迎夏，花风早送春。引吭催绮序，拂羽趁芳晨。节记蚕忙过，情同扈趣频。响流飞絮路，心警播琴人。暖律如调竹，清音宛在榛。翠华方省稼，敦本重鸠民。

石泉榆火一时新

唤醒黄州梦，吟情寄暮春。石栏泉偶瀹，榆社火还新。觞泛重三后，烟销百六辰。井花红自泻，钱荚绿偏匀。听待横琴客，炊烦秉耒人。调来仍剖竹，分去类传薪。白水盟初愿，青灯感旧同。湛恩叨赐茗，韶景豫丹宸。

检身若不及

防检何容懈，商王慎省身。每怀犹不及，自信转难真。秉钺严风采，铭盘儆日新。傥教躬弗逮，安望志如神。翼翼期修己，孳孳念抚辰。十愆诚浼我，六事敢妨民。扪舌言惟谨，闲心政益醇。圣怀昭抑畏，蜀抱励丹枕。

着手成春

本是雕琼手，裁诗倍有神。挥毫都入妙，着纸便成春。敛笑姜芽拙，弹宜柳汁新。浣从香雪海，绘出艳阳晨。运指增荤甲，鞭心谢苦辛。烟云看落墨，风雨快扶轮。起草殊凡想，拈花得解人。宸章钦倬汉，万汇荷陶甄。

宿雨润新耕

听罢知时雨，耕催陇上人。宿云收未久，余润踏从新。举趾应依候，关心预买春。呼鸠才昨夜，叱犊及初晨。泽泽痕犹湿，蒙蒙迹已陈。脱蓑看露重，秉耒觉泥匀。绿净秧畦水，红消杏坞尘。宸游方省稼，酝化洽齐民。

江东日暮云

东去江千里，西飞日一轮。望云怀旧友，迟暮感伊人。独步才原大，分章思与新。碧空舒卷任，白下往来频。水国秋将晚，天涯契最真。烟霞双管丽，金粉六朝陈。泥忆同侪切，风流异地亲。何时游北固，共泛玉楼春。

鹤天新霁见归云

放眼云归处，溶溶霁景新。风高盘鹤翮，天净漾渔鳞。雨脚犹含润，霜翎未染尘。寥空何杳霭，远翥倍精神。翠点双眸回，青铺一纸匀。望从邀笛步，招待抱琴人。出岫机先息，抟霄志早伸。非烟凝凤辇，延爽近丹宸。

无雷同

安得无雷国，招来慧业人。是同还见异，别伪乃存真。漫假声鸣夏，翻夸气得春。阗然嗤布鼓，节若让金镎。思入风云变，光宜日月新。始知喧瓦缶，未许和韶钧。蚊市繁音减，龙门夙志伸。分章天藻丽，鼓铸妙璘彬。

知养恬斋试帖　卷十二

十二文

雨息云犹渍

触石奇峰起，流膏遍八垠。既零三日雨，犹渍一天云。白点声初息，青梯影自分。墨痕皴浅淡，水气妙氤氲。翠叠浑如滴，丝收更不棼。偶吹风袅袅，似涌浪沄沄。有渰恩常溥，无私物尽欣。泰平酝化洽，松栋霭祥氛。

诵诗闻国政

自有轺轩采，寰区政尽闻。六诗垂典则，千古诵清芬。北阙经纶志，西园翰墨勋。民风瞻正变，卿月想忠勤。蠹简休轻弃，鹓班许共分。岂惟谐竹石，即此赞松云。事业赅周鲁，吁谟监夏殷。熙朝多懋绩，秘府灿鸿文。

英辞润金石

妙论铿金石，词条屈贾分。钟英曾继武，漱润共征文。韵宛歌风出，声同掷地闻。披沙瞻异宝，韫玉蔼祥氛。皎若波迎月，油然础触云。铸凭心作冶，砺想齿流芬。籫满青钱选，江涵赤篆纹。芝音邀睿赏，宸翰灿缤纷。

闲分楚水入丹青

谁括湖边水，都归笔底云。螺鬟添十二，鸭涨剪三分。着纸成鸥国，拈毫数雁群。秋心生浩淼，夏口望氤氲。选尽江山胜，酬将翰墨勋。鹤楼晨共眺，仙笛夜疑闻。砚北新诗料，湘南古锦纹。丹青工藻绘，腕下映沄沄。

昔闻洞庭水

尽揽巴陵胜，重湖自昔闻。未听湘浦雨，遥羡洞庭云。芥蒂胸何有，关河思易纷。会逢风袅袅，长忆浪沄沄。梦绕波千顷，秋悬月二分。君山劳想像，仙井问殷勤。北渚迟遥瞩，南天隔夕曛。凭轩回首处，烟月望无垠。

万顷琉璃界，登临迥不群。湖天今乍到，楚水昔曾闻。耳熟峨嵋雪，胸吞鄂渚云。银盘原浩浩，木叶定纷纷。约共兰苕订，香期橘柚熏。梦先随雁度，国待与鸥分。铁笛秋三弄，匏尊酒半醺。古来张乐地，凝眺正氤氲。

重与细论文

诗律年来细，重论向所欣。长歌将进酒，小聚亦能文。乌帽人依旧，青萍价不群。縠花曾识汝，落月正思君。慧业三生证，仙才八斗分。金针寻秒忽，玉尺度殷勤。别绪牵新雨，吟情隔暮云。几时逢饭颗，翰墨策奇勋。

一觉青莲梦，相思未见君。细论非燕笑，重会借鸿文。卿醉长安酒，予栖蜀岭云。江湖寻寓客，坛坫揖同群。垒为曹刘换，香从鲍庾熏。解人应尔尔，吾意欲云云。铜钵敲新韵，金貂换宿醺。雁峰搔首后，离绪想平分。

卿云河汉

巨制推司马，高才溯子云。悬河成妙论，抉汉想雄文。酤肆囊携锦，元亭轶拥芸。七襄机并织，九曲派遥分。天上词澜涌，霞边丽藻纷。大人曾献赋，小技亦超群。扬意逢非偶，侯芭问合勤。宸章增润色，奎府焕祥氛。

壁中闻丝竹

丝竹来何处，飘然迥不群。曲疑天上赏，声自壁中闻。只信言观海，偏教响遏云。韵流坛外杏，香蔼座间芸。铿尔谐金石，森然列典坟。三叹余古意，数仞远尘氛。弦管听俱妙，宫墙望愈殷。圣心廑好古，解阜谱南薰。

重阳此会文

振笔西风里，登高兴不群。胜游咸接武，佳会此论文。淡想人如菊，欢同社结枌。萸囊香并挹，筠管韵频分。索句疑蓝水，停车问白云。糕应题梦得，帽合落参军。趣逸添秋爽，吟迟阁夕曛。液池澄颢景，天藻自缤纷。

云近蓬莱常五色

翘首蓬莱近，联翩望吉云。三峰天外立，五色日边分。鳌背添晴霁，螭头蔼曙氛。宛裁丹陛诏，特焕绛霄文。吐凤才同丽，从龙念倍殷。星都依北阙，风自引南薰。史奏贤臣颂，工歌圣世勋。麻征照纠缦，宸藻绘缤纷。

民生在勤

本计齐民重，良箴楚国闻。敢云生则逸，须识业惟勤。功欲论千百，阴当惜寸分。听鸡宵绩月，驱犊晓犁云。趁亥材过杏，陈庚畛展芸。即当筹食指，未许息劳筋。日课谋皆裕，风淳志不纷。自强昭圣学，击壤颂尧勋。

灵液播云

灵境传琴赋，飘然蔼翠氛。在山蒸作液，出岫播为云。龙气嘘新润，鱼鳞漾浅纹。花天工酝酿，谷雨共缤纷。溜本无心吐，章如触手分。自天方布闉，下地即成文。降岳神同运，为霖志孔殷。崇朝酞泽被，霱景绘絪缊。

鹤立鸡群

卓尔标芳格，飘然远俗氛。直看鸡逐队，争让鹤超群。风雨绸缪久，蓬壶想望殷。缟衣来矫矫，金距陋纷纷。霄壤情原隔，仙凡品自分。纵教夸绛帻，未许附青云。羽异千年化，声徒四境闻。风仪依舜陛，共羡九苞文。

秋云似罗

秋空何澹沱，一色绘罗纹。叠处疑香雪，飞来尽彩云。无心成杼柚，有象写氤氲。滤水沾微雨，含风曳夕曛。轻教笼雁字，净似展羊裙。绝艳经霜染，奇章抉汉分。天孙纤织巧，月姊剪裁勤。纠缦歌陈瑞，熙朝炳大文。

知养恬斋试帖　卷十三

十三元

诗书敦夙好

卅载闲居乐，诗书夙讨论。古人情可见，今我好常敦。诵读功加勉，愚诬意岂存。太羹耽至味，断简喜重温。韵领弦歌逸，文推典诰尊。委怀曾北牖，欣赏又南村。博采文章薮，旁搜道义根。鸿编陈乙览，芸馆渥天恩。

敦俗劝农桑

稼课艰难业，桑求远近村。民劳思乃善，俗美劝能敦。事以敷菑重，言真挟纩温。心惟麈一拨，手记试三盆。耒纬青垂陇，筐携绿到门。荷蓑今雨聚，浴种古风存。衣食谋丁壮，田园长子孙。幽图悬黼座，恬养戴君恩。

金人示戒

卓立金人像，庭楹静不喧。违心惩妄语，铭背有嘉言。铜行坚常勖，卮词凛勿烦。声殊铿尔出，色若即之温。利许同心断，箴期汝舌扪。三缄神自默，百炼品先敦。鼎峙形惟肖，圭磨玷岂存。儒修期作砺，赓拜近丹闉。

帆过浪无痕

一碧浮空浦，轻舟又别村。浪花吹不起，帆影过无痕。恰傍青溪转，全忘绿涨浑。蒲看悬叶叶，练总净沄沄。舵尾风平埽，涛头雪未屯。半夜澄水态，双桨破烟昏。鹢首流俱远，鱼鳞迹讵存。延清舒晚眺，云梦想胸吞。

言有坛宇

笃论稽荀子，兢兢慎出言。词坛清不滓，气宇静无喧。漫诩谈惊座，须防耳属垣。说经郛已立，讲德栋斯存。华屋敷陈切，初筵笑语温。臭怀君子室，游凛圣人门。区盖心相守，机缄舌自扪。仰惟於帝训，纶綍奉丹闉。

人静翠羽穿林飞

寒碧离人境，幽禽静不喧。浓青穿密竹，冷翠踏闲轩。举矣披深幄，翩然度短垣。径冲苍雪散，舞逐绿云骞。巢小频移树，尘清未到园。露摇铃自语，花落石无言。分荫情俱暇，忘机乐弗谖。栖条低凤沼，仪羽序联鹓。

绿阴生昼静

一径围新绿，繁林静弗喧。夕阴生永昼，古寺问开元。天补蕉连牖，云凉竹拂垣。草薰微有韵，花落淡无言。签响清传漏，琴眼翠拥轩。六时延化日，万念息灵源。妙境藏于密，澄怀矢勿谖。非烟温树蔼，分荫遍芳原。

心清松下风

风景清如许，浓阴绿到门。松涛心独赏，萝磴手重扪。爽籁乌铜报，闲云鹤盖屯。招凉停谢屐，抚节问陶村。止水烦襟涤，参天古干尊。一尘飞不至，三径荫长存。挥尘消炎意，横琴倚石根。愿依温室树，长养荷皇恩。

知养恬斋试帖　卷十四

十四寒

天寒有鹤守梅花

鹤返孤山路，梅香正渺漫。守来花睡稳，待到月光寒。驴去人俱静，乌栖夜未阑。九英殊澹冶，六翮耐盘桓。好共金铃护，常教玉骨完。癯仙心本素，羽客顶方丹。傲岸禁风立，芬芳带雪看。会当调燮鼎，先染凤池翰。

一径入寒竹

左右环修竹，中藏径未宽。一条深乍入，万个望俱寒。滴翠连琼砌，垂青护石栏。偶逢新雨洗，疑有湿云蟠。路曲难盘马，枝高每集鸾。屡停苔觉滑，衣拂葛嫌单。玉版穿烟访，瑶琴倚月弹。何如东箭盛，圣治协平安。

腊八粥

腊八逢佳节，芳名纪食单。仙符将换岁，佛粥早迎寒。云子香初熟，桃花秀可餐。烟霞供小啜，风土记长安。品擅双弓美，筵闻十笋宽。年华临丑纽，乡味胜辛盘。事共传柑韵，情同说饼欢。升平和共饮，赐茗出金銮。

澄风观水

素有澄清志，民生自我观。治因风动洽，枢在水中看。箫过声俱静，渊临影倍寒。只缘吹垢易，不信载舟难。律正调咸协，盂方覆更安。万流皆仰镜，一柱许回澜。鱼乐情何适，鹏抟境最宽。奉扬宣圣泽，藿悃愿摅丹。

瓜嚼水精寒

逭暑天然具，甘瓜分外寒。嚼宜风味好，浮作水晶看。叶摘云常冱，瓤分露未干。供从青玉案，剖入赤瑛盘。晕岂随冰结，凉宜带雪餐。镇心清不滓，沁齿咽偏难。未减南皮宴，聊追北牖欢。豳图悬黼座，解愠圣恩宽。

金兰簿

披簿联新契，裁诗结古欢。几番投木李，一例订金兰。作砺诚相勖，扬芳品尽端。玉昆盟并重，香祖记同刊。穆穆情波注，猗猗意叶团。好将青眼刮，常共素心看。多与交怀鲍，荣施句纪韩。几余功载展，蓉阙会千官。

访戴多佳士，诗盟重坫坛。会曾邀玉蕊，谱合订金兰。莲炬光同彻，芝标秀可餐。联名黄榜后，握手紫庭端。空谷音非远，真珠字并刊。披沙知旧价，纫佩结新欢。宝篆千秋注，芳修一室完。好登生佛籍，交赞侍华銮。

沉李浮瓜

忆昔南皮宴，招来永日欢。瓜浮泉带润，李荐水沉寒。鼻选囊初剖，心清核未钻。轻波翻玉瓷，细浪涌金丸。狸首漂来碧，骊珠浸处丹。瓣香澄雪碗，圆相贮冰盘。邺馆新诗料，房陵旧食单。湛恩今正渥，赐果遍朝端。

满城桃李属春官

桃李森嘉植，春卿慎选官。槐厅多士属，花榜满城看。秾郁多新种，芬芳出上阑。铜街垂荫远，玉尺取材宽。有菽文斯盛，无蹊正网干。九衢欣走马，万树遍栖鸾。品自公门立，经由佛国刊。抡英承巽命，藿悃愿摅丹。

整纷剔蠹

整理兼搜剔，宜民治纪韩。政纷除匪易，吏蠹去尤难。目细宏纲举，心清积弊刊。约三稽汉诏，计六本周官。秩秩昭鸿业，铮铮肃獬冠。宪成文纲解，牍削羽陵残。案尽分条核，书同埽叶看。熙朝澄叙久，匦宇庆恬安。

知养恬斋试帖　卷十五

十五删

好竹连山觉笋香

万个琅玕里，寻春快往还。笋香清绕屋，竹好近连山。凤尾联千仞，猫头茁一班。禅应参玉版，翠自锁岩关。馤馣迎风拂，檀栾镇日环。屐停青嶂外，锄荷白云间。芳漱闻根静，林游俗虑删。抡材东箭盛，佳植蔚瀛寰。

青山淡晚烟

放眼斜阳外，苍苍不断山。淡吹烟欲活，晚眺景偏闲。凝紫千峰映，拖青一幛环。不教迷豹雾，恰好认螺鬟。墨似倪迂着，梯凭谢客攀。佛头浑莫辨，阮眼最相关。楼暝人犹倚，天空鸟乍还。蓬莱云五色，庆霭霭朝班。

夏山如滴

笔底垂花露，描成九夏山。浮蓝浑欲滴，浓绿不须删。照水开生面，和烟洗黛鬟。青拖新雨后，翠泼嫩晴间。钟乳千岩注，飞泉百道环。盥余仙掌润，浴罢佛头闲。点染云俱活，涵濡石岂顽。蓬莱佳气聚，嵩祝觐天颜。

鹭立领荷香

十里芙蓉渚，翩跹白鹭还。浓香花底领，小立水边闲。碧浪双瞳剪，红云四面环。微薰通冉冉，净影对潺潺。雪点芬芳里，风凉潋滟间。闻根清不滓，雅意澹相关。偶尔依莲舫，攸然渡蓼湾。炉烟承帝陛，及早就鹓班。

山月照弹琴

绿阴眠罢后，凉月满空山。古调弹何逸，清辉照自闲。桐身三尺阁，桂魄一钩弯。静里谐心手，空中朗髻鬟。冰壶应许濯，玉轸最相关。鸿送青天外，蟾流翠巘间。半轮光可借，再鼓兴何悭。松石留真赏，凭教拄笏还。

返景入深林

万树冥迷里，斜阳露一斑。乱红蒸薄暮，新绿匝深山。细柳踆乌返，长林倦鸟还。忽穿枝丽歘，遥射影斓斑。枫叶停车处，藤花老屋间。浓脂工蘸抹，古翠自回环。晴彩流无限，寒岩远莫攀。右丞诗亦画，着意写屏颜。

惟有青山远送君

饯客旗亭晚，匆匆出玉关。将离攀碧柳，相送托青山。马首斜阳外，猿声绝巘间。梦随峰断续，心逐路回环。替我开生面，凭君数黛鬟。鞭丝红树里，帽影白云湾。碑向蚕丛榻，荆从鸟道班。锦旋欣指顾，一笑谢孱颜。

酌罢离筵酒，苍茫指乱山。跂子劳目送，别汝觉情悭。萤火巫云外，猿声峡水间。佛头争俯仰，仙掌共回环。风月双游屐，烟霞几翠鬟。花应簪蜀岭，柳定忆阳关。骥足匆匆展，羊肠缓缓攀。几时回锦旆，知己恨全删。

在山泉水清

觅到眠琴处，红泉泻一湾。凉知曾浴月，清尚未离山。石裂青于髓，峰堆绿作鬟。桃花寻世外，瑶草异人间。瀑想何年挂，云教几叠关。扪萝疏乍出，剖竹调应悭。沁去脾俱润，流来影自闲。诗瓢徐涤罢，此境迈尘寰。

一片泠泠玉，泉声递远山。清原来古洞，流不到通寰。箖竹都依岸，苍松为掩关。翎梳惟鹤见，睡稳觉鸥闲。汲向青梯外，疏从白石间。落花风荡漾，疏树路回环。涤笔香俱沁，携琴俗画删。沧浪歌再咏，好境快追攀。

湘水向人间

觅句江楼晚，清湘一曲环。向人心不竞，迟我意俱闲。渺渺回兰桨，泠泠度蓼湾。有情酾绿酒，无语照朱颜。目涤尘嚣外，神谋杳霭闲。碧沉天潏岩，红泻浪淙潺。渡远疏风递，帆归夕照殷。洞庭秋色里，佳景迈瀛寰。

淡若人何竞，清兮水自闲。碧湘空障翳，丹阁向潺湲。衾岂无尘境，源探有雪山。洗谦忘俗累，居让即仙寰。潭影悠悠外，枫阴湛湛间。棹回桃叶渡，门对荻花湾。鹭立供陶写，蜻游任往还。绘声饶逸句，古锦映斑斓。

一碧横南浦，湘流尔许间。吟秋人宛在，如水志相关。照影清无滓，澄怀俗自删。诗肠沙篆浣，野趣浪花环。雨意慵前浦，云容倦远山。寸衷同浩浩，千里望潺潺。高据三重阁，平看卅六湾。扁舟明日路，楚竹映斑斑。

秋云何瑟瑟，湘水自闲闲。心早空埃塎，人忘住市阛。半篙澄翠黛，一带绾烟寰。屈子余兰茝，灵妃渺佩环。只留波澹沱，相对影疏顽。意注孤云外，神恬十亩间。胸教吞梦泽，面不隔疑山。太液恩波汇，棉区荷宠颁。

草生公府静

衙放春风里，芊绵草未删。凫趋人语静，蝶梦宦情闲。苒苒轻黏屐，潭潭寂掩关。青犹添石发，绿恰借屏颜。三径堆螺黛，重门锁兽环。烟痕微雨后，画稿落花间。东阁熏香久，西堂觅句还。日长无一事，拄笏问芝山。

知养恬斋试帖　卷十六

一先

炉烟添柳重

玉漏同听候，金坡欲曙天。翠添鳌禁柳，影重鹤炉烟。蔼蔼迎初日，依依似昔年。绿低流水外，青晕博山前。丝密莺梭妥，阴垂麝炷圆。三眠嘉树好，五色吉云连。香细频携袖，花飞渐糁毡。恩承温室近，散彩炬分莲。

试院煎茶

锁院深严地，官茶手自煎。抡材经是佛，品水味俱仙。数勺烟霞契，三生翰墨缘。井花添藻思，槐火证薪传。笙沸蚕声里，香飘凤味前。头纲名第一，腹笥卷论千。啜后春风拂，吟成宝露圆。玉堂承赐茗，绛节拜恩偏。

千佛名经

一纸泥金信，题名遍大千。有经堪证佛，此辈合成仙。真谛鸾坡写，元灯雁塔传。蕊宫初折桂，香国早生莲。选宇华严地，簪花色界天。身原罗汉果，案结玉皇缘。慧业三生福，灵机一指禅。掇科留宝筏，得意赋莺迁。

贡玉论珠

待聘遴真品，湘东善荐贤。贡珍携玉椟，论价获珠船。瑞献双环异，光夸十乘妍。化虹非韫石，剖蚌不藏渊。璞琢荆山外，骊探合浦边。敦盘陈此日，咳唾落何年。望气辉还媚，钟英润复圆。挥毫成逸韵，朵殿撤金莲。

丰年为瑞

瑞应图堪绘，嘉禾得气先。龙堰交泰日，鳞隰屡丰年。乐岁廛三百，熙春耦十千。降康调玉烛，介祉胜金船。野熟重思稻，农耕得意田。吉云黄匝地，快雪日连天。石廪祥符协，松扉福草鲜。皇仁敷万井，佳兆轶珠联。

春水船如天上坐

人坐光明界，东风送画船。只缘春似海，不辨水连天。棹宛丹霄放，帆疑碧落悬。尺非添四五，浪欲汲三千。查泛权为客，莲乘已是仙。吞胸无芥蒂，挥手尽云烟。渺渺湍花散，苍苍笠影圆。安澜逢圣世，作楫缅商贤。

竹里煎茶

好竹何年种,新茶此地煎。铜瓶添活水,玉版拂轻烟。乳乍分阳羡,胸还贮渭川。笙声低度水,黛色远参天。恰喜猫头长,如催蟹眼圆。绿摇三径雨,白沸一铛泉。境静浑忘俗,诗清便欲仙。志和多韵事,小饮对沦涟。

白鹿泉头茶味永

谪宦经三楚,荒台近百泉。道腴分鹿洞,茶味赛龙涎。火为添薪续,符因调水传。瓶笙红树里,诗梦绿蕉边。漱润鱼吹浪,闻香鹤避烟。腋风生习习,乳窦滴涓涓。淡泊留遗泽,清芬结夙缘。麓山新得句,佳兴记前贤。

汲古情何永,名征白鹿泉。烹茶知水味,拈句得诗禅。鹤井分来润,龙团瀹处鲜。旗枪招旧社,瓶钵证新缘。涓滴盛花底,芳菲试雨前。赋应胸吐凤,叶比翼舒蝉。尘为心源涤,香从舌本延。会当师苦口,乐意彻中边。

屈刀为镜

谁取金刀屈,浑如宝镜圆。霜锋刚砺乃,冰鉴已莹然。硎发光摇水,环飞影到天。紫珍工幻化,青铁巧盘旋。彩共蟠龙焕,名殊买犊传。成风三尺运,剪月一轮鲜。照胆来秦苑,知心忆吕虔。寒芒随手异,孙博术真仙。

蝉声集古寺

寺古依灵鹫，山空咽暮蝉。秋声红树里，塔影白云边。鼓翼凭高柳，栖香近妙莲。金沙原有界，玉律本无弦。蜕笑污泥染，音同梵呗圆。悠扬殊破寂，幻化亦通禅。钟阁僧初定，岩关客未眠。新津闲觅句，余韵更悠然。

夜寒应耸作诗肩

想到禅关静，诗僧夜未眠。忍寒摩倦眼，得意耸吟肩。傲骨如山立，灵心似月圆。花生银管下，粟起玉楼边。肯惭津梁力，难忘翰墨缘。灯前神俨若，天外思飘然。定许洪崖拍，谁将瘦岛怜。词坛应抗手，一笑问坡仙。

瓜田不纳履

纳履寻常事，防犹凛未然。草深刚没屦，瓜熟正盈田。不惯腰轻折，何妨踵偶旋。侥停声橐橐，恐动影棉棉。身世悬匏视，浮华敝屣捐。肯教投足捷，漫想镇心眠。黄石留高躅，青门少俗缘。欣逢天路近，翔步遍花砖。

知养恬斋试帖　卷十七

二萧

雕盼青云倦眼开

天风吹浩荡，倦眼放霜雕。碧海飞腾回，青云顾盼骄。是谁开翳障，竟尔出尘嚣。雪爪抟千里，星眸落九霄。蔚蓝盘处峻，空翠睇来遥。健翮争萧爽，秋心入沉寥。足梯边月上，瞳剪晚烟消。何似丹山凤，卿晖览圣朝。

眼看鱼变辞凡水

荐鹗心先喜，观鱼尾竟烧。扬鬐辞碧水，瞥眼戾丹霄。拨刺翻桃浪，喧阗涌雪潮。禹门鳞乍振，文阵首争翘。目送青云近，身腾绛汉遥。南溟供涤濯，北海任扶摇。雷雨乘三月，天渊判一朝。龙池叨圣泽，新咏续陈标。

若网在纲

训俗开疑网，商宗识独超。乾纲持凛凛，并络贯条条。索朽神先驭，丝棼绪独标。面三归检摄，目万息纷嚣。绳想愆咸正，罗原礼可招。星维包薄海，风纪肃中朝。絜处颓波靖，提来绝纽昭。皇衷严综制，纶綍贲群僚。

汤网光前烈，尧纲靖庶僚。临渊衷絜要，流水令分条。绪戒师心紊，繁教节目标。约三存法纪，张四泯烦嚣。腕底丝纶贯，胸中经纬昭。毕鹙君子颂，置兔武夫谣。络野功持总，维风俗挽浇。结绳钦圣治，珊树秀同翘。

圜桥观听

三雍分鹭序，一水隔虹桥。观听环如堵，班联肃若朝。知临君道吉，思乐德音昭。冠冕围黄幄，琴笙度绛霄。讲经臣慕戴，惇典帝宗尧。槐市英英待，芹池采采邀。瞻云天路近，闻曲月宫遥。作士膺殊眷，先看夺锦标。

一水圆于璧，穹然跨四桥。大观光耀国，聪听士趋朝。钟鼓传三辅，车旃会百僚。花明仙仗过，风细御香飘。鼎说经频授，师严道愈昭。薪樗登棫朴，采择及刍荛。锡庶言敷极，维民视不佻。垓埏酖化洽，绘尽大平谣。

观听来黉序，隆仪纪盛朝。鸾锵临碧水，鹄立距红桥。国秀皆舒雁，词臣尽珥貂。经筵莲漏静，璧沼浪花摇。亿万冠裳集，三千礼乐昭。人皆邹鲁彦，典较汉唐超。觉世言言孔，宜民服服尧。泮林衿佩集，仙曲奏英韶。

野竹上青霄

偶访南塘竹，森森野趣饶。影犹低绿水，势欲上青霄。劲气终难遇，清风似见招。蔚蓝蒸漠漠，寒碧耸条条。得地机先郁，连天秀竞翘。猫头云外立，鸢尾日边摇。黛压三分屋，岚飞第五桥。棉区沾湛露，筱簜贡熙朝。

庭蕉列旗旆

旗旆来何自，横空列碧绡。营如依细柳，庭恰长甘蕉。日暖熏俱动，风雄舞更骄。拔应同赤帜，拂欲到青霄。常倚花幡扬，还搴蕙带飘。梦回疑鹿逐，帘卷讶龙跳。影藉鞭丝指，图宜盾墨描。临窗排笔阵，觅句最清超。

妙得飞扬态，空庭旧种蕉。旗随芳径卷，旆隔绮窗飘。战雨悬千幅，冲风裂几条。队疑天上补，隐待雪中招。自有青旌载，休猜绿蜡烧。仪教舒凤尾，势拟建龙幖。结乍丁香解，竿应甲帐标。分明仙仗列，睿赏御圆饶。

四月秀葽

纪候详豳馆，搴芳独数葽。一阴机乍鼓，四月秀争翘。令节恢台届，嘉名尔雅标。扬芳殊杜若，垂实拟椒聊。小草山初出，繁枝露未消。翠浓梅雨润，香细麦风摇。地宛临珠泽，天方转玉杓。移根依舜陛，拜献共刍荛。

惟有新秋一味凉

惟有新秋好，欣将旧雨招。几番烦暑退，一味嫩凉饶。梧井清阴减，槐街酷热消。萤飞星点点，蛩语夜迢迢。碧藕筵仍设，青蒲扇缓摇。好风凭槛待，明月举杯邀。持赠无他物，流连合永朝。抚辰钦圣念，玉烛庆均调。

知养恬斋试帖　卷十八

三肴

抄书但觉日方长

觅得琅嬛境，花笺手自抄。昼长迟漏箭，人静拥书巢。竹牒仙曾授，柴关客未敲。八砖方缓数，一字莫轻抛。写待添蕉叶，斜才到柳梢。小年须爱惜，大义许兼包。鸦背看将晚，蝇头点不淆。十辉欣共献，珥笔近螭坳。

接叶暗巢莺

不辨莺栖处，新声出树梢。荫连高接叶，影暗巧营巢。缀茸随花妥，绸缪拟竹苞。枝柯红日隔，牖户绿云包。居岂鸠同拙，藏宜蝶偶捎。萝垂堪密补，梭重惯低抛。翼戢簧徐啭，林深翠渐交。梧冈鸣凤集，仪舞近螭坳。

知养恬斋试帖 卷十九

四豪

屈刀为镜

底事飞明镜，惟凭折大刀。借材从武库，留影照仙曹。触手青霜敛，当头白月高。剖曾霏玉屑，涂又待金膏。逐本来元颖，成风失孟劳。便看光透背，浑忘利吹毛。百炼才原裕，千秋鉴独操。知临心广运，凯贺靖戎韬。

晓策六鳌

扶轮才自大，振策意偏豪。就日排双凤，凌云驾六鳌。红蒸蓬岛路，白蹴海门涛。自极扬鞭乐，浑殊驭朽劳。鸡人筹乍报，龙伯钓亲操。巨壑吞胸久，神山托足高。波间看颢顼，大外任翔翱。恍听铜虬箭，丹墀试彩毫。

绿槐高处一蝉吟

浓绿堆槐市，仙蝉托最高。新吟双翼健，美荫一身叨。岂借南柯胜，翻嫌北里嚣。乔枝夸甲秀，古调独辛劳。白雪知音少，青云得路豪。秋声听乍破，夏幄结偏牢。好境空凡响，闲情语冷淘。久依温树近，貂珥快翔翱。

不作蝉联势，吟秋兴更豪。一声催稻熟，千尺古槐高。绿树歌谁续，青琴调独操。黛堆云漠漠，响谢雨嘈嘈。只觉迁乔好，浑忘度曲劳。蔚然撑佛盖，铿尔奏仙璈。倾耳流清韵，当头涌翠涛。赏音夔已足，午陛荫先叨。

蛟豪夏舒

绝妙招凉具，携来自素涛。谈应挥麈尾，褥更设蛟豪。锦浪飞腾久，银床位置高。水纹清可拭，雪色淡相遭。拂似涵龙气，珍应等凤毛。未经鲛客织，曾奏孝侯刀。火鼠难同列，冰蚕许共缫。谈经叨赐席，翔步躐金鳌。

奇文共欣赏

咫尺文章薮，南村共访陶。奇芬黄绢吐，欣赏素心豪。山海开吟社，羲皇友墨曹。风情谈北牖，烟景问东皋。索句腰庸折，囊笺首定搔。薰香夸菊淡，击节话松高。倾倒先生柳，流连古洞桃。相逢频发箧，一笑漉春醪。

羞以含桃

蒲花开遍后，黍又获平皋。荐似双歧麦，羞宜九熟桃。莺边含偶得，马上摘偏劳。雪助香萁滑，珍添绮席豪。笋厨馨共挹，蓉阙赐先叨。饭佐青精好，盘擎赤玉高。蔗浆寒待漱，槐叶冷兼淘。纯艺关宸念，敦厖俗可陶。

高竹半楼风

新种楼前竹，楼虚竹渐高。二分邀月影，一半杂风涛。远俗情堪寄，扬仁惠已叨。青梯登缥缈，绿幕望周遭。近水尘先涤，凌云气自豪。箨龙争怃舞，铁凤任翔翱。戞雨依千亩，吹烟散九皋。翘材承巽命，嘉植荷甄陶。

高浪驾天输不尽

墨浪兼天涌，崔侯试彩毫。灌输源不尽，凌驾气偏豪。势挽江河下，光争日月高。沸波摩俊鹄，飞雨策神鳌。海内空流派，云边激怒涛。洗尘清六幕，漱润貌三篙。芥蒂胸无着，苍茫首自搔。蓬池欣染翰，渥泽快常叨。

势与韩潮驾，崔文格最高。直输天浩浩，不尽浪滔滔。一纸铺云路，千花送雪涛。举头净磨蚁，濯足俯金鳌。浴日光芒灿，随风咳唾豪。星河槎许贯，宿海杓谁操。舌底澜无竭，胸中俗尽淘。圣恩今更渥，芳润沐词曹。

知养恬斋试帖　卷二十

五歌

夏云多奇峰

苍莽横奇境，油云九夏过。地蒸甘雨降，天送好峰多。磴曲霞标建，岩深月镜磨。蟠空堆郁勃，触石吐嵯峨。幻岂成苍狗，灵真涌翠螺。淡摇飞白去，浓带蔚蓝拖。笏待三霄拄，图看万变摩。呼嵩逢寿宇，纠缦颂金坡。

荷花夜开风露香

夜色湖光里，纷开万柄荷。舞当风力软，香沁露痕多。袅袅花如语，溶溶水不波。暗吹增馥郁，低浣更婀那。簪玉熏微透，盘珠净可摩。嫩凉醋浴鹭，湿翠腻堆螺。碧浪平堤浸，红云倚棹过。莲因何处证，月漾百东坡。

清露点荷珠

湛湛丹霞露，亭亭碧沼荷。珠光才点缀，花气更清和。玉井吹香远，金茎带润多。有时倾盖出，无数走盘过。琐碎辉难挹，圆匀态可摩。湿疑新剖蚌，滑似细研螺。厌浥三危注，芬芳百琲罗。探骊欣得句，莲炬彻銮坡。

月明只自听渔歌

十里清湘月，诗人泛棹过。恰听杨柳岸，唱出竹枝歌。响正行云遏，情如此夜何。曼声疑北里，凉影浸东坡。记未拈红豆，狂应脱绿蓑。拍还依铁版，照不借金荷。烟水茫无际，关山感最多。明朝移柁处，一带浪花拖。

才信渔家乐，潇湘发棹歌。听当明月上，唱彻晚风和。烟外孤篷泊，云边一镜磨。不须横铁笛，恰好对金波。到耳疑黄竹，寻踪隔绿萝。相于眠未稳，欸乃调无讹。客梦怀琼岛，闲情寄水梭。停桡聊徙倚，值似泛银河。

最多吟兴是潇湘

一舸浮湘浦，吟情浩若何。笔花江上梦，诗草客中多。风月争留赏，金丝渐引和。屈骚临水续，宋赋感秋哦。管欲三千秃，湾曾卅六过。瓣香分岸芷，尊酒问烟萝。此境宜图画，予怀自啸歌。悬帆沙鸟外，余韵曳清波。

三楚今诗国，扁舟得意过。重湖乡梦远，残腊客吟多。灵麓横丹嶂，昭潭卷绿波。落英供组织，香草任搜罗。珠唾随风堕，银毫对雪呵。裁笺花月夜，脱稿水云窝。渺渺频移棹，行行更蹋莎。便当吞八九，锦字制龙梭。

诗清都为饮茶多

茗战雄如许，诗情妙若何。润分荷沼露，清助墨池波。竹里炊烟细，花间得句多。赋泉飞白凤，烹雪举红螺。槐火联吟社，松风却睡魔。月团三百碾，云锦五千罗。刻翠笺频拂，薰香笔漫呵。湛恩邀敕赐，摛藻侍金坡。

政成在民和

论治稽潘令，甄陶术在和。民咸游德宇，政尽载恩波。皞皞情同洽，优优法勿苛。百工宏播告，万户被弦歌。兵戢凫依澡，氓安虎渡河。令真如水下，气自得春多。训俗仁斯溥，遵王义不颇。宸修廑有夏，董劝仰銮坡。

杨柳风和乳燕飞

旖旎垂杨外，翩然乳燕过。哺宜晴日永，飞趁惠风和。舍北萦红缕，江南望绿波。喃喃情若此，袅袅态如何。缓触金铃动，轻看玉剪磨。拂来芳草偃，衔去落花多。舞倦乌衣近，吹斜翠黛拖。卿云宫树蔼，鹭序正鸣珂。

土美养禾

美种何由殖，恩叨长养多。百廛无瘠土，九穗尽嘉禾。献瑞来丹雀，铺菜叠翠螺。生生钟地宝，息息饮天和。虎掌宜珍野，龙鳞遍玉科。膏腴营北里，薅蓑卜南讹。田久耕尧壤，财欣阜舜歌。蕃昌逢化国，中泽尽菁莪。

柳边风去绿生波

绿到依依柳，春风分外和。来刚花有信，去觉树生波。带雨青如滴，含烟翠欲拖。飘轮停未久，浪縠剪偏多。渡口痕清浅，桥头影荡摩。拍堤添鸭涨，织水误莺梭。条自垂金缕，声因想玉珂。液池嘉植茂，第颂拟卷阿。

桃花源里得春多

访到仙源路，东风倚棹过。桃应和露种，花总得春多。问渡舟维柳，沿溪屋补萝。壶中新日月，世外旧山河。客屐迷红雨，人家隔绿波。舐丹鸡犬乐，啼树燕莺和。后会空停桨，斯游等烂柯。熙熙开福宇，轩舞遍岩阿。

摩蜃而耨

耕后仍加耨，淮南纪作讹。水深犍早策，泥滑蜃新摩。具向东流借，耘从北里过。承星千耦聚，缺月一痕磨。海气浮青笠，溪烟漾绿蓑。闻鸠频薙草，化雀定衔禾。挥汗程功速，含浆妙用多。载芟欣第颂，圣世庆诚和。

霁色清和日已长

晓色开新霁，清光望若何。天留佳日永，人爱惠风和。宿露珠犹滴，微云镜乍磨。暄妍忘昼短，酝酿较春多。驹影迟迟度，鱼鳞澹澹拖。扬仁欣奉扇，返景漫挥戈。复旦呈尧瑞，来薰协舜歌。舒长钦继照，煦育纪南讹。

冷笻和雪倚

人倚寒山外，新诗得意哦。一笻飞雪点，双屐冷云多。鹤立神俱爽，鸠扶冻自呵。似梯明月上，偶踏落花过。竹畔吟肩耸，梅边倦眼摩。枯藤随地植，湿絮任风搓。银海身长健，琼楼气渐和。祥霙昭圣瑞，仙仗肃銮坡。

知养恬斋试帖　卷二十一

六麻

丹霞夹明月

一轮沧海月，十丈赤城霞。直夹清虚府，如穿宝相花。飞来秋水外，升到晚风斜。余绮轩轩举，流波穆穆遮。盘教围白玉，笼恰衬红纱。尽贴天孙锦，遥连博望槎。建标争绚烂，抱珥更清华。攀桂琼楼近，吟情分外加。

余霞倒影画潇湘

画就湘天景，争看倒影霞。一挥从碧落，十里抹丹砂。妙挽凭空运，矶头逐渐加。绘来浑是水，烘出即成花。袂想轩轩举，笺题色色嘉。图教悬蟹舍，照为写渔家。江远澄如练，溪平浣似纱。片帆归晚浦，凝望正清华。

罨画清如许，潇湘望里赊。凭虚横匹练，倒影蘸余霞。恰有浮岚衬，曾无浪墨加。平铺淞一剪，妙夺管三花。淡埽轻风度，浓描夕照斜。落时才类鹜，涂去不同鸦。此地传蓝本，从空展绛纱。好随湾卅六，得意泛灵槎。

棠梨花开社酒浓

一番逢社雨，胜事集田家。桑梓同携酒，棠梨正着花。落英缸面扑，疏影陌头遮。卯饮欢何尽，辛祈望更赊。林香霏素雪，村酿醉红霞。节为停针纪，才凭宰肉夸。扶鸠酣宴会，睇燕记年华。笑语喧归路，春山夕照斜。

桃花颜色好于马

桃林闲系马，马色亦桃花。露靥娇无敌，风鬃艳转差。长嘶徒逐电，小朵自蒸霞。笑合停鞭索，香真满路赊。纵教千里骋，不及一枝斜。着雨欺朱汗，留春住绛纱。霜蹄休浪踏，锦阵本无遮。垂荫天街遍，休将叱拨夸。

唐 花

谁教容膝屋，都放称心花。地气先回暖，春光竟许赊。金铃千朵系，珠箔四围遮。芳讯探何早，番风到转差。借来新雨露，蒸出古云霞。艳渐堆红锦，寒犹隔绛纱。有声催羯鼓，无信递蜂衙。好情吹嘘力，阳和酿万家。

绿杨深处是苏家

钱塘江上住，苏小是谁家。访渡迷桃叶，开门对柳花。每劳青眼望，只觉绿情赊。曲巷千条拂，妆楼半角遮。腰肢怜袅娜，眉黛学夭斜。絮雪情无限，春风路不差。重来刚系马，深处稳栖鸦。明日攀条别，依依驻钿车。

鸟归沙有迹

夕阳明远浦，归鸟度林斜。有迹留丹篆，无垠踏白沙。锥痕才立鹤，墨点又涂鸦。伸爪抟晴雪，梳翎带晚霞。纵横疑起草，旋反更穿花。蓼渚同鱼戏，芦滩宛蟹爬。披金踪隐约，屑玉势纷挐。画稿凭谁拓，烟莎贴绿纱。

青草池塘处处蛙

鼓吹来何地，池塘独听蛙。绿波跳处活，青草望中赊。风月情何限，官私辨未差。镜奁开罨画，锦袜斗喧哗。阁阁繁音奏，溶溶浅黛遮。一庭春入梦，两部水为家。聒耳更频转，凝眸翠渐加。夜窗清响彻，烟隐玉钩斜。

春雨有五色

嫣然花着雨，贲若雨如花。彩染三春锦，香蒸五色霞。绣纹丝慢衍，杂俎艳纷挐。净洗娲皇石，轻湔越女纱。目迷光不定，指屈候无差。施采从槐市，成文到柳衙。滴残江管梦，洒遍邵园瓜。记取红薇韵，丹青小李嘉。

艳极红薇句，春膏着更嘉。半栏初浥雨，五色竞生花。香盥郁笺字，丝牵瓮茧纱。奏云宜太史，承露忆仙家。午霁光迎日，初零影夺霞。路逢骢马滑，烟散凤翎斜。彰水波如画，临风锦叠加。天书题处湿，裁诏问桑麻。

轻燕受风斜

燕燕轻如许，飘然又到家。泥衔飞正缓，风受势偏斜。楝信徐徐送，梨云淡淡遮。忽抛双剪玉，低掠一丛花。絮扑踪无定，烟冲路未差。乌铜吹缥缈，红缕舞交加。和扇春三月，芳寻水一涯。上林文杏发，翔举兴尤赊。

朱华冒绿池

路入芙蓉谢，清池偶泛艖。四围沉绿影，千朵冒朱华。湛湛初匀黛，轩轩欲举霞。浮中无可唾，罩处恰宜纱。翠泼微风动，红撑夕照斜。不教泥易染，更觉水难遮。彩映临川笔，香浮玉井沙。皇居歌在镐，宸藻灿天葩。

澹云微雨养花天

酿得春阴好，天心重养花。澹烘云缥缈，微润雨横斜。未放三竿日，将蒸十里霞。碧空何杳蔼，白点忽交加。细縠笼薇帐，轻丝织柳衙。香深寒悄勒，艳吐雾低遮。羯鼓催仍缓，莺簧静不哗。时和叨圣泽，御苑灿奇葩。

沙留鸟篆斜

篆势天然妙，痕留浦口沙。乌丝忘界画，鸟迹忽横斜。水外奇堪问，风前点不加。书应同附鹤，字或类涂鸦。披去余金薤，描成带浪花。戏鸿曾此地，爱鹜记谁家。飞白铺晴雪，吞丹映晚霞。来禽储宝笈，宸赏重瑶华。

鸦翻枫叶夕阳动

指点枫林外，翩然集暮鸦。叶翻寒色动，影逗夕阳斜。淡墨翎初刷，疏红干尚遮。踏枝披古翠，散绮闪余霞。浴日光难定，栖烟点乍加。金波如写照，石径偶停车。瑟缩添秋意，萧森隔水涯。览辉依帝陛，仪凤更扬华。

辛夷花发杏花飞

谷口春将暮，迎花又送花。辛夷疏蕊发，文杏落英斜。曲坞香犹细，重帘影半遮。绛云蒸满树，红雨散谁家。小缀如簪笔，轻扬未障纱。楣边枝掩映，坊畔锦交加。蝶趁风三径，莺啼水一涯。宸游欣茂育，佳植湛清华。

没井浇花趁晚凉

凉意来无际，吟情晚更赊。汲将千尺井，浇遍一庭花。绿净堪提瓮，红稠欲障纱。丝才牵玉虎，锄待荷金鸦。小院清如水，繁英烂若霞。洒疑疏雨过，忙到夕阳斜。暑退人忘倦，林深客不哗。湛恩今更渥，庶草竞春华。

知养恬斋试帖　卷二十二

七阳

马上凉于床上坐

驱马槐阴里，蕉衫分外凉。消闲凭绣勒，却暑胜藤床。揽辔看新月，挥鞭送夕阳。黑甜抛夏屋，红软蹋周行。蕟叶休低展，桃花快上襄。露沾双袖湿，风趁四蹄忙。梦漫寻蛱蝶，功惟策骕骦。晚归吟兴健，灯影隔邻墙。

荷净纳凉时

闲寻消夏处，绿净敛荷香。直入千花界，能招六月凉。尘难沾翠盖，暑不度红墙。人借银塘住，天忘火伞张。吟成超俗艳，坐久挹余芳。蓉镜摇清影，菱歌送夕阳。一襟风可涤，十里水为乡。茂对宸游惬，南薰朵殿扬。

帆随湘转

轻风吹五雨，一舸下潇湘。舵趁清流转，帆随曲岸张。缓歌听欸乃，小屋认郎当。滩乍经红蓼，湾仍指绿杨。螺舟同委折，雁浦共回翔。似茧山重里，如环路更长。波看平竹箭，橹又拨沙棠。回首衡峰影，烟萝隔夕阳。

天道犹张弓

天难凭管测，道亦类弓张。高也谁操纵，弨弓妙抑扬。上弦看月满，流矢讶星忙。虎帐悬千载，乌号控八荒。觯堪斟北斗，宝似设东房。福善先栖鹊，惩贪早射狼。问名惊霹雳，如破埽欋枪。揖让逢醇化，群英重习乡。

云开远见岳阳城

瞥眼江城在，征帆指岳阳。云头开远浦，风力促轻装。澹碧湖天近，浮蓝楚塞长。鱼鳞飞缥缈，鹿角辨微茫。渐报谯楼鼓，才鸣水驿榔。炊烟收晚市，渔笛起沧浪。雨散重闉净，潮平一苇杭。巴陵沽浊酒，橘柚正新霜。

荷笠带斜阳

烟寺僧归暮，匆匆趁夕阳。影欹青箬笠，家住白云乡。鸦背疏林闪，蝉声曲巷凉。路随樵客去，人是瘦生装。枫叶翻残照，松花扑晚香。棹头何洒落，行脚本疏狂。望望烟凝紫，行行径渐苍。棕鞋徐踏处，清磬韵悠扬。

蝉休露满枝

听罢鸣蝉曲，空庭夜未央。秋声三径寂，露气一天凉。玉树清如洗，瑶琴驰未张。响残惊落叶，翼戢梦垂杨。杳杳沉虚籁，溶溶裹彩囊。警应同鹳鹤，荫自远螳螂。境静低微月，林疏有薄霜。珥貂修雅操，丰草被恩光。

楚塞三湘接

莽莽江流浩，平看楚塞长。天光低雁浦，地势接熊湘。岳向云中峙，湖从月下杭。银盘浮北渚，铜柱矗南荒。道味莲俱净，骚情草自芳。黄州新酒郡，丹野古江乡。夏口看绵亘，秋心托渺茫。右丞吟兴健，风日醉襄阳。

秋天昨夜凉

夜静销烦暑，天空酿嫩凉。秋随残梦到，漏觉昨宵长。露未晞桐井，星犹带草堂。宿云仍阁雨，晓月正如霜。棋冷才收局，炉寒乍烬香。寥空闻过雁，短砌逼吟蛩。帘卷惊风峭，钟撞报曙忙。一番清景别，句索百花庄。

落花水面皆文章

花落随流水，花光映水光。是谁工点缀，假我即文章。妙契无言旨，常涵不断香。英华增绚烂，理趣写汪洋。古藻时披拂，余波共抑扬。都教凡艳洗，直与化机忘。影荡霞千片，源澄玉一方。太平多润色，宸翰灿琳琅。

劝课农桑诚有道

殷勤申劝课，至道寓农桑。劳锡元辰酒，求携上巳筐。杏花明绿陌，梯影阁红墙。一拨箴无逸，三缫警太康。陇回鸾路辔，祠蓺马头香。耒纬春如画，繁寨日载阳。绀辕沾露湛，茧瓮灿云襄。耕织图丹陛，宸修泯怠荒。

96

燕得新泥拂户忙

营得新巢稳，春来燕燕忙。剪才抛绣户，泥待涴雕梁。未雨谋桑土，因风度柳塘。一丸加点缀，双翼屡回翔。入幕红襟速，冲花紫颔香。匆匆归曲巷，款款带斜阳。下上踪无定，呢喃语不遑。好同仪凤舞，帝陛盛赓扬。

松凉夏健人

潇洒长松下，招来一味凉。庭空秋欲到，人健夏俱忘。劲节森森立，虚涛谡谡扬。仙姿原礌砢，静趣益聪强。麈尾挥俱绿，龙鳞倚更苍。高情宜水石，老干阅星霜。昼永恬风日，材长裕栋梁。宸襟云牖惬，锡福协平康。

桑畴雨过罗纨腻

妙绘罗纨象，平畴万树桑。沉酣兼雨色，细腻认风光。直似经机杼，何曾取斧斯。散丝犹带润，制锦欲成章。燕剪裁难就，莺梭织更忙。露曾经浣濯，云合想衣裳。自得闲闲意，徐吹冉冉香。宸猷隆黼黻，佳值蔚瑶闿。

麦陇风来饼饵香

晴陇风初起，迎秋麦未黄。粼莽将纪瑞，饼饵渐吹香。翠浪连香卷，红绫几日尝。天留晨气润，客话食单凉。秀色餐应饱，轻花落更扬。静中仍领略，味外得芬芳。银线怀堪待，金穰愿已偿。杏园欣拜赐，图不羡渔阳。

以龁尝麦

井野初登麦，天家颂降康。旧曾鸦偶种，新与龁同尝。金合芒抽细，琼筵鬻用刚。酌飨秋报赛，观艾夏陈常。岁慰庚呼愿，书呈亥字祥。尧厨瞻蹢白，禹甸看云黄。不薄糟糠味，仍留饼饵香。鼎烹叨帝泽，匝宇庆丰穰。

焚香选卷

忠孝求佳士，衡文汉代详。为储鸾掖选，亲试鹤炉香。佳卷新摛藻，英才久漱芳。赏心拈一瓣，拭目读千行。丹篆奇初吐，青钱价许偿。诵芬频往复，着纸妙悠扬。桂籍科名重，兰台姓字彰。圣朝班马聚，倬汉绘天章。

玉堂清冷不成眠

入直坡山暇，披吟对玉堂。境清人不寐，漏冷夜初长。城已催宵柝，庭惟睡海棠。碧天风料峭，丹地月微茫。剪烛听金钥，评诗付锦囊。砚冰寒渐起，池草梦俱忘。湛露凝中禁，疏星澹建章。向晨灵鹊噪，赓拜荷恩光。

紫樱桃熟麦风凉

的的樱垂紫，芃芃麦酿黄。星悬千树熟，风送一天凉。实落庚庚遂，苗抽乙乙长。含凭莺睨晥，雏趁雉翱翔。席上珍同赏，畦边浪远扬。芙蓉新赐宴，饼饵暗吹香。荐夏瑛盘列，迎秋玉粒穰。翠帏方省稼，仁宇庆平康。

柳塘春水漫

柳花飞漠漠，春水满春塘。绿浸波犹漫，青垂荫正长。微风迟雀舫，斜日澹渔庄。低漾金千缕，平铺玉一方。鉴澄心不竞，烟隐象俱忘。浴鹭情偏暇，眠鸥梦未央。落红流缓缓，沉碧映茫茫。帝泽沾汪濊，龙池汇众芳。

98

佳士如香固可熏

入座延佳士，熏陶得善良。说原甘似肉，闻更妙于香。得意频携袖，无言共漱芳。坐花亲可炙，着纸淡相忘。臭本同心永，芳教竟体扬。染衣频领略，选卷细推详。况结云霞契，兼依日月光。握兰趋帝陛，纠缦蔼天阊。

新竹压檐桑四围

人坐清阴里，披书夏日长。压檐千个竹，绕屋四围桑。梢放青铺瓦，梯斜绿过墙。二分兼水净，五亩荫云凉。茆宛同花覆，庐真似茧藏。定知柯不改，尤喜叶相当。小住原非俗，闲观亦允臧。好侪温室树，秀发近天阊。

振衣千仞冈

拾级凌千仞，仙班共颉颃。笔挥摇五岳，衣振上层冈。履近星辰界，身依日月光。六鳌乘晓策，一凤览辉翔。紫绶聊容与，青梯接混茫。举头天可问，分手汉为章。袖偶携沧海，裘堪盖洛阳。湛恩罗雪叠，琼岛盛赓扬。

太冲才卓荦，千仞俯崇冈。宫锦衣初振，仙关步缓翔。荡胸空芥蒂，拔足小沧浪。赤县雄瞻瞩，青云任激昂。题襟来日观，携袖满天香。鸾鹤争迎佩，鼋鼍自驾梁。五铢吹缥缈，一粟立苍茫。回望蓬壶近，朝簪拂晓霜。

霞桥排千仞，云衣振七襄。奇踪来上界，雅咏托高冈。放眼
乾坤小，披胸海岳藏。日边停谢屐，天外识荀香。壁立凌空阔，
澄观俯混茫。袖携三岛月，剑拂九寰霜。鹄侍荣珠履，鸿飞颂绣
裳。时巡仙跸驻，联袂快腾骧。

纵览山俱小，登临俗虑忘。屐携千仞外，衣振五云旁。脚漫
红尘插，眉从碧落扬。佩声摇鹤背，履迹渺羊肠。捧日琼梯接，
回风锦袖张。万花空结习，一柱立昂藏。生佛同分席，群仙快猗
裳。皇猷昭黼黻，第颂继梧冈。

心自游千仞，何烦陟彼冈。衣仍随鹭振，度合拟鸾翔。仙袂
飘飘举，神山渺渺望。手曾分太华，足欲濯扶桑。云母新开牖，
天孙为织裳。鳌维尊柱石，凤锦焕文章。湖海归襟带，松乔在颉
颃。朝班依帝座，黻佩戴恩光。

三都成杰构，千仞峙雄冈。笔振才横肆，衣披气奋扬。濯缨
来海岛，蹑屩近天阊。袖许浮丘挹，书曾委宛藏。低头蹲虎豹，
绝顶啸鸾凰。境岂寻常到，程难咫尺量。红云看鹄立，丹壑任龙
骧。赐锦叨恩渥，金鳌步漫翔。

知养恬斋试帖　卷二十三

八庚

惠泽成丰岁

惠我无私覆，同民颂太平。泽方占解作，岁早乐丰成。夏雨森银竹，秋云圣玉粳。上腴敷美利，下尺助深耕。润积三农慰，藏多百室盈。豚蹄酬默祷，虎掌尽嘉生。土鼓花村聚，风琴部屋清。幽图丹扆绘，绥万洽皇情。

修竹不受暑

一径环修竹，泠然暑气清。俗氛无处受，爽籁有时生。晴岂同花韵，凉先共草迎。禅惟参玉版，影不挂铜钲。天外炎云散，林边湿翠横。地宜佳士坐，风引故人情。节峻神俱迥，心虚虑自轻。华松依帝墉，辰抚际长嬴。

飞泉漱鸣玉

忽听眠琴处，飞来漱玉声。岩泉空际落，天籁静中鸣。走似荷珠迸，敲疑竹铎轻。泠然倾宝瓮，铿尔戛琼英。溜吐松髯润，音含石齿清。波澜随地涌，咳唾向风生。境静心堪洗，山空耳欲盈。何如瑶岛外，仙乐奏承平。

循名责实

雅望加循省，芳猷务责成。相期腾茂实，所贵副荣名。誉漫矜雷贯，功常励月征。虚车遑致饰，空谷早传声。衔拟条冰重，怀同介石贞。日章思纲尚，雨集愧沟盈。顾纵能思义，称犹虑过情。圣朝澄叙久，葵藿表忠诚。

润物细无声

听雨疑无雨，春膏细细生。云兴知有渰，物润不闻声。村远鸠频唤，山深鹳自鸣。关心看霢霂，到耳欠分明。织柳和烟湿，沾花堕地轻。软红吹未散，嫩绿渍初成。蛮徼兵重洗，皇畿耤早耕。绥丰叨圣泽，沐浴遍寰瀛。

雨后山光满郭青

野旷收新雨，山空放早晴。遥天青欲滴，满郭绿初横。雉堞排千仞，螺峰隔几程。雾余浓黛合，路净落红轻。柳妥烟藏阁，松高翠接城。露教仙掌浣，云傍佛头生。岚气浮偏远，清晖画不成。春阴琼岛润，游豫惬宸情。

想到和州境，青山绕郭横。半天收宿雨，一路看新晴。排闼岚烟重，漫空露气清。螺亭描淡沱，雉堞映分明。绿树云中社，红桥画里程。佛头初着色，阮眼共关情。客蜡峰前屐，人催廓外耕。韶春风景丽，翔步凤凰城。

晴色雨余滋

渥泽滋培广，芸芸众绿生。几番余宿雨，一色湛新晴。深巷宵停屐，疏林晓挂钲。鹭飞秧水漫，鸠唤麦风清。景觉尘氛净，文看锦绣成。软红蒸有影，空翠滴无声。天碧云徐卷，山青雾渐轻。抚辰调玉烛，澄霁惬皇情。

下笔春蚕食叶声

意叶纷披处，春从笔底生。虫雕非小技，蚕食有新声。字待龙梭织，书看茧纸成。可餐皆秀色，倾听得深情。黄绢裁应孰，乌丝界最明。三眠同咀嚼，双管任纵横。锦绣心先贮，笙簧耳欲盈。经纶归黼座，天藻协韶韺。

八月湖水平

落叶西风里，重湖一鉴平。蜀山知雪散，楚水共秋清。天阔疑无岸，云开远见城。青围峰一点，白浸露三更。浦口横烟淡，波心看月生。鱼庄寒北渚，雁阵渺南衡。楼记名贤迹，槎浮使客程。液池澄颢景，伴奂惬皇情。

夏雨生众绿

夏景澄芳甸，涵濡众卉成。风前青未了，雨后绿仍生。柳舍尘初浥，兰池气渐清。沚萍迷鸭影，烟树暗鸠声。蕉叶疑天补，苔花遍地横。阴移琴榻润，响戛竹楼轻。潭上千章荫，湖边万里情。省耕銮跸驻，帝泽被寰瀛。

柳带晴烟出禁城

是否灵和树，阴阴绕凤城。烟销三月雨，花扑六街晴。日下排青锁，风前系绿情。眠余真蕴藉，望去欠分明。堞远犹藏雉，宫开恰听莺。白描云缕缕，翠滴露英英。晓漏沉铜箭，春光满玉京。液池欣第颂，韵事继韩翃。

莺声细雨中

一幛横空翠，何来百啭莺。啼时花欲语，听到雨无声。湿絮溶溶坠，珠喉字字清。羽应沾雾重，心喜为春鸣。风过红腔润，云停绿意生。响随林滴滑，坐带柳烟轻。天泥携柑候，人迟蹑屐行。皇州承渥泽，出谷续诗盟。

四山沉雨气，一曲度春声。路滑谁停马，乔迁恰听莺。绿云吹不散，白雪和初成。翠泼翎都湿，簧调舌更清。坐当垂柳暗，啼到杂花生。絮语商偏久，纱笼望不明。泥人湖上景，求友谷中情。鼓吹征熙洽，恩膏遍八瀛。

棋声花院闭

路随苔磴入，小立境何清。院闭花无语，棋敲玉有声。帘垂鱼钥寂，林密蝶衣轻。客到柯应烂，人闲道不争。隔窗红雨暗，埘榻绿云生。岁月闲双屐，烟霞付一枰。未闻僧梵扰，只见佛香横。户外谁停屦，司空好句成。

几生修得到梅花

香界谁修到，梅花格最清。相思经一夜，夙约话三生。此地冰魂净，何年玉骨成。雪中开烂熳，石上认分明。皓月前身果，春风旧日盟。寒回孤鹤梦，冻破蹇驴程。冷艳轻千劫，芳姿问九英。上林魁可占，燮鼎佐和羹。

水色晴来嫩似烟

远水连天碧，舟行趁早晴。晖涵初日出，色似嫩烟横。绿净三篙远，红蒸一镜清。落花浮有晕，软玉碎无声。放鸭冲刚破，研螺画不成。蘋蘘沾处淡，兰桨拂来轻。岚气频舒卷，波光自送迎。庆云昭圣瑞，纠缦望蓬瀛。

目玩三春荑

纵目春风里，柔荑簇簇生。乱红三月雨，新绿半村晴。式燕依金谷，相羊望锦城。顿教银海炫，都是翠云横。螺黛高低路，莺花远近程。一鞭湖上指，双屐画中行。翠巘连天密，岚烟着地轻。百昌涵湛露，蕃芜遍东瀛。

秋风生桂枝

丹桂花初放，秋天分外清。香从风里散，枝自月中生。不待金铃护，端宜玉斧擎。绿波方袅袅，黄雪正盈盈。树合栖珠雀，鳞先动石鲸。吹来霜有信，湿处露无声。破浪增豪兴，梯云寄远情。郗诜刚献策，得意问云程。

徒杠舆梁

营室占星后，杠梁取次成。徒行忘窘步，舆卫快长征。绿鸭全无涨，青鸢早载旌。未云龙卧稳，不日鹊填平。常有寻诗屐，曾无叱驭声。藜扶霜滑泋，篙揽水澄清。进履思良相，乘车说长卿。芦沟刚月晓，冠盖萃神京。

竹醉日

沉醉熏风里，新醅竹叶倾。此君耽蚁泛，尔日祝龙生。筒碧猗猗注，帘青簋簋横。微醺花月夜，小酌水云程。酩酊酣千亩，平安献一觥。虚心醇共饮，翠袖盏高擎。径近陶彭泽，林依阮步兵。自今参玉版，先载百壶清。

远山晴更多

丁卯桥头望，山山放早晴。秋光偏澹沱，远岫更分明。红旭烘俱活，青梯削不成。云头销障翳，金掌尽纵横。雁向空中矗，乌从海外生。岚烟千里净，露气一天清。落叶风前路，疏花雨后程。吟眸轩爽极，咫尺是蓬瀛。

走笔往来盈卷轴

诗笔推元白，频年卷轴盈。每添赓唱韵，莫罄往来情。走马归仙掖，迁莺听友声。两心千古共，双管百花生。赠我如投缟，怀人屡报琼。有奇同赏析，无字不飞鸣。香案瞻依久，名山著述成。珥彤鹓序肃，丹陛奏韶颢。

细麦落轻花

麦陇闲行处，烟光分外清。香痕吹自细，花影落还轻。小缀迎秋早，低飞叠雪平。舞风微有态，坠地转无声。合穗悬金缕，辞条糁玉英。软随尘漠漠，碎扑浪盈盈。佳瑞双歧兆，余芬一瓣擎。来牟欣第颂，率育摅宸情。

得失寸心如

玉尺量才富，珠宫选士精。价从千古定，鉴自寸心清。敢任低昂易，轻将得失争。万钱投许中，一错铸难成。莫误探骊识，须扬吐凤声。词条凭剖判，智烛最分明。伪必裁风雅，真逾见性情。敷交逢盛世，握镜仰皇诚。

山不让尘

莫讶山难学，功非积累成。须知千仞峻，不让一尘轻。远助飞来势，欣承仰止情。软红吹有迹，空翠聚无声。屑玉犀遄辟，衔珠鹤共迎。香随人面扑，影落佛头清。自觉和光蔼，皆由渴想诚。纤埃期报圣，万笏拱瑶京。

倾耳无希声

听雪柴桑里，高人耳自倾。无涯澄颢景，何处觅希声。絮渐沾泥稳，花真落地轻。不须求寂寞，都与净聪明。冰结狐难听，沙深蟹偶行。象原同蓄宝，诗漫索飞琼。未许闻根彻，偏教静趣生。宸扉垂黈肃，玉雨散蓬瀛。

经训乃菑畲

共凛荒经戒，书田好课耕。菑畲留古训，潢潦谢虚声。试问勤千亩，何如拥百城。墨庄君子业，笔耒圣人氓。黄稗芟秦火，膏腴聚汉京。艺林贫许馈，讲席畔谁争。伫望芜词堵，旋看德产成。敷文昭郅治，米廪萃群英。

觅得菑畲好，闲闲许代耕。区能分训典，业乃属经生。风雨劳心切，畦町过眼明。入疆文畛合，负郭说郛成。肯播通书旨，何求协颂声。性禾塍远近，字水亩纵横。殖也基毋弃，犁然辨最精。力田髦士集，教泽迈西京。

漫道经为径，菑畬用乃宏。囊编心可粪，遗训舌能耕。树本依乎义，田惟种以情。秕糠除砚亩，菽粟问书城。刈获将藏酉，陈修早拜庚。郑乡添夏课，边筝望秋成。刻镂看鳞次，耘锄免蠹生。宸章窥秘府，原隰忆驮征。

郑重锄经业，菑畬付后生。城南开夏甸，砚北督春耕。自有编蒲志，何殊望杏情。纸田防薄殖，墨稼看繁荣。合共禾书订，休教稗说争。汗牛驱早遍，牧豕听尤清。一亩分疆理，三年课雨情。圣怀勤日讲，井说陋铿铿。

韩氏经畬在，符郎亦解耕。敷菑遵父训，式穀启贤声。墨守心田裕，青铺汗简明。道根培自厚，理境划先清。怀饼鸿都彦，然糠虎观英。芸人防越畔，粒我即编氓。志共乾乾惕，文看井井呈。幾余麈念典，绥万惬皇情。

渊薮词章聚，菑畬道义精。研经非耳食，计亩待心耕。识字农原敏，分田士亦荣。香披文苑廓，润漱石渠清。恒产依芸案，丰年报管城。播琴吟未辍，负耒卷先横。始信鸿畴富，休将蠹简轻。修陈钦帝训，渥泽溢青弦。

力业看菑亩，新畬取次成。遗经曾火耨，断简拟刀耕。苕发文辞富，根疏训诂明。曹仓无歉岁，任苑有愚氓。方策瞻蒲敏，琅琊析稻名。一鸥贻饷便，五鹿畛畦平。雨粟祈苍史，归禾待墨卿。缃书丹地近，湛露沃蓬瀛。

士本田间至，炊经信有情。菑畬恢旧业，铅椠茁新英。窃粒劳珠记，研精事铁耕。巾箱藏不匮，带草莳无声。一稔培初地，三登课小成。金根探阆误，玉版拓先平。诗为千仓味，材应百获程。奎文昭郅治，总秸尽输诚。

雁声新度灞陵烟

疏星围灞岸，一骑晓催程。烟散鸡初唱，秋新雁有声。路从蓝水度，阵自碧空横。逸韵听来偏，浮岚掠去轻。寒冲秦栈回，响答华钟清。莫辨衔芦影，如传折柳情。凌云牵远思，警露促宵征。尺五城南近，天衢得意鸣。

110

知养恬斋试帖　卷二十四

九青

新萍泛沚

　　垂阳三月暮，飞絮满前汀。乍泛鄰鄰沚，新成点点萍。随波飘嫩绿，隔渚缀浓青。水远浮俱活，风轻约偶停。一番承湛露，几处散零星。鸭放痕微蹴，鸥眠梦亦馨。流觞春浩荡，浣笔景清泠。雅化菁莪盛，扬华近帝廷。

轻罗小扇扑流萤

　　一握轻罗扇，相携夜看星。几时才扑蝶，今夕又流萤。影飐花心白，痕留草脚青。乍飞光有耀，斜拂挽俱灵。香雪兜来薄，金风闪未停。焰抛银错落，钏动玉珑玲。步屧劳应尔，纱囊贮几经。书帏耽照读，声隔竹窗听。

寒食人家事踏青

　　百五芳辰近，匆匆屐未停。烟都销浅碧，痕好踏深青。冷节才秪柳，晴波又泛萍。听莺期早约，盘马路重经。句选延年序，筋浮逸少亭。坐花春正艳，斗草露刚零。绣幄连村结，饧箫隔巷听。东风沉醉处，题遍绿莎厅。

洞庭秋水远连天

八百涵空阔，秋波发洞庭。天空连浩瀚，水色映清泠。月浸双轮白，山浮一点青。蜃楼凌渺渺，鸿阵入冥冥。地回疑蓬岛，烟迷失蓼汀。乘云仙按笛，入汉客扬舲。牛斗寒芒彻，鱼龙夜气腥。泛槎欣得路，钧奏许徐听。

青袍如草

回首江南路，春风草满汀。马行看练白，鹄立想袍青。杏外衫初换，花边屐偶停。汁弹依岸柳，色浅映池萍。縩縩风轻曳，芊绵露宛零。半襟铺翡翠，双袖拂蜻蜓。帘卷生寒峭，章披梦雨醒。尧阶荣屈轶，黼佩赞丹屏。

松竹远微青

挂帆来远浦，无限好山青。樯影松间出，江声竹外听。龙鳞排礌砢，凤尾映珑玲。翠滴云迷岸，蓝浮月满汀。横铺烟隐隐，飞度水泠泠。风景澄千里，岚光聚一亭。楼头刚挂笏，镜里正扬舲。即此乘槎去，天边有客星。

龙见而雩

盛典常雩举，乾符阐帝廷。心斋先筮日，体见早占星。丹凤欣裁诏，苍龙上炳灵。祉由真綵锡，德自圣人馨。辰伏宣元化，辛祈祝曼龄。棕街笼篆紫，柳陌望旂青。瑞纪歌云世，欢腾喜雨亭。嘉生今叠降，寅感慰丹屏。

星使出词曹

清望词曹重，名先列御屏。近承天子命，出作使臣星。光自台垣耀，途从阁道经。玉堂新捧节，珠海远扬舲。日月开昌运，河山炳秀灵。九秋司桂籍，三载住槐厅。报国心原赤，抡才眼倍青。拜恩温语奖，选造翙皇廷。

朗鉴瞻卿月，乘槎到客星。仙曹分使节，佛国订名经。捧日心摅赤，梯云足拥青。头衔香案重，胪唱蕊宫听。簪笔辞鸾掖，看花过驿亭。三年司玉尺，一路望珠軿。宿海新扬轸，奎垣旧炳灵。群贤珊网聚，黼黻赞彤廷。

庶民惟星

禹范征民象，周环列帝廷。无私惟就日，有好尽从星。自焕三霄彩，同钟万物灵。里占贤偶聚，座想客曾经。拱极群分野，编珠宛肖形。恩皆承雨露，令亦捷风霆。雾雾榆垂白，芒芒草偃青。毕箕情共洽，临照仰丹屏。

知养恬斋试帖　卷二十五

十蒸

水始冰

彻晓风何紧，银塘始见冰。六花寒未剪，一水冻先凝。地迥
霜痕结，天空夜气腾。白莹波不动，红映日初升。泽腹坚犹待，
潭心晕已曾。匜池磨宝镜，隔岸冷渔灯。皎洁光仍薄，玲珑影自
澄。怀情依玉署，帝陛凛寅承。

登高自卑

素切高山仰，攀跻信可凭。躬惟卑自牧，足乃捷先登。泼翠
如相待，梯青得未曾。谦昭君子度，赋想大夫能。阅遍无奇处，
游来最上层。道常贞坦履，吉早卜阶升。云向樵肩逐，霞随屐齿
蒸。蓬壶天咫尺，拄笏兴飞腾。

万物风兴

吹万瞻风动，桐生祝日升。春教萌者达，物尽勃然兴。庶汇
喁喁向，洪炉盎盎蒸。不言皆美利，日圣此休征。尧箎仁堪奉，

虞薰绩渐凝。泰鸿归閟茂，巽象妙飞腾。橐自天频鼓，台看众共登。酬恩加酝酿，颂愿献冈陵。

农乃登麦

麦熟南风里，农忙候急乘。六花知预兆，百谷此先登。鳸趣秋期近，鸠啼夏景澄。镰腰逢日至，陇首看云兴。挟五交相勉，歧双得未曾。令催蚕事毕，香为飶尝升。福习神恩溥，来牟帝命承。皇诚殷荐备，崇比慰黎蒸。

夏雨雨人

愠藉虞风解，麻从夏雨征。沛然人被泽，时若圣成能。天为三农悯，云刚四岳兴。传霖来有自，赵日畏何曾。张盖炎歊远，随车霡霂增。绿酣苗未槁，黄润麦先登。击鼓祈皆慰，名亭喜不胜。幸逢酾化洽，膏沃遍黎蒸。

知养恬斋试帖　卷二十六

十一尤

春色满皇州

天上春偏早，韶光满目收。欢声腾帝里，曙色蔼皇州。宫漏催虬箭，朝阳灿凤楼。一元调玉烛，三辅固金瓯。蓂茁依黄屋，花飞点翠斿。迁莺听谷口，游骑遍街头。杏雨绵区渥，松云朵殿浮。阶平昭圣瑞，寰海效歌讴。

逊志务时敏

道贵虚衷集，功惟逊志求。日新图本务，时敏惕交修。旧学勤无替，多闻益广收。始终期念典，朝夕切询谋。绳正从惟木，川深济有舟。寸怀昭抑抑，片刻敢悠悠。蛾术臻超诣，鸿谟裕远猷。宸情勤乙览，祗若仰皇麻。

春鸠鸣何处

拂羽从何处，春风唤锦鸠。巢因微雨暗，响带断云流。拙岂藏能补，耕偏警未休。时穿红杏坞，或集绿杨洲。想像心如结，徘徊耳共谋。好音随下上，宿霭尚沉浮。名合因官辨，声宜与友求。梯青同得路，莺啭近皇州。

长安雨洗新秋出

玉宇清如洗，长安又早秋。雨声连日听，暑气一天收。金井疏风冷，铜街湛露浮。寒萤飞北苑，新雁度南楼。瑟瑟凉微透，潇潇响未休。黄敲梧叶落，红滴豆花稠。匝地云犹湿，深宵火自流。幽图宸赏惬，闿泽被皇州。

听诗静夜分

妙得听诗趣，山林此夜游。风神言外领，月影静中流。漏转签频报，情闲字缓讴。玉阶泠瑟瑟，铜钵韵悠悠。红豆凭栏记，青灯隔竹留。解人应属耳，童子已垂头。砚北更同数，墙东句待酬。何如丹禁近，珥笔颂皇猷。

不着一字

妙处全无字，声从简外流。尽教双管下，不借一缣酬。獭祭应讥李，骊探尚笑刘。禅因敲月悟，师讶咏花求。自许铅华洗，曾无涨墨浮。金汤新壁垒，衮钺异春秋。残雪红炉化，奇兵百战收。宸章涵万象，赓拜荷天休。

空空传妙手，涉笔最风流。雅为群言守，工非一字求。心花融色相，腹稿谢雕镂。绝迹悬羚角，添毫陋虎头。人忘山子拔，师异已公投。寸铁何劳执，千金未肯售。不烦戈法补，无复朵云留。斧凿痕俱化，凭虚结凤楼。

一年容易又秋风

岁月真流水，关河又早秋。风旌容易动，年矢最难留。蘋末泠然起，瓜期倏尔周。雁书催远阵，鲈菜送归舟。尚忆崇兰汛，旋看宿麦抽。日如过隙驷，星讶拜牵牛。红叶忙双屐，黄花醉一瓯。泛槎期未远，破浪笔应投。

卖剑买牛

卖剑传遗事，贤哉太守谋。官惟除害马，民已得全牛。佩解星初落，蓑披雨乍收。四蹄花自好，三尺价应酬。为尔方求牧，何人更刻舟。夕阳闻短笛，秋水失纯钩。莲锷戎韬敛，桃林雅化修。销兵和气治，率土服先畴。

修竹不受暑

溽暑谁能却，森森竹最修。此君原不俗，清节直疑秋。三径尘俱远，千竿翠欲流。但教凉月上，未许火云浮。林密竣乌返，山空野马收。午曦窥莫到，癸席座常留。炎景青霄外，浓阴碧水头。仙班联玉笋，砥砺赞皇猷。

觅得清幽境，全教暑气收。高低薰自引，左右竹俱修。荫接云千亩，凉招月半钩。晓红闲送目，浓绿恰当头。露滴晴疑雨，山深夏亦秋。所居无热客，相对尽清流。翠涌三分屋，风生丈八沟。熙朝培植厚，东箭贡神州。

为政犹沐

论治稽韩子，勤施迥不犹。沐如除旧染，政自焕新猷。心令因言沃，毛原拟德輶。日新功弗懈，水监泽长流。发握资贤辅，冠弹集众谋。光堪临玉镜，瑕尽涤金瓯。澡雪精神出，熏陶智虑周。酝仁欣广被，泳蹈遍齐州。

数处橘为洲

挂席寒烟里，匆匆过橘洲。直教千树雨，绘出一江秋。绿荫鱼鳞屋，黄堆鸭觜舟。木奴凭管领，柚弟许兼收。霜饱香初烈，潭空影似浮。书应传柳井，贡不羡扬州。枳干何时化，璇星是处留。厥包称并美，赐果荷天麻。

读到灵均颂，江干处处秋。竹教藩四面，橘已熟千头。霜信连朝换，人烟隔岸稠。嫩黄金宛铸，沉碧水分流。论价官余税，餐芳客驻舟。后皇工位置，羿叟便勾留。嫁趁东风早，香从北渚收。素荣欣秀发，还胜百花洲。

篱豆花开蟋蟀鸣

花放疏篱外，书窗景倍幽。荧光初照字，虫语亦鸣秋。谁遣寒香绽，都教雅韵流。一庭凉月映，四壁晚风柔。采菽人犹待，披莎客偶留。落英铺画稿，细语伴吟篝。邻馆闲凭眺，萧齐共唱酬。幾余勤乙览，爽气蔼皇州。

濯锦江边忆旧游

剑外重回首，苍茫万里秋。樵风添别绪，锦水忆前游。雪里余鸿爪，云边送马头。天空舒眼界，地远接眉州。城望千花灿，山看六对幽。几时今雨聚，又作客星留。酒借郫筒酌，歌听瓦鼓讴。恩波西被广，井络聚名流。

自别连云栈，匆匆岁又秋。江宜新濯锦，地记旧维舟。羌笛声频听，涛笺信屡投。百花潭渺渺，十字水悠悠。骥枥雄心在，蚕丛剩迹留。诗曾题剑阁，梦欲绩刀州。胜概怀扬马，归槎问斗牛。圣朝酣化洽，邛笮谱歌讴。

回望巴西路，难忘是旧游。月明千岭雪，锦濯一江秋。地忆红亭别，烟看白塔浮。琴台曾挂笏，灯市屡停舟。酒载杨雄宅，花探蜀主楼。猿声催去棹，鸥梦隔芳洲。风雨前尘渺，溪山后轸遒。凌云方献赋，寿宇耀金瓯。

唤醒梅花梦，西川忆旧游。图谁描百里，别又感三秋。石记支机访，波看濯锦浮。少城双蜡屐，远浦一渔舟。迹尚留青雀，盟难负白鸥。吴生新画稿，杜老旧吟篝。待过空舲峡，重登远景楼。炳灵江汉重，多士赞皇猷。

忆别情无限，当年锦里游。绿波怀旧迹，红叶逼新秋。雨记收吴舫，星曾向益州。枇杷花畔井，桃竹影边楼。得得凭心数，沄沄与目谋。题桥方驻马，出峡忽归舟。两浙山重看，三巴水自流。济川逢盛世，宿海任槎浮。

务观多吟兴，岷江旧放舟。偶瞻樵径月，忽忆锦城秋。猿鹤情犹恋，鱼凫迹可求。桥尝远万里，洞每访三游。问卜君平市，筹边李相楼。记曾编入蜀，客似久依刘。玉垒云虽变，花潭水自流。何时仍返棹，曲又听梁州。

蜀郡回帆后，词人诩壮游。种花怀往事，濯锦忆清流。小别难忘旧，深情独感秋。记随鹓鹭侣，同典鹔鹴裘。墨沼寻扬子，书台访武侯。一帘名士宅，四壁酒家楼。泥雪前程杳，烟波夙约留。蓬瀛今许到，作楫赏鸿猷。

放翁归里后，忆别偶惊秋。浙水添新雨，岷江感旧游。记过舒锦地，每上散花楼。古貌描团扇，闲吟借钓舟。梦难离蟹舍，浪看浣鱼油。蜀国弦频换，吴船录再修。庚邮存日记，子墨自风流。待得蒲帆便，桥仍访石牛。

锦凭江水濯，江绕锦城流。益部开新景，离怀忆旧游。三刀原古郡，七宝亦名楼。偶尔停乌舫，遥看涨绿汕。桥曾经驷马，石记镇犀牛。薛井泉堪酌，秦亭屐久留。百花飞客馆，一叶送归舟。洄溯情何限，苍苍白露秋。

万山夔子国，一棹放翁舟。濯锦怀陈迹，看花忆昔游。剑南常作宦，江北几经秋。坊记金容署，街看石笋留。云烟纷过眼，风月数从头。蚕市寻芳早，龟城选胜周。馆曾题白鹤，峡久别黄牛。何似登蓬阆，群仙萃十洲。

锦濯江如练，诗人此旧游。偶听吴郡雨，还忆蜀城秋。驿记经三折，春曾判四州。看云桃竹杖，踏月荔支楼。桥已通金雁，波犹涌石牛。丹黄看远树，清白问寒流。不意前踪换，翻教别绪留。定当乘款段，重访百花洲。

玉轮江畔路，濯锦浪平流。赋别常怀旧，言归久倦游。乌奴千树雨，白帝一城秋。记昔同行脚，随时豁远眸。栈沿龙背洞，险试犬牙州。草有当归信，帆催不系舟。谁教前梦续，转念古欢留。筐筥今输贡，醴恩遍置邮。

忆旧蓉城外，清吟记陆游。樵风今日路，锦里昔年秋。驿或经烧兔，桥还问斗牛。青衣江自远，红栈雨初收。竹马迎溪口，梅龙望陇头。两蛟涛自舞，双鲤信谁投。丹柿烟中径，青帘影外楼。何时重载酒，得意上吴舟。

青天悬蜀道，黑水汇梁州。濯锦存遗迹，浮槎纪旧游。昔时停蜡屐，佳日话邀头。我友卬须便，诗人合是不。杯常倾白堕，山恰对乌尤。佩记将离赠，帆从小益收。月虽千里共，地止六年留。黼黻依丹陛，相期佐圣猷。

红露驿边楼

古铎青天上，人夸入蜀游。计程通白阁，露影指红楼。栈蹑连云险，梯悬夕照浮。星轺刀岭路，霜叶剑门秋。碧瓦千鳞隐，朱栏一角留。檐声寒铁马，峡气逼金牛。笛向烟中弄，帘从画里钩。回瞻丹阙近，德教速传邮。

起弄明月霜天高

天光澄玉宇，霜气逼琼楼。起弄溶溶月，闲吟瑟瑟秋。蔚蓝尘不滓，虚白影堪留。掬去金波碎，盛来宝路浮。桂香飘砚席，枫叶泠吟篝。夜静云俱敛，庭空水自流。望穷千里目，照彻五更头。圣德无私覆，恩晖遍九州。

虚己励求贤

政务虚衷访，唐宗裕远猷。己惟宏翕受，贤益励旁求。咸感忘成见，谦光纳众谋。抡才空玉鉴，选相慎金瓯。鸣鹿周行示，维驹永夕留。明予怀若谷，赖汝济同舟。推赤心先契，梯青足共投。宸情勤迪简，群彦集瀛洲。

华岳峰尖见秋隼

岳色撑云表，苍茫一隼游。峰尖微见影，翮健独盘秋。石骨棱棱立，星眸闪闪流。削从天外出，飞近日边浮。奋迅凌仙掌，高寒点佛头。风真乘万里，地不辨三周。俯视空凡鸟，孤骞傲爽鸠。渥恩荣荐鹗，华祝觐宸旒。

霜隼飞腾出，高盘太华秋。锐凌千仞上，尖认一峰浮。只见峥嵘耸，难穷汗漫游。风已吹绝顶，雪爪辨当头。空阔拿云下，岩峣里粽抽。飞鹘争矫矫，落雁望悠悠。银海消榛莽，金天肃冕旒。晾鹰台咫尺，山翠蔼龙斿。

辞必己出

会得修辞旨，心声出有由。受辛原绝妙，舍己复何求。风尚趋先正，雷同语欲羞。随人评月旦，知我独春秋。文囿身亲涉，言泉吻自流。慧非牙后拾，稿向腹中搜。技愧吹竽滥，才难借箸筹。圣谟皆典诰，垂拱焕宸猷。

辞旨归深厚，彝章共率由。要惟从己出，迥不与人犹。舌本心花吐，情田意叶抽。兔园书可废，凤阁样新留。悦未陈言去，应同杜撰羞。智囊初脱颖，墨沼乍衔钩。假我文何用，真吾契自投。承宣钦帝命，纶綍枨嘉猷。

语未经人道，辞惟自己求。才华应特出，蹊径肯同由。业贵其诚立，功先以敬修。予情芳独信，众说妙兼收。雄白心常守，雌黄口漫留。笔堪还郭璞，书不借荆州。优孟形徒肖，邯郸步可羞。天章今倬汉，朴学励伊周。

两已文相背，辞应与己谋。真源寻自出，别径借无由。獭祭咸讥李，骊探合让刘。反求身是鹄，得解目无牛。意匠庚庚理，心丝乙乙抽。令人思十日，知我待千秋。始信胥抄误，全凭慧业修。宸怀勤念典，甄采备薪樗。

文章非小道，所贵识其由。语以重申出，辞惟一己修。予怀存杼轴，古业析源流。岂待夸麟楦，方堪助凤楼。斫轮惟此手，越俎更谁谋。纵许他题试，仍凭我法求。真山存面目，活水引心头。簪笔依虞陛，勋华仰圣猷。

欲遣辞能达，先防语匪由。陈经庚早拜，式训已常修。树骨身为度，根心气不浮。厄言休日出，名论自风流。亶白翻逾妙，葫芦画可羞。此衷原了了，众口谢悠悠。堂北抄多误，江东句漫偷。圣裁归雅正，伪体别鸿沟。

知养恬斋试帖　卷二十七

十二侵

又展芭蕉数尺阴

　　旧植蕉千本，空庭荫未深。一番初过雨，数尺又成阴。叶展刚迷目，花含尚卷心。云铺青隐隐，天补绿沉沉。画忆前期雪，甘分此日霖。窗宜僧种纸，地许客眠琴。翠向灵苗挹，芳随曲槛寻。湛恩丰草渥，翘秀遍琼林。

以瓜镇心

　　业正耽青简，瓜宜进绿沉。为留消夏具，常镇读书心。意蒂凉微沁，情苗暑不侵。如云舒眼界，似雪沃胸襟。蔓岂滋灵府，芳先撷艺林。浑圆全体证，熨帖瓣香深。身自殊匏系，怀真类镜临。愿伸葵藿志，向日励丹忱。

乞借春阴护海棠

　　海棠庭院里，无限惜花心。愿借青云护，能教绛雪深。怜他香漠漠，假我画阴阴。活色千重锦，流光一寸金。睡防朝露重，收怕晓风侵。艳福凭天授，芳情寄夜吟。彩幡悬自昔，银烛照从今。茂对宸怀惬，华平秀上林。

乍对神仙品，怜花寄意深。开才沾晓露，护要借春阴。莫遣慈云散，须防苦雨侵。绿章频请命，红锦已成林。煦妪劳荃宰，芬芳鉴藿忱。妆停风袅袅，睡稳月沉沉。人洗看花眼，天回惜玉心。御园韶景丽，阜物谱虞琴。

用汝作霖雨

版筑旁求切，云霓慰望深。及人皆夏雨，用汝即商霖。下尺珍从昔，崇朝遍自今。惠常敷草野，祷愿继桑林。玉烛神为运，金瓯化共斟。乃风宣上德，如水洽臣心。厌厌苗皆润，芃芃黍尽阴。占星孚毕好，时若豫宸襟。

龙池柳色雨中深

翠滴龙池柳，春光漏禁林。飞来红雨润，染得绿云深。浪涌沄沄雪，丝垂缕缕金。一天浑舞絮，三日已成霖。螺黛和烟袅，莺簧隔水寻。渥优沾月额，旖旎映波心。鹤籞排青琐，虹桥画碧阴。醍醐沾圣泽，茂豫惬皇忱。

雨敲松子落琴床

碧山疏雨过，响落石床琴。松子敲寒色，桐孙抱古心。圆珠抛点点，泠玉坠森森。影向钗边度，声从轸外寻。冰弦清韵戛，翠粒晚香深。流水停丹壑，凉云动绿阴。鸿飞归远岫，鹤梦醒空林。播拊依尧栋，苍生望若霖。

乳鸭池塘水浅深

锦栏谁斗鸭，一碧荡烟浔。天气寒刚暖，池流浅复深。呼名来荻港，缩项卧花阴。照为三篙写，源从一鉴寻。掌翻红尚小，头洗绿初沉。岸曲眠偏稳，沙明喜不禁。溶溶飘水面，泛泛度波心。凤沼恩新沐，炉熏蔼上林。

昼长吟罢蝉鸣树

绕屋环嘉树，开轩得意吟。蠹编消永昼，蝉语答疏林。嘒嘒殊凡响，泠泠振古音。擘笺红旭早，倚槛绿阴深。铜钵声微歇，冰丝韵未沉。蠢何知白雪，曲似和青琴。自鼓凌云翼，应同惜日心。天题多丽藻，茂对涤烦襟。

心清闻妙吞

一瓣添书幌，悠然惬素心。镜台清不滓，香国妙堪寻。种火乘朝爽，拈花坐夜深。微薰迆冉冉，万籁寂沉沉。虚室浓云霭，澄怀皓月临。从知佳趣永，未许俗尘侵。境静闲题句，情芳每抚琴。非烟呈寿宇，吟赏豫尧襟。

金受砺

用汝言敷锡，惟皇度式金。受之征素抱，砺乃勖丹忱。敢许他山助，聊陈大宝箴。砥平君子道，镜握至人心。坚白匡襄切，珍黄采纳深。石原投自昔，箸合赐从今。好佐千秋鉴，无虚一寸阴。研精昭圣学，陶铸仰冲襟。

绿阴不减来时路

记得携柑处，来时共惜阴。绿团云未减，红软路仍寻。浅黛笼三径，彻岚画一林。似嫌人拾翠，留待客眠琴。系马条犹妥，研螺色更深。相看如识面，勿剪谢劳心。蜡屐怀陈迹，调簧送好音。迁莺赓御苑，叨荫励葵忱。

修竹成阴手自栽

爱竹频栽竹，移来自远岑。清风留旧约，细雨放新阴。记试生春手，常悬捧日心。俗尘三径净，空翠一庭深。鸦觜携从昔，猫头长待今。题青曾刻字，分绿好眠琴。每问平安信，还依著作林。英材东箭盛，茂育仰天临。

研精耽道

研虑功难懈，耽思乐可寻。惟精探厥旨，于道见其深。月窟频游目，天机自惬心。析来增理趣，悟后涤尘襟。瑕剖斯成玉，沙披每得金。古堪悬作鉴，人或晤从琴。境待逢原证，诗因励志吟。时几招圣学，丹宸惕良箴。

知养恬斋试帖　卷二十八

十三覃

千潭一月印

忽睹青天月，空明万象涵。当头飞一镜，流影照千潭。浩浩生虚白，溶溶接蔚蓝。都留圆相在，未许点尘参。玉碗沉高下，冰壶彻朔南。形分原不二，眉画恰初三。理悟心心印，光真面面含。皇衷悬智烛，寰海庆恩覃。

野含时雨润

豫兆绥丰瑞，连朝雨正酣。小楼声渐息，大野润犹含。阶验星平六，霖占日已三。柳眠时滴翠，花妥渐蒸岚。霡霂沾如膏，醍醐饮最甘。犁扶喧陇北，屐响滑桥南。地迥蕃新绿，天空卷蔚蓝。宸怀廑省岁，海宇庆恩覃。

熏风自南来

顿觉烦歊减，熏风习习含。花铃摇殿角，火伞隔天南。凉影仙裳动，清芬庶草涵。好凭箕舌验，信借棘心探。吹浪嘉鱼乐，穿林越鸟谙。卷阿诗共赋，解皋泽先罿。自有弦调五，浑忘伏过三。皇仁敷偃草，消夏驻龙骖。

对影成三人

仙李才如海，衔杯兴倍酣。问天诗赋百，对月影成三。自顾无双品，闲呼罔两谈。玉楼人已众，金粟果同参。面目尊前认，须眉镜里涵。邀来朋不速，修到我应堪。圆相真吾在，流光过客谙。叨陪香案吏，湛露拜恩罿。

馌彼南亩

遥望纵横亩，春耕野趣酣。一餐携舍北，千耦馌村南。食指繁应计，劳筋息尚堪。屐随芳草远，榼共落花担。坐倚分秧马，声喧食叶蚕。二红蒸瓦釜，万绿拥筠蓝。共饱烟霞味，从知稼穑甘。含哺依寿宇，粒我圣恩罿。

春风又绿江南岸

记自东风去，天涯绿尚酣。寒刚消砚北，春又到江南。红版尘初踏，青蘋信早探。差差经快剪，湛湛写空潭。偶向螺峰望，都如鸭涨涵。六朝芳未歇，万里别何堪。瓜步围虚白，莼乡隐蔚蓝。扶摇何日便，一碧送归骖。

知养恬斋试帖　卷二十九

十四盐

水光兼竹净

绿净浑难唾，光浮水半奁。落花流不尽，好竹澹相兼。月印波澄镜，烟空黛压檐。鱼鳞花隐隐，凤尾簇纤纤。涧阔薰常引，枝低浪更恬。所居真远俗，此地合名廉。淇澳情俱永，兰亭句共拈。龙津多茂植，湛露及时沾。

儒为鸡廉

莫以儒为戏，须知律己严。业虽耽蠹饱，节自凛鸡廉。紫陌雄冠振，红窗逸韵添。晓筹司琐琐，香稻择纤纤。风雨聊栖托，晨昏偶属厌。距教金可却，养似木俱恬。蚓壤清堪比，鹅群傲不嫌。圣朝崇六计，砥砺湛恩沾。

帘　波

庭院清如水，低垂翡翠帘。烟痕遮漠漠，波影荡纤纤。湘竹纹微动，湍花晕渐添。珠抛银蒜底，翠泼玉钩尖。朗映蟾光淡，轻裁燕剪铦。溶溶浮辈几，穆穆漾茅檐。昼永香徐袅，风和浪更恬。蓬瀛清切地，鳌禁望深严。

鸟窥新卷帘

草堂溪畔筑，好鸟意俱恬。似贺新成厦，来窥乍卷帘。梳翎翔缓缓，入幕认纤纤。白版花风静，朱栏絮语添。瞳回银蒜底，影睇玉钩尖。燕解情相识，鸠知拙不嫌。友声喧杏坞，客梦醒茅檐。阿阁巢威凤，辉从帝关瞻。

雨添山翠重

忽讶芙蓉嶂，崇朝积翠添。山容增毫画，雨意助廉纤。有色云头染，无声月额沾。浓青苏草脚，新绿润松髯。黛浅螺仍埽，文成豹乍占。林疏沉白点，花妥露红尖。苔滑岩边屐，烟遮岭外帘。呼嵩逢寿宇，闿泽被闾阎。

兴廉举孝

汉诏期敦本，抡才雅化潮。物三先举孝，计六重兴廉。戒石铭同凛，循陔句共拈。臣心从水监，亲舍倚云瞻。训俗淳风溥，趋朝湛露沾。还珠诚可感，捧檄喜何嫌。让自偕诚著，恩常与义兼。宸怀崇笃行，升选遍闾阎。

谦者德之柄

树德先持气，義经律己严。隔维昭抑抑，柄自握谦谦。久信冲能执，犹防傲未砭。麈挥词逊顺，翟秉度沉潜。揭共虚心见，操防触手铦。藏刀功不伐，舞羽教能渐。训早三愆佩，爻从六吉占。圣朝隆任杖，群彦意安恬。

八月团脐九月尖

为访江湖使，西风俊味兼。胸吞宜八九，脐噬别团尖。谱共秋心证，痕随月额占。稻香含处晕，菊社剖来纤。圆抱胎珠朗，芒抽腹剑铦。冰轮同美满，霜颖露森严。雌守珍堪采，雄争价不廉。一诗谁换取，韵事记苏髯。

入帘风絮报春深

不觉春将晚，番风散绮檐。微和催舞絮，芳信报重帘。梅序行看近，萍踪尚未沾。青阳仍久驻，白点忽徐添。似带余香袅，从知淑景淹。虾须垂漠漠，燕剪掠纤纤。已送花成阵，浑殊雪撒盐。尧天瞻化日，鹤篆望清恬。

俭可助廉

雅操何由助，官箴小范严。宝三崇以俭，计六本惟廉。戒石铭先奉，贪泉饮讵嫌。余风防怙侈，高节尚安恬。怀永昭其慎，持盈守倍谦。釜鱼生定久，琴鹤载常兼。啬自坤贞著，清从井渫占。冰兢勤励翼，圣化共摩渐。

远水兼天净

净洗天如镜，平铺水似帘。半空涵共远，一色淡相兼。画景迢遥展，秋痕缥缈瞻。蔚蓝浮处活，澄碧漾来恬。势异云泥隔，光疑雪月添。影俱横蔼蔼，尘不染纤纤。快剪裁难到，枯槎泛不嫌。恩晖依尺五，帝泽喜同沾。

知养恬斋试帖　卷三十

十五咸

金缸衔璧

昭阳称杰构，鹤篆望深岩。屋拟黄金贮，缸凭白璧衔。万钱随手列，一带称心劗。明月壶中满，繁星壁上嵌。横排青琐闼，叠镂紫泥函。棘轴环如绾，兰膏彩共缄。条冰围有耀，连璐望非凡。圣代琨瑶献，祥符感至诚。

看月江楼酒满衫

翘首高楼月，空江偶卸帆。笛声飞远岸，酒气湿征衫。琼袤何时涌，金杯此地衔。香痕双袖浣，浪影一珠嵌。倚槛浑忘寐，题襟自笑馋。尊休空北海，镜未转西岩。白苎歌谁和，丹梯境不凡。恩晖流照溥，帝篆更清严。

片帆归去就鲈鱼

卜得鲈乡好，乘风别绪芟。三秋筹去计，一夕送归帆。未许鸥盟负，何须鲤信缄。箬蓬忘远近，莼菜话酸咸。栗里辞同写，松江味不凡。玉凭双手破，钩想四鳃衔。楼倚诗题赵，竿投隐忆严。何如游赤壁，坡老更清馋。

蜀槎小草

王杰成　点校

蜀槎小草　自序

　　道光乙未岁，绕典奉恩命典试蜀江，途中携陶文毅公《蜀辀日记》，昕夕展阅，每逢胜迹，辄系以诗，及抵蜀，计得诗二百余首。光景流连，如记里鼓；古怀怅触，亦记事珠。记嘉庆庚午，文毅公使蜀，曾有《皇华草》之刻，前后相距二十有五年。是诗虽无足观，聊缀茸之，以存故事云尔。其归槎诸作，久为友人袖去，容俟续刊。安化罗绕典自识。

蜀槎小草　题词

祁寯藻

题桥椽笔气如虹，一卷新诗四国风。绝似羼提老居士，皇华程里说蚕丛。

股肱大郡正需才，聊骑群仙出上台。_{张葆云、谌葆初与君以词臣前后出为晋守，皆特简也。}竹马儿童笑相识，使君亲见益州来。

温潞园庐未尽芜，林宗垫角想遗模。赠行更有黄羊例，举善何妨及解狐。

梅钟澍

蜀道之难难于上青天，蜀王开国三万四千年。古来几枝诗笔大如椽，可以刻雕造物摹山川。轺车使者来天边，振衣直上峨眉巅。萦纡峻坂蚁磨旋，横空绝壁鸟道穿。百夫挽舆如挽船，千山万山迎我前。铜梁玉垒今依然，战伐兴亡迹变迁。西望华岳开潼关，巫山秋色连长安。南望九疑与衡山，乡心绵邈云往还。苍茫千载上，俯仰万里宽。古今情绪并入吟怀间，破空奇句堕落随云烟。抑或化作珠玑圆，凝成冰雪寒，遂使江山一一归雕镂。马上驮回古锦篇，珊纲琪树争鲜妍。及命觐帝帝曰贤，嘉汝玉堂之署人中仙。帝眷方隆供奉班，要以吏治资儒官。昨传温语出金銮，黄纸新除守赵韩。赵韩父老望衣冠，万家生佛拥途看。从兹为政有余闲，吟哦坐对太行缥缈无数之峰峦。

邓瀛

秋风催放笔端花，长句真堪敌薛华。一变西清酬唱格，脱除羁勒诵流沙。

雄关杰阁拓游踪，持节相如逸兴浓。转觉少陵诗境苦，才人原自贵遭逢。

并门千里接燕关，先后吟鞭此往还。细读刘郎西塞句，始知吾笔负江山。

辎轩排日记精详，前辈宏才早擅场。便合与公同建树，纷纶伟议在诗囊。

崔光筇

兴摇五岳语盘空，著作承明数巨公。袖得新诗马上读，吟鞍一月坐春风。

前驱两迓使星回，襦袴闻歌叔度来。亿万苍生望休泽，神仙安得久蓬莱。

倚马才高擅盛名，攀龙无分侍登瀛。后尘才把文章谒，可喜骚坛有主盟。

江花江草杜陵春，稷契常怀风俗淳。太傅湖山醉翁酒，循良从古属诗人。

卫济世

湘江水涨春波绿，七十二峰高矗矗。文星朗照轸维间，千古骚才盛南服。自从屈宋开词坛，汉魏唐宋扬波澜。美人芳草自芬馥，几辈继踵窥其藩。太守丁年擅词赋，星轺蹴蹋三巴路。无限云山眼底来，几多珠玉毫端赴。蜀栈秦关道八千，模山范水供摩研。远希务观剑南集，近轶渔洋蚕尾篇。蜀中人士山斗仰，玉尺量才开蕊榜。好收烟月入奚囊，搜尽英奇掣珊网。归来复命觐天颜，帝曰钦哉惟汝贤。股肱大郡好专理，抚绥耕凿游尧天。蚬节经临治追古，竹马儿童快歌舞。集中白水盟心言，早卜苍生作霖雨。我惭南郭滥吹竽，潦倒名场莫愈愚。心香一瓣三薰读，迷途愿借指南车。

沈兆霖

蜀道题诗称绝妙，浣花翁与剑南翁。千秋后有辂车使，百首吟成驿路中。收拾烟云归笔札，殷勤风俗问巴邛。后尘我亦催飞鞚，断句零星剩短筒。

陈瑞琳

西涯骚雅继长沙，独秀江东又作家。漕转秦关权柏府，诗编蜀道首皇华。校书秘阁刘天禄，典郡平阳谢永嘉。勋业相期三不朽，八州行见树高牙。

一尊高宴古秦州，十载知名五凤楼。大吏情怀何洒落，新诗风旨本温柔。照人剑外峨眉月，坐我终南太华秋。再至成都严仆射，可容甫也客诸侯。

集文选四十韵

胡元煐

衡巫奠南服，明哲时经纶。位登万庾积，恩纪被微身。先生以道光十九年升授陕西督粮道。镇俗在简约，奁袪惑亦泯。昔闻汾水游，前任山西平阳太守。歧路交朱轮。汾水至平阳西北分为二派。虚馆绝争讼，连榻设华茵。顾念蓬室士，处富不忘贫。任平阳多德政，尤留心课士。生平年少日，名实久相宾。明经有高位，先生由乙酉选拔朝考一等，以七品小京官用签分户部。矫迹厕宫臣。戊子、己丑连捷成进士，改庶吉士，壬辰授编修，癸巳大考二等。托身文墨职，析理实敷陈。聊斋朝彦迹，北面自宠珍。教习庶吉士。济济翰墨场，群英必来臻。甲午充顺天乡试同考官。谒帝承明庐，恩情日以新。薄言肃后命，乙未六月十八日，召见勤政殿，越四日，有典试西蜀之命。成装候良辰。旌旆屡徂迁，弥旷十余旬。观古论得失，含意俱未申。赋诗连篇章，客游厌苦辛。迢递陟岊峴，井邑自相循。有《过井陉》诗。霖雨泥我途，修杨夹广津。有《溪行遇雨》诗。临津不得济，百尺见游鳞。有"洞涡一衣带，飞渡苦不易"之句。蔺生在下位，重之若千钧。有《过相如故里》诗。曲池何湛湛，龙性谁能驯。有《题縻龙池》诗。临河思洗耳，宁假濯衣巾。有《巢父洗耳处》诗。长揖谢夷齐，首阳非吾仁。有《题首阳夷齐庙》诗。践华因削成，有《望华》诗。著论准过秦。有《秦中怀古》诗。鸿门赖留侯，尊王庇斯民。《鸿门》诗云："怪他亚父浑多事，不及青门有故侯。"灞涘望长安，《灞桥》诗有"举头红日望长安"句。结交亦相因。时胡恕堂令长安，为公同年，因有"故人班草待盘桓"之句。感念同怀子，在远分相亲。《过凤翔苏公祠观九日忆弟诗有作》云："何日卯君欣对榻。"自注云："苏子由丁卯生，东坡每呼为卯君，余弟石亭亦丁卯生。"登栈亦陵缅，俯见石嶙峋。有《栈道行》。申黜褒女进，好恶有屈伸。有《褒氏铺》诗。振策指灵丘，松柏摧为薪。有《马孟起墓》诗。旦发清溪阴，有《棉州晓发》诗。伐鼓早通晨。长卿还成都，想见山阿人。有《题司马相如读书处》诗。怀我欧阳子，有《棉州怀欧阳文忠公》诗。悲风薄丘榛。君平独寂寞，寻山洽隐沦。有《君平卜肆》诗。临此岁方秋，有《新秋即景》诗。延眺历城闉。有《将入成都》诗。朗鉴岂远假，微物豫采甄。闱中校文最细，得人极盛。常怀先达辈，竹柏得其真。《题张晓瞻先生薛井煎茶图》诗云："三分竹子一分屋，古井千寻汲寒绿。"辞义丽丹艧，感赠以书绅。咏歌盈箧笥，吐论知凝神。探怀授往篇，要我以阳春。淑美难穷纪，遥遥播清尘。

周　祐

珊珊仙骨下蓬莱，曾向词坛树帜来。研北尚留修史笔，剑南今见续诗才。星轺检点皇舆胜，云栈迢遥驿路开。使节每随吟兴驻，巴山巫峡几徘徊。

太史轺轩惯采风，归槎一卷记蚕丛。河桥柳绚熊幡彩，灞岸花迎鹰绣红。到眼江山皆画稿，关心土俗付诗筒。御屏旧有鸿章在，重奏赓扬句倍工。

黄　彝

独擅江东秀，鸿才一代名。俱惊班令史，不羡谢宣城。海岳胸中贮，风云腕下生。飞残珠玉唾，聊与纪行程。

使节三霄下，仙槎锦水滨。山川归点窜，草木亦精神。是摘星辰手，能翻日月新。皇华诗卷在，先后耀征轮。同邑陶文毅公使蜀著《皇华草》。

独立苍茫外，怡情不在秋。遭时逢圣代，揽辔寄殊猷。抱自澄千古，行将督八州。湖山长庆集，白傅足风流。

麓山曾逐队，佳句许同看。再鼓齐门瑟，重哦蜀道难。抉篱删伪体，树帜筑新坛。一品他年续，斯编已不刊。

蜀槎小草　卷一

奉命典试蜀中恭纪

金殿论思顾问周，小臣何幸效涓流。亲承天语虚前席，旋趁星轺赴益州。六月十八日召见勤政殿，越四日即承典试之命。凤诏九阊新雨露，蚕丛万里策骅骝。会看激赏凌云赋，岂独登高诩壮游。

出都口占

远道看天上，轻轺发日边。主恩荣绛节，臣职重丹铅。有定文章价，无忘少贱年。五云回望近，图报寸心悬。

晓雨洗天净，征袍风自凉。软红销去马，新绿画垂杨。小别朋侪恋，兼程仆从忙。夜深瞻井络，作作吐文芒。

七试仍归隐，青衫篋尚存。主知今始结，文字古难论。洗眼尘休翳，清心夜自扪。好求扬马辈，珥笔报酬恩。

涿　州

夕照苍茫易水流，更无宿雾酿蚩尤。关河拱卫雄三辅，冠盖纷驰集一州。鲤跨琴高仙迹杳，骏求燕相盛名留。我来适启翘材馆，快赋皇华策紫骝。

张桓侯古井

驱车涿鹿渍，适见桓侯井。绿字嵌穹碑，碧波揭修绠。居民四五家，淳朴异顽梗。奉祠皆侯裔，正气千秋秉。我闻季汉时，群雄足分鼎。侯本劬书人，刁斗铭修整。屠牛嫌市嚣，逐鹿慨兵逞。臣主弟兄亲，满腔忠义耿。当时一勺清，曾照英豪影。破除血气刚，坐令伦常炳。俯首吊荆卿，易水萧萧冷。

晓发涿州感怀

仍拂征衣坐软舆，锦城自远旅怀舒。连宵阁雨不成暑，沿路看山当读书。五色日防双目眯，一条冰照寸心虚。功名辛苦容忘却，我亦艰难上竹鱼。

定兴题壁

黄尘乌帽经行处，细雨浓花小住时。老屋难容人驻马，坏墙犹有客题诗。岁荒谁解人民困，俗化还归父母慈。上却轺车无限意，澄清揽辔莫迟迟。

泾阳驿

径曲穿林出，舆前翠四围。泥深征马倦，驿古吏人稀。小住神先爽，闲吟兴欲飞。西山环抱处，霞彩送斜晖。

慈航寺

禽呼泥滑滑，马鸣风萧萧。客行万里不辞远，衣裳尘土争喧嚣。看山洗眼待何日，蜀道兀兀青天遥。何意劳攘场，忽辟莲花界。老僧枯坐香满龛，古佛无言松偃盖。小憩经床瀹杯茗，清磬一声蠲宿壒。夕阳满山催我行，未许萝薜轻簪缨。但愿此中日斋祓，木樨香好频披拂，归轺得句先呈佛。

望都道中遇雨

听雨何心更买春，长途生恐滞征轮。驿花掩敛如窥客，官柳缠绵解送人。一剑行看辟云栈，双旌原不慑风尘。便乘牛斗青天上，何待成都问卜频。

舆中感怀

十年前记厄黄杨，蹀遍行滕感慨长。桐叶帘栊秋信近，槐花时节客心忙。丰城几掩横磨剑，玉局空谈古战场。此会名经亲手订，选才何止夜焚香。

新乐怀古

马上望嘉山，言近西乐里。忆昔汉孝王，开藩此江汜。陔华侍养两宫欢，楼阁玲珑五云起。物换星移春复秋，新乐城犹环孝水。我闻隆准公，笑看鸡犬归。新丰又闻定王邸，筑台湘浒慈闱喜。汉家教孝有专科，俎上杯羹传或讹。只今栌栱渺烟蔓，孝王之孝名磨难。古人太息回车地，塞天横海洵非易。贤王芳躅谁比伦，千秋此乐宜长新。

正定佛香阁铜佛歌

　　黄鹄矶头盼黄鹤，江上危楼吁可愕。岩仙高卧缥缈间，铁笛一声穿碧落。人言灵境不可穷，常山乃见佛香阁。开皇释子名澄空，铸佛未就心忡忡。跳身入冶不复出，血肉化作青芙蓉。佛高七丈有三尺，妙丽庄严耀金碧。俯首凭参九十三，化身谁辨亿千百。四十二臂何森森，愿垂佛手摩人心。人心难平佛不语，宝月空照旃檀林。世事沧桑安可测，空亦非空色非色。毁佛为铜佛岂嗔，铸铜为佛佛何德。周世宗、宋太祖，江山城郭皆尘土。难凭石丈问三生，那见金钱雄九府。留得春风满月容，不灭不生自今古。我来未爇佛前香，滹沱晓渡飞慈航。欲借万物为铜地为冶，橐籥自鼓机自张，陶铸善类森在旁。恢以不世之勋济艰巨，纬以不朽之业留缣缃。菩萨多情众生喜，千佛名成皆炜煌，更补铜仙诗百章。

至获鹿

　　浪打滹沱偶唤船，莲花遥枕石城边。路低平地高于顶，岫耸危岩小似拳。马足泥干新霁后，羊肠翠绕太行前。消闲半日身逾健，三晋云山待锦鞯。

过赵陵_{赵陀祖墓}

西京艳说龙兴日，南粤孤撑螳臂时。毕竟争雄缘底事，故乡云树渺相思。

桂蠹传来宠命承，蛮夷大长兴飞腾。只今王气都消歇，野老斜阳指赵陵。

获鹿晓发

石磴盘纡过鹿泉，五陉直上拟登天。舆前挽取虾须缆，便觉山行稳似船。

城边飞阁势凌虚，山翠遥迎使者车。独辟妙莲花世界，涧泉清咽老僧居。

岩疆端合号雷封，多谢贤侯礼数恭。记取茶瓜留客处，小轩高枕绿芙蓉。

抱犊山人此旧游，苍茫烟树俯羊头。天风吹客梯云上，始信山深夏亦秋。

过井陉

晓起登篮舆，步上士门口。少陵诗境存，云构列户牖。鸟道千百盘，青天许搔首。居然鸾鹤翔，俯视牛马走。愿携惊人句，乘槎问星斗。

烽火起千山，卅里坚赵壁。卓哉淮阴侯，夜深此传檄，拔帜
复立帜，一夫万人敌。天上下将军，空中飞霹雳。即此间道驰，
奇功胜奋击。可怜走狗烹，罔念缚鸡力。

四井高列陉，千岩纷裹粽。上粗飞来峰，下临无底洞。云是
古铜山，穆满此飞鞚。八骏许驰骋，万牛愁踏空。我上东天门，
星斗嵌牖瓮。洵知天子使，不愧传天凤。

地僻风俗淳，居民共局蹐。岩扉敞岭头，土屋穴山脊。衣冠谢
浮华，粱稻富储积。仓皇荷镬锄，男女争辟易。桃源在人境，熙皞
忘昕夕。我本耕田夫，对此情悦怿。自惭轩冕劳，深负烟霞癖。

旧 关

轧轧篮舆去复停，嶝砑怪石簇岩扃。直穿月胁疑无路，曲转
山腰忽有亭。古洞更谁书访酉，故关浑似峡开丁。当年裴相扬戈
地，遗迹苍凉照汗青。

固 关

天险真堪骇，危城跨众山。千秋谁凿空，一将许当关。窄径
蟠蛇曲，悬崖立马艰。时清少荆棘，铙鼓亦宽闲。

溪行遇雨

雷声送雨吼深涧，石气作云围乱山。危峰突立小鬼寨，浊浪
径趋娘子关。横流啮石不成路，断岸隔溪如转环。欲呼穿珠九曲
蚁，导我万壑千崖间。

平定吊共太子

皋落苍茫此故墟，翩翩公子拥旌旟。可怜挥泪看金玦，未敢陈
言谢羽书。外敌烽销铙吹散，内谗鼎沸阵云虚。怪他同是椒聊实，
寻斧何心自剪除。

芹泉驿

十日离燕市，仓皇远思牵。晨光催石艾，斜照送芹泉。仆瘁
舆前绠，驴疲饭后鞭。徘徊岐路险，叱驭愧前贤。

南天门

上艾西行第一关，鹌鹑声里路回环。天公水墨真奇绝，画出
模糊小米山。

夜发寿阳

黄泥坂峻路盘旋，夜色迷离雨后天。极目韩公旧游处，万重

山翠一吟鞭。

连日登山涉水，怪石满目，几疑无路可行，因作放歌一章

祖龙鞭石如鞭马，石苦鞭驱血流赭。蓬莱阁下弹子涡，零星破碎洪涛泻。云根变灭东海头，尚欲穷搜遍天下。山灵雨泣山鬼痴，为石诉冤天不知。遂将三晋一隅作逃薮，危岩陡插峰参差。石多渐与山争地，怪状嵚崟纷攘臂。凿险惟愁海若嗔，闭关永与秦烽避。纵教坐井天可观，未许裹毡人自坠。不然金牛峡辟天险开，巨灵擘华尤崔嵬。秦关已通蜀道易，胡独云山北向终蒿莱。我欲天风吹石去，砥柱河淮镇扬豫。桃花瓜蔓水消沉，袁浦长堤类金铸。君不见苍梧东飞不复还，郁州乃有云台山。又不见愚公尽力将山徙，操蛇上告百灵喜。世间大事贵图艰，填海休期精卫衔。莫教天荆地棘阻车马，使我长歌行路难。

太安驿读韩公题句

边城漠漠酿春阴，吏部诗名照古今。谏草已陈砭佛骨，戎韬重整靖军心，穹碑此地留遗爱，短策何年度远岑。我亦西征新奉使，坐看寒月挂疏林。

榆次道中

蒙蒙湿雾天收雨，霭霭晴光云出山。远堠铮鸣疏树外，客程鞭指落花间。陇苗翠扑农蓑润，村柳青摇酒旆闲。静据笋将无个

事，新诗吟就手重删。

山 行

梯云直上万峰顶，如此豪游亦壮哉。练胆软舆凌险度，荡胸奇句破空来。纵横燕晋已成事，俯仰韩苏不世才。天意似嫌行客速，每留佳处一徘徊。

苦雨叹

攒眉汗背神错愕，十步九踬如束缚。天公不为苦人怜，云叶重堆雨毛落。三升黄泥七升水，滑汰长途难插脚。扱身欲上势反斜，举趾赴前行转却。四夫中撑山字肩，四夫系缆扪舆前。旁有四夫挟舆走，努力似拖三峡船。吁嗟乎！蜀道之难难于上青天。尚欲飞度千峰巅，此行平地何颠连。愿乘贯月槎，愿策追风骥，直蹑青天貌平地。划然长啸天地空，四千里外凭飞鬐。归路欣依日月光，满身犹带烟霞气。更欲划开秦栈填蜀江，乾坤户牖森开张，坐看亿万苍赤登康庄。安能蚁盘蠖屈醯鸡舞，使我局促神仓皇，此意我欲祈穹苍。

永康镇阻雨，僧舍小住，次日行五里，仍次黑村

我作锦江游，骓骓策天骥。何心祇树林，借此蒲团地。秋天风雨多，行李泥途累。道旁诸父老，聚观香案吏。劝客聊暂驻，为客前挽辔。洞涡一衣带，飞渡苦不易。时距徐沟二十五里，洞涡水阻，不能渡。我闻六月息，不碍图南翅。又闻牛斗槎，八月始能至。权

续佛龛灯，补我蜀游记。

蜀游亦何远，秦晋方阻长。夜闻风雨声，起坐神彷徨。秋蚊聚成市，檐蝠飞绕廊。饥马啮葤豆，磨齿纷琅琅。僧厨粥鼓歇，邻烛摇寒光。旁舍假布衾，七尺横匡床。借此味禅悦，未敢疲津梁。因悟花水清，翻嫌簪组忙。何时觉路开，皎日悬扶桑。

扶桑日未出，客路泥盈斗。明发阻洞涡，乃住黑村口。遣仆三四反，望洋惊退走。前驱昨渡河，行装十缺九。夜卧无衾裯，朝餐少羹糗。舆夫长跪言，饥肠难坐守。茅舍三两楹，几席堆尘垢。束缚苦焦心，奋飞殊掣肘。惟有韩苏诗，把卷难释手。得义获珠船，长吟珍敝帚。抗心师古人，步兵真我友。

洞涡晓渡

连朝困雨轮生角，一骑忽来催渡河。湿径斜穿泥半壅，软舆高舁水平磨。雄心险处争先岸，回首中流失怒波。从此浮槎几千里，好临星汉问羲娥。

尧　城

偶询壤叟问衢童，古帝遗墟想像中。悬瓮山空环晋水，同戈驿小近唐风。岭云似绘重光瑞，野草犹怀屈轶忠。我亦中天旧氓庶，尧尊于此酹应同。

贾令铺

立马疏林夕照红。射姑遗邑望葱茏。绛都拜手承君泽，白水同心想父风。去国孤臣情有尽，送挛良友意无穷。千秋恩怨分明在，古谊寥寥感慨同。

祁县怀古

举贤不难难举仇，隆准咄嗟雍齿侯。举贤不难难举亲，椒房新息终沉湮。亲仇两忘贤两失，鼠璞鱼珠颠倒出。我爱祁大夫，中心皦如日。建白勤勤望知己，寸丹耿耿匡王室。仇何知解狐，知汝英才称硕肤。亲何爱祁午，爱汝孤忠同阿父。两贤不厄将益彰，老臣行矣非无补。遗冢只今崇七尺，英光毕竟照千古。君不见三簏掩臧孙，土桃讥晏子，非仇非亲乃如此。又况黄钟毁弃瓦釜珍，贿赂无端通要津。辟仇辟亲不足惜，惜彼群材归积薪，祁氏高风谁与伦。吁嗟乎！祁氏高风谁与伦，乐王鲋，汝何人。

有道先生祠

垫巾雅望今何在，冠冕巍然照此乡。贞石不收唐后隶，古槐犹带汉时霜。中郎文字名千古，元礼仙舟水一方。卜马陵前重回首，九原应识我焚香。

介休怀古

歌罢龙蛇迹渺然，空劳公子意缠绵。一官敢恋慈亲禄，千古长存介子田。荒草斜阳围宰树，梨花寒食断村烟。当时若止谋升斗，枉共艰难十九年。

即 景

晴云攀絮出崇冈，时有蝉琴引嫩凉。到眼渐添秋意思，蓼花红影逗斜阳。

文潞公故里

莽莽狐岐山，茫茫石洞水。山回水复平畴开，云是潞公旧乡里。昔公炎宋人中英，洛阳结社推主盟。聪强自负元勋望，真率独超流俗情。纻衣丝发谢尘鞅，萧然蓑笠仍归耕。回头遥望山水窟，陇苗吹绿连山城。地与绵田共区落，孙子只今居负郭。犁锄手把簪笏轻，公侯那及归田乐。君不见葛侯枉栽八百桑，草庐毕竟虚南阳。惟闻独乐园中叟，合与此翁相颉颃。

晓 行

红灯耿耿夜将阑，仆马喧阗破晓寒。忽忆小轩清梦稳，闭门秋雨卧长安。

望冷泉关

冠爵津前路，晨曦望蔼然。翠飞山顶雾，冷漱石根泉。细草

香蔾磴，甘棠荫拂天。时和争讼息，雀鼠谷谁穿。<small>道有义棠镇、雀鼠谷。</small>

韩侯岭

难得君王布赤诚，千秋国士岂虚生。缚鸡力瘁乌骓逝，逐鹿功成走狗烹。信本无双存定论，哙羞为伍误浮名。萋萋芳草王孙去，潮打韩江恨未平。

函首西来一骑飞，军门曾否泪沾衣。谋成阃内将军困，策定关中往事非。英主未应妨大度，故人空复识先几。只今秦汉都归尽，坏土荒凉叹落晖。

雨后策马宿仁义镇

韩侯岭下夕照微，韩侯岭上浓云飞。山腰一雨仆夫踬，欲上不上愁崔嵬。千推百挽到山脊，削壁俯视真危机。既无间道驰，竟成背水阵，侯兮侯兮策谁进。乘我马兮蹶复振，一鞭汗血飞千仞。手持鞚兮目难瞬，路逾险兮马逾骏。一落千丈兮失雄峻，花蹄竟踏仁义镇。解衣兮浩歌，幸策我马兮无蹉跎，世途虽险兮如我何。韩侯不见见应笑，毕竟成功险处多。

逍遥岭

岳阳东望湿云生，马上看山眼倍清。山脚日光山顶雨，阴晴一线界分明。

乘马至霍州

山翠林烟画不成，一鞭挥处逗吟情。蹇驴驮炭出深谷，灵鹊踏枝啼晚晴。瑟瑟风蒲有秋意，泠泠露叶送寒声。旗亭夜息看星斗，数到邮签第几程。

造父遗封

造父应星躔，濒汾留故迹。莫问赵山河，茫茫天水碧。

相如故里

葆身白璧完，偶失磨犹玷。我怀慕蔺心，玉壶冰一片。

娲皇庙

人间离恨天，落落隔今古。愿添五色石，代倩娲皇补。

豫让桥

有身亦可漆，有炭亦可吞。呜咽桥头水，难归国士魂。

途次吊杨秦泉

浩劫茫茫莫问天，宰官果否已神仙。卫民身为河山陨，报国心同日月悬。一炬何堪肆蜂虿，九原应尚逐鹰鹯。难忘腹痛桥公约，剪纸招魂意惘然。

琴堂潇洒见天真，为政风流久轶伦。邑有弦歌皆弟子，户经循抚似家人。城倾不坠睢阳齿，金铸应同贾岛身。如此才华如此遇，夜深剑气渺延津。

天语传来不忍看，昭忠祠许寿儒官。摘心祭慰英魂易，堕泪碑存众口难。节义一门空化碧，馨香千古独搋丹。可怜豫让桥边水，影送南归素旐寒。

西征小驻采风轩，遗爱犹闻父老言。幸我官贫诗尚富，愿民家裕狱无冤。百身欲赎魂难返，一变无端手莫援。此语编归循吏传，英光何止耀湘沅。

蚩廉坛

石棺之造胡为者，商辛愚甚桓司马。平生自诩命在天，太白旗悬血流赭。我过霍太山，上有蚩廉坛。造棺伐石谨承命，棺成国破家难还。再拜复命谢臣责，侧身北望空汍澜。悲声动天天有耳，谓尔能忠棺赐尔。棺由尔成非偶成，尔为棺死犹不死。铭宇和棺葬黄壤，贞诚贯石光青史。吁嗟乎！海隅就戮亦蚩廉，同世同名两不嫌。忠魂永与霍岳寿，奸魄空随沧海淹。忠魂奸魄一例逝，茫茫身后名空传。谁能不朽谁速朽，石不能言欲问天。

洪　洞

肩拍洪崖问太虚，此邦端合雅人居。九箕屹立东西界，一水平分南北渠。泥滑荒溪难纵马，波澄随地可观鱼。麈谈偶接尘心静，夕照仍催远道车。

皋陶庙

蓼六何须叹忽诸，巍然祠祀壮郊墟。九歌不废祥刑典，三宥长留尚德书。才子新诗挥轸协，老臣遗像削瓜如。千秋淑问谁堪继，羊獬村荒有敝庐。

村　居

凿土成坯又一村，瓮为窗牖石为墩。几株老树绿如幄，一抹夕阳红到门。俗俭庭阶纷仆马，年丰邻里足鸡豚。桃源仙境在人世，赢得田园长子孙。

平阳怀古

元海汉家甥，直一庸奴耳。紫气望尧都，悍然倡祸始。一百卅六年，杀机惨难止。纷纷十六国，泪洒伤心史。覆辙空循环，流毒偏孙子。豪游汾水鱼，噩梦宫门豕。玺送靳司空，兴亡一弹指。不记行酒时，青衣羞切齿。典午旧山河，割据徒尔尔。怀哉古仁君，天民同听视。

巢父洗耳处

昨望九箕山，苍苍烟雾里。闲访巢父踪，或是旧乡里。今晨见穿碑，云此耳曾洗。伊昔戴尧天，明廷歌喜起。父倘能总师，勋华应媲美。胡为藐黄屋，视若捐敝屣。甘偕鹿豕游，不共夔龙理。万事付东流，苍生究安恃。帝陛有笙镛，愿汝常提耳。无令照影时，赧然对清沚。

郭璞读书处

疏注煌煌众说郛，书台今已半榛芜。不知五色江郎笔，可向先生借得无。

闻　喜

辍轨香出道，烟峦望不穷。邮程沿董泽，邑屋簇桐宫。涑水轻波绿，裴庄夕照红。古来冠盖里，闲坐溯流风。

裴晋公故里

东眷名宗孰颉颃，相门棨戟耀珂乡。韩碑日月悬千载，晋国衣冠荫五房。芳草只今连绿野，杏花依旧闪斜阳。集贤里外频回首，父老犹能说盛唐。

豢龙池

好龙妄觅扰龙术，中夜风雷龙忽失。好龙宽设豢龙池，满溪烟雨龙不知。非龙忽灵乃忽痴，屈伸潜见龙有时。君不见叶公日击真龙走，鳞甲峥嵘神失守，画壁之龙犹俯首。又不见豢龙之池古曾有，瑶台御龙称夏后。只今惟有董泽蒲，留与凡麟作渊薮。

闻喜晓发

前马灯光澹，听鸡曙色消。凉风催去暑，湿雾隐中条。暂别裴公里，言过涑水桥。三峰天外立，拱揖待征轺。

裴行俭

裴公望重人伦鉴，绮靡余波挽李唐。偶借一言崇器识，漫从四杰诮文章。江河气势雄今古，台鼎勋华照庙廊。试问当时燕许辈，可曾轻薄骋词场。

温公故里

五亩园亭乐独真，两朝日月手重新。惊闻虎旅留元相，忍见獾郎据要津。史笔直搜千古事，儒林漫诮九分人。泠泠涑水沉寒碧，谁更西京步后尘。

柏相驿

　　花骏小驻夏王城，又拂鞭丝趁晚晴。隔岸夕阳红不断，中条山翠滴无声。

虞帝陵

　　太华天骨森开张，中条蜿蜒如龙翔。舜陵郁郁三十丈，灵奇涌出鸣条冈。东瞻历山南沩水，犹是陶渔旧乡里。陟方不见六龙回，巡洛披图长已矣。我闻洞庭水、苍梧山，湘娥竹泪痕班班。迢迢晋楚两相望，珠丘五见生疑团。白云明月渺何处，翠华想像讹谁刊。岂知古帝英灵若元气，磅礴弥纶满天地。只将玉帛达精诚，不待山川各标记。君不见鼎湖龙去髯难攀，真形底事栖桥山。又不闻尧陵近在平阳麓，济阴谷林纷纪录。若将地域考图经，千秋暗室无明烛。愿向康衢披圣风，挥琴一奏南薰曲。

蔡伦墓

　　宰树寒照外，天铺一纸青。心裁借鱼网，手泽感龙亭。身备韬钤略，神通翰墨灵。中郎共华族，石鼓续遗经。

盐　池

　　郇瑕富饶地，近盐夙称善。盐出东西池，海眼注非浅。每当南风薰，湔花飞净磹。所以阜民财，帝歌义原显。旁有巫咸河，堤防不通筦。海咸河本淡，泾渭流宜辨。卓哉姚都监，浚渠盐患免。熬波出白雪，苍赤争任辇。仰惟中天时，府修利繁衍。仲父恢霸图，煮海波淰淰。刘晏摧九精，后世增箕敛。妄称调鼎才，和羹指先染。商贾善居奇，奸枭竞争险。官课不能完，私弊无由剪。况此汾浍间，城地难防检。穷檐各煮盐，浸灌开其渐。奸胥日朘削，民劳利逾歉。汪洋圣主恩，敌私价先减。良法胪淮海，滥规除汉沔。盐法志可删，桓宽论堪贬。一曲鼓虞琴，酧恩遍梁兖。

游杜镇早行

夜分云散不留雨，晓起月明犹在天。境阔疏林疑读画，舆轻平地似乘船。晴光看到沇瀮外，山翠飞从苍莽边。偶借奚囊收断句，几多秋意上吟笺。

猗氏县

猗顿鲁诸生，茕茕窭人子。俯首问陶朱，欲免饥寒死。求富猥执鞭，区区营五牸。胡为秦王帝，名邑华其氏。只缘十年前，发迹西河涘。烜赫通帝阍，钱神鬼能使。讵知人间世，繁华皆梦耳。金谷褒石崇，势败泽荒梓。铜山宠邓通，殍饿羞青史。十二铸金人，奇谋徒尔尔。试问辒车中，泉刀安用此。地以富者传，空冷路人齿。诗书味不深，金银气何恃。愿借灰埵灰，一洗云山耻。

司空表圣故里

王官小隐意超然，一室丹青貌昔贤。笏堕玉阶耽野趣，棋听花院悟诗禅。二三休后辱能忍，廿四品中人已仙。杯酒自浇生圹外，秋霜凛凛照林泉。

途中戏占

绿树阴浓覆路岐，苍苔白石影迷离。几回流盼几回误，颠顿驮来没字碑。

樊桥驿小亭

远道难寻片刻闲，翛然一笠俯烟寰。淡黄花落槐偏古，浓碧苔封石不顽。久坐思赊半庭月，临行重看四围山。蒲中风景原清洒，借此相窥得豹斑。

蒲　坂

帝都郁郁枕殽渑，快趁星轺偶一登。记得湘江春草绿，鹧鸪声里问黄陵。

坡底晓发

枕上听鸡早计程，夜凉如水泼行旌。近村灯闪林间影，远岫钟飞雾里声。紫气东来识函谷，黄图西向问周京。帝王都会川原壮，便觉茫茫百感生。

首阳夷齐庙

君国茫茫恨，西山一曲哀。放牛慨商剪，扣马怨周才。遗庙存雷首，清风吊墨胎。年年薇蕨绿，义士不重来。

二仙庙

我过首阳山，闻有二仙庙。借问仙者谁，人言殊可笑。云是夷与齐，仙姿昔人貌。噫嘻清圣仁且贤，闻风百世名应传。墨胎何日佩丹篆，孤竹何时升碧天。当年歌止暴易暴，后代忽讶仙乎仙。愚氓久受异端惑，仍借导引诬儒先。黄石公、赤松子，青宫尔日应如是。餐薇长饿终不归，辟谷无方安得此。伍髭鬓、杜十姨，青山谁与参狐疑。扣马无端谏周武，坠驴或者同希夷。君不见首阳采苓兼采苦，人言无信难稽古。腐迁列传知者希，待作夷齐祠记补。

雷　泽

中天有渔者，钓道至今存。宋玉《钓赋》："尧舜禹汤，钓道尽矣。"帝命来云牖，臣家尚水村。缗丝解汤网，溉釜佐尧尊。历溲当年友，迢迢隔紫阍。

桃花溪

集展樊南意洒然，玉溪才调本如仙。一篇锦瑟名千古，十里桃花屋数椽。爱博何妨呼獭祭，寻幽刚好赋莺迁。惭余走马踪蓬转，尚欠云上结胜缘。

风陵<small>女娲坟，或谓即风后坟</small>

鳌维手炼补天石，蟠陛梦占吹垢风。一例殊勋都不朽，漫争坯土大河东。

潼 关

峥岏岩扉四扇分，群峰莽莽浪沄沄。放牛为访桃林塞，立马先看华岳云。杀贼哥舒空据险，入关隆准独能军。汉唐无限兴亡事，剩有山城对夕曛。

铸铁为城岂等闲，雄图天与济时艰。黄流一气包秦陇，碧落三峰俯汉关。战骨为鱼悲老吏，<small>杜甫《潼关吏》诗："可怜桃林战，千万化为鱼。"</small>昭陵汗马泣空山。<small>用玄宗入关事。</small>四知坊畔重回首，终古荣名孰不刊。

望华山

巨灵挥手妙空空，削出芙蓉肖化工。帝座百神通馨欸，金天一柱耸穹窿。汉唐宫阙浮云外，秦晋河山夕照中。今古才人几登眺，问奇搔首典无穷。

四知坊

关西雅望人推尊，幸过潼亭拜墓门。鳣兆讲堂留故迹，鸟啼华表失归魂。乞怜未许惭衾影，蓄德终当遗子孙。河岳英灵刚正气，千秋砥柱道长存。

郭汾阳故里

琐琐姻娅缔九阍，亲仁里畔蔚兰荪。马前低首降番寇，阃外单心结主恩。㨮笏痴翁归玉陛，簪花名将倒金尊。本来威望关全福，岂独鸣珂遍一村。

希夷先生坠驴处

灞桥郑綮寻诗地，湖上蕲王恋阙情。谁似先生春睡稳，坠驴一喜见承平。

铁獭骑来意自闲，浮云世事岂相关。香孩好锡苍生福，容我高眠看华山。

寇莱公故里

半壁何嫌保障艰，长城天与慑群奸。酌泉名足彰清德，捧日身先到泰山。北塞川原归锁钥，澶渊车马唱刀环。羼王气馁名臣困，乔木烟荒泪雨潸。

华阴道中

岳莲影落三千仞，瀑布声飞廿八潭。想是山灵情不浅，特悬图画送征骖。

罗敷谷

林外锦鸠催布谷，柔桑冉冉堆浓绿。南邻女伴启房栊，相约求桑华山麓。窄袖同携紫竹篮，淡妆不惯黄金屋。秦家有女号罗敷，香雪衫遮白玉肤。回波柳眼倾城易，巧笑花腮绝代无。绿莎踏处停芳躅，似听新莺转空谷。几多春恨上眉尖，翻厌韶光乱心曲。谁家公子最豪华，金勒银鞍油壁车。停鞭欲折墙头杏，迁道还看陌上花。对景留连那忍别，风袅游丝絮牵雪。九折柔肠莫为开，一腔心事凭谁说。含笑低声前致词，强拈红豆寄相思。牵牛怕洒分离雨，栖凤愿为连理枝。岂识桑阴春寂寂，神山海上浑难觅。合口休拈树上椒，苦心那识莲中药。儿家生小住邯郸，偶为春晴看华山。门前二十八潭水，合作冰雪渧心肝。世间万事疑成误，莫掷金钗念裙布。六州铸错总无成，十斛明珠懒回顾。吁嗟乎！情波万顷孰回澜，美玉无瑕莫浪看。英雄失足隳名易，名将成功不朽难。柔桑陌上春风好，欲借瑶琴一再弹。

渭南即景

烟柳如丝望不明，乌云山色半阴晴。须臾雨过轻尘浥，客舍依稀到渭城。

白太傅墓

平生潇洒适天倪，老去香山偶托栖。到处烟云归品藻，一龛水月伴阇黎。芳阡地恰依蓝水，遗爱人犹说白堤。不待豪情寄陶土，墓门酾酒已成泥。

灰 堆

孔鼎汤盘典不刊，百家簧鼓太无端。匆匆付与红羊劫，免费千秋万目看。

煨烬何须再检详，零金碎锦不成章。浮云扫去天光朗，自有雄文起汉唐。

才拨灰埃积素空，阿房三月火旋红。暴秦兴废须臾事，只在炎宫一炬中。

丛残楮墨不轻删，并蓄都缘割爱难。毕竟祖龙差解事，更无枯蠹待研钻。

金氏陂

盛满都缘帝室姻，汉家两绶独彬彬。敬侯宠拜陂塘赐，深赖甘泉画里人。

鸿门坂

天意茫茫判项刘，鸿门高会足千秋。牙旗风动兵威壮，玉斗尘摧霸业休。龙种存亡三尺定，乌江成败一尊留。怪他亚父浑多事，不及青门有故侯。

新　丰

刘季一酒徒，微时殊草草。服贾轻阿兄，颉羹怨丘嫂。太公困俎上，嬉酣胡不恼。似疑天性薄，未足敦显道。讵知坦率中，血诚贯苍昊。养志构新丰，孺慕逾褓褓。枌榆开旧社，门户粲洒扫。鸡犬任闲闲，男妇皆暤暤。以此侍羞膳，布置亦何好。遂令白头人，来游浑笑倒。当年辱楚氛，七尺恐难保。岂料西山日，回照桑榆早。拥帚自迎门，雅足开怀抱。况闻沛中人，高歌环冕藻。击筑集儿童，斗酒娱父老。生儿愿富贵，矧乃臻寿考。伟哉真天子，孝思继丰镐。

骊　山

翘首双星问七襄，西来槎客苦匆忙。恰临凉月初三夜，先试华清第二汤。

古筝弹罢晚凉天，妃子承恩夜倚肩。料得黄姑增慨叹，唐宫离恨鹊难填。

灼灼芙蓉带露开，飞桥横跨水潆回。伤心一片玻璃石，曾照君王御辇来。

春寒初褪绣罗襦，豆蔻香温溅玉肤。想得海棠春睡足，一枝浓艳待风扶。

甘醴流来倍有情，玉环花貌照澄清。惜他不似银河水，早为三郎洗甲兵。

凝碧池头日管弦，梨园往事忆龟年。白鹇化去青骡杳，零落西风双玉莲。

五队纷纷侍辇来，霓裳曲奏紫云回。那知海上仙山远，剩有梨花带雨开。

吹笛楼空夜月凉，旧时笋殿尽烟荒。惟余泉畔燕公石，字字珠玑照画廊。

羯鼓花奴不复催，颓然绣岭亦蒿莱。翠华去后春如梦，啼煞深山阿滥堆。

濯缨濯足故迟迟，照影清池有所思。愿学蜀中狂李白，醉欹乌帽补新诗。

秦始皇墓

海上求仙去不回，辒车寥落委蒿莱。六王功烈三泉冷，二世河山一炬灰。逐鹿中原名将尽，寻羊荒冢牧童来，无情绣岭森森柏，不管雄心郁夜台。

邵平铺

　　自种园瓜课子孙，故侯寂寞老清门。只今秦汉无坏土，野菜花深古戍存。

灞　桥

　　蓝田山色送征鞍，堤柳依依野水寒。极目青天悬蜀道，举头红日见长安。新诗不待骑驴访，古碣犹思立马看。何用销魂感离别，故人班草待盘桓。<small>时同年胡恕堂令长安。</small>

秦中怀古

　　河山莽莽帝王州，华岳峰高灞浐流。天与雄风歌铁驷，地连险峡辟金牛。咸阳鹿失终归汉，大邑龙兴独数周。毕郢原头重回首，夕阳禾黍不胜秋。

　　土宇初开纪百虫，中条王气蔚葱茏。鹊巢南国新分陕，马走西岐早避戎。典启爻闾王会盛，笑看烽火帝图终。可怜赫赫宗周业，九鼎迁归辙已东。

　　帝所钧天听欲迷，剪从鹑首锡洪禔。德衰任好悲黄鸟，基肇陈仓祀碧鸡。电扫六王尊陇右，土焦一炬失关西。祖龙二世雄安在，细草斜阳有牧羝。

　　褒斜回首栈云红，汉帝西征更欲东。缟素军谋仗三老，锦衣归计误重瞳。游仙客待栖尘外，枕宦人先惫禁中。海岛田横函首去，胜他钟室怨藏弓。

代邸迎王众望孚，让三让再易征诛。早闻海角辞黄屋，到底天心眷赤符。痛哭竟能容贾谊，力争未许薄申屠。如何亦有铜山宠，补衮空劳罪啬夫。

茂陵西望即龙渊，武帝旌旗照眼前。策士曾开金马署，劳师远泛夜郎船。木人入梦徒思子，铜狄何灵漫访仙。犹幸轮台矜恤诏，免惊边燧议屯田。

草付天王起大秦，雄谈景略更无伦。忍听鹤唳输强敌，失计龙骧假叛臣。暗室鬼兵留毒焰，阿房媚子动边尘。那知栖凤梧桐好，化作鱼羊解食人。

河水东流銮旆西，惊心断索遇焦梨。虞宾有憾难延魏，天子无愁已失齐。玉瑅安能固周鼎，锦帆空复指隋堤。李花开后杨花谢，太息迷楼人自迷。

太原公子褐裘来，将相争归命世才。五岳凌霄新日月，群雄如梦剪蒿莱。杜房谋断英风在，管蔡诛夷零雨哀。一事开元胜贞观，楼前花萼手新栽。

齐云高处望英雄，肠断华峰距故宫。谁遣铜仙辞汉月，长留石马卧秋风。路蛇未斩纷嚚甚，冻雀难飞感慨同。惆怅城南天尺五，芙蓉萧瑟晓霜红。

通天台

石鞭东海秦王误，台筑通天汉武痴。青史茫茫人并逝，碧空渺渺事难知。秋风盘冷铜仙露，夜月机虚织女丝。他日金茎和泪拆，茂陵荒草夕阳迟。

慈恩寺塔

功名岂仅凭科第，底事荣争雁塔题。胜会江头宴红杏，豪情云外倚青梯。秦山破碎函关里，汉月苍凉灞水西。姓字只今谁不朽，三唐贞石满招提。

马嵬驿

凝碧池头曲未终，渔阳烽火逼匆匆。可怜一片营前月，影坠蛾眉万事空。

殿号长生亦惘然，徒劳密誓倚香肩。银河纵有支机石，难补君王离恨天。

不罪哥舒罪太真，贼氛依旧泪痕新。伤心更甚吴宫战，空遣头颅泣美人。

莫怨三郎负旧盟，此生已矣况他生。鼓鼙惊断鸳鸯梦，都作淋铃夜雨声。

銮舆重过泪满衣，香囊叩叩寸心违。河山满目浑无恨，环佩何曾月夜归。

月明南内怯春寒，罗袜传来不忍看。惆怅海棠花上露，夜深和影湿阑干。

泣玉坟前露草肥，粉痕狼藉映朝晖。红闺不解埋香恨，犹道容华绝代稀。

携归钿盒自蓬莱，仙袂飘飘去不回。留得马嵬坟上树，待他比翼鸟飞来。

苏子卿故里

羝乳无期感不禁，节旄零落鬓霜深。鸳鸯句好贻良友，鸿雁书难到上林。雪窖未教强虏辱，冰天应鉴老臣心。入关莫恨归乡晚，桑梓遗徽说到今。

绛帐村

卜筑城东水一涯，季长才调最风华。写经烛影围红袖，顾曲书声歇绛纱。弟子渊源有诗婢，将门传述亦儒家。当年作赋人何在，牧笛盈村夕照斜。

伏波村

门第何曾侈列侯，善人乡里亦休休。五溪征战愁鸢跕，一柱功名照马留。慷慨据鞍年已老，从容聚米虏先收。明珠薏苡成何事，毕竟萧闲让少游。

班　昭

团扇秋风丽藻新，大家文艺更无伦。薰香共续兰台史，奏草求还雪塞人。东观几年叨侍从，西京十志灿璘彬。清才底不妨浓福，至竟君亲谊最真。

苏　蕙

相思渺隔楚云端，谁与传笺慰若兰。八百字排珠入串，九回肠结锦成团。漫嫌赵女娥眉妒，只恐将军虎帐寒。读遍璇玑词宛转，人间不竭是情澜。

班　超

一笑毛锥竟可投，立功及早拥貔貅。狼心自弭三边衅，燕颔终成万里侯。金鼓新提冰堕指，玉关生入雪盈头。书生骨相英雄气，博得山川助壮游。

班　固

手泽亲承亦壮哉，腐迁生面许重开。笔投争及难兄勇，书续还须阿妹才。毕世精神寄瓠史，一朝词翰冠兰台。班香薰处浓如许，漫笑陈言可剪裁。

凤翔苏公祠观《九日忆弟》诗，感而赋此，用公元韵

停车偶访坡仙迹，闲坐荷亭夕照微。弥弥凤泉从北至，匆匆鸿雪又西飞。名场春梦年将老，雨夜彭城愿久违。何日卯君欣对榻，负瓢差免俗人讥。苏子由丁卯生，东坡每呼为卯君，余弟石亭亦丁卯生。

吹箫台

泠伦手截昆仑竹，为学凤凰鸣足足。雌雄二律调参差，一片清声戛寒玉。凤去千秋不复来，梧冈郁郁成蒿莱。周文盛治隔已远，秦宫乃有吹箫台。吹箫者谁曰秦女，蕙质莲心金屋贮。弄玉声才袅袅飞，裁云袂恰翩翩举。萧史清才正少年，金张意气人中仙。闲听入破初呵月，便觉疏狂欲上天。双声同调吹未已，丹凤招来彩云里。相将比翼学鹣鹣，两人自此皆仙矣。阿环青鸟别匆匆，素娥自居金粟宫。骖鸾独往事常有，跨凤双飞谁与同。从此琼霄作俦侣，三生盟订鸳鸯谱。捣药应游白兔宫，支机或问牵牛渚。只今石磴莽荆榛，百鸟喁啾歌管新。惟看缥缈于峰外，尚有秦云似美人。

东湖六首

客路经岐雍，丛祠访大苏。闲云出西岭，活水注东湖。莲净千花簇，亭空一笠孤。前贤好诗境，凭眺未榛芜。

周鼓旧零落，秦碑今渺茫。贪心索遗迹，搔首立斜阳。竹静叶争绿，树枯瘿半苍。当时安砚处，水墨尚流香。

饮凤池名古，池存凤去遥。松钗横碧瓦，柳线逗红桥。觞咏闲中寄，湖山画里描。沿堤恣游兴，冷翠合周遭。

签判多遗爱，刊诗石尚青。扶风暂留辙，喜雨亦名亭。弱弟天涯泪，卑官水上萍。满腔真挚性，千载仰英灵。

好事蓬心叟，图因笠屐摹。凭将一片石，幻出百东坡。磨蝎宫虽困，飞鸿迹尚多。题名纷荠壁，名士半诗魔。

结习公应笑，遗编屡乞灵。邀来松顶月，踏遍水心亭。眼借明湖沅，吟凭老树听。遥看眉岭雪，一路映文星。

磻　溪

渭树影蒙蒙，渭流浮弥弥。闻昔鹰扬翁，垂钓水云里。行年且八十，富贵长已矣。一朝卜飞熊，祥符兆丰芑。遂令后车载，烦赫世无比。回首旧渔樵，烟蓑仍故里。人生志功名，躁进安足喜。韩江有少年，拜将先摩玺。哀哉走狗烹，不及求鱼美。羊裘一客星，屡卧呼不起。与公虽殊趣，全身保终始。隐借磻溪隈，显赐泰山履。出处两无心，敬义差可恃。再拜钓璜人，我愿师溪水。

蜀槎小草　卷二

七　夕

不信槎能贯月过，客星其奈别离何。成都待卜支机石，遥夜应停织锦梭。偶访碧鸡因涉渭，笑看乌鹊竞填河。人间此会轮天上，毕竟神仙乐事多。

频年作客寄天涯，小住长安不忆家。缓缓春才归陌上，駪駪人又赋皇华。帘开偶下双星拜，道远遥怜八月槎。料得针楼倍惆怅，坐看秋雨扑窗纱。

愿向黄姑乞匠心，兰闺于此最情深。巢营翡翠甘同梦，绣出鸳鸯早度针。千里相思程渺渺，七襄难报夜沉沉。选青漫诩文章富，也似天钱欠到今。

那见银盘弄化生，烧残绛蜡可胜情。微云斜汉闺中景，细雨浓花客里程。游屐待通秦栈险，闲眠仍忆玉堂清。他时坐看牵牛笑，谁引文星照蜀城。

东河驿

来牛去马日纷纷，瘠土居民力更勤。路滑雨添泥一斗，村荒水占屋三分。野田荞麦铺红雪，远堞垂杨锁绿云。踏遍万峰峰愈险，征人何处息劳筋。

金台观

金川回首已桑田，底事金台更访仙。人去紫垣真率尔，佛归白发竟萧然。尘中邂逅空留迹，病后维摩不解禅。西内凄凉存泡影，漫劳香币问年年。

大散关

打包直上连云栈，怀古先临大散关。万里蚕丛入扃锁，一条鸟道阻登攀。吴璘战垒通秦塞，诸葛神兵下蜀山。太息嘉陵东逝水，英雄淘尽不重还。

煎茶坪

半坡直上半坡横，喘息煎茶借此坪。品水那知鱼眼过，看云都向马头生。仙人关废金兵垒，和尚原荒宋将营。懊恼屠王轻割地，倒戈难据竹王城。

观音堂

散关西去远传餐，野店闲寻错喜欢。东坡诗注："大散关上有错喜欢铺。"玉局风流久销歇，金沙世界偶盘桓。危峰竞插重霄险，细雨犹留七夕寒。竟学凤翔千仞上，满身云气湿征鞍。

水碓十二韵

　　云碓何时设，敲铿满急湍。埋轮枢在水，当轴转如丸。屋矮鱼鳞亚，渠平燕尾宽。赁春殊庑下，伐辐此河干。嘴似韝鹰啄，身同磨马盘。米倾珠入匣，浪散月成阑。窠臼翻逾好，机关巧为安。眼观花觉易，腹俭果非难。量鼓操藊涧，香粳送蓼滩。循环端莫测，歃玉影犹寒。民力劳薪代，天工倚杵看。奔波应有意，粒食万家欢。

栈道行

　　秦山破碎不成片，雍水奔流急如箭。悬空栈断云不连，险路条条抽袜线。昨过陈仓山，乃登大散关。山危关险叠肩锁，猿猱欲度愁登攀。上有摩天插汉之怪石，下有飞花滚雪之危滩。心惊目眩手无着，盘盘百转凌烟峦。举趾二分势垂外，回头一顾神俱寒。我闻武功、太白去天尚不止三百，胡为蜀道更比青天难。况复昨霄云，陡散千峰雨。雨声风声并水声，山谷沉霾共吞吐。千夫万夫阻登陟，一步一蹶纷龃龉。笋舆化作百足虫，蜡屐疑生两端鼠。安得傅天翼，凌风忽翀举，万里关山无所阻。不然汉王烧已绝，韩侯修未终。远道惊魂有李白，巴宾欲达无唐蒙。千年陵谷复变换，使我欲进不可、欲退不可心忡忡。谁能划却秦关与蜀峡，平铺原隰青蒙蒙。书生兀兀摇鞭去，红日钲悬破天曙。马蹄蹴踏万峰平，不须更叱王尊驭。

草凉楼阻雨

　　秋风磨雨碎，连日路成泥。栈断云难补，峰高涧更低。蚌灯寒砚北，牛铎响街西。欹枕催顽仆，天明趁马蹄。

凤县道中

山行几度阻巉岩，今日趋程兴不凡。添健仆如飞得羽，驾轻舆似顺扬帆。野羊水涨平苍石，岐凤峰高隐绿杉。小坐城东刚卓午，蒙蒙雾气湿征衫。

策马登凤岭

一鞭催送铁蹄轻，凤岭遥攀卅里程。足底白云填众壑，眉边红日晃新晴。风霜炼骨身逾健，泉石关心眼倍清。蔼吉幸承天子命，高冈娄奉听和声。

新红铺道中回望凤岭诸山

秦雍帝王州，群山围岌嶪。才辞太白峰，又面新红峡。回望众冈峦，万千森束夹。山脚白云铺，山顶青天压。辐辏势难容，莽莽峰乱插。峭如束笋尖，圆如嵌瓮狭。宽如展大旗，裂如分破箑。或盂或瓶盎，或锥或畚锸。整若环屏风，斜若舞云翣。小岵鼠跳梁，危岩虎蹲押。怪石踞虬龙，陂池乱鹅鸭。四围削风斤，一线穿月胁。奇鬼环薜萝，金神伏兵甲。南下呀天门，忽若剑出匣。俯视愁战兢，高攀苦颠跲。丛残懒收拾，散漫难管押。太息古英豪，战争归浩劫。冥搜山尽髡，奋臂力多乏。磨崖记战功，布石存阵法。激电送千古，清风过一霎。谷暗磷火愁，烟荒冷猿呷。何如高隐流，轻帆访苕霅。

陈仓沟

鸿沟界未分刘项，突辟陈仓一线沟。云栈烧残阻鹈鹳，岩扉裂处涌貔貅。奇兵直拟裹毡下，余烬都从破釜收。猿鸟只今啼不断，尚疑烽火照林丘。

柴关岭

柴关谁设险，兀兀散关西。峡漱青羊水，天围白马氐。髡山屯战骑，破瓮扫醢鸡。洵美清时化，功成息鼓鼙。

留坝道中见稻

我本耕田夫，戴笠湘山曲。饭稻羹河鱼，江乡习淳俗。自从官长安，冠冕苦拘束。疏懒弃蘋蘩，奔忙逐华毂。回望旧家山，林烟隔空谷。秋雨稼云黄，春风秧水绿。间阔儿时事，神驰渺幽独。此行出都门，沿途纷菽粟。惟少红莲稻，难夸农足谷。有如听筝琶，尚未聆豪竹。何意过松林，佳境豁心目。香叶舞翩翩，疏花散芬馥。粒重欲垂头，泥深犹没足。行将筑高廪，秋成欣鼓腹。吾侪牛马走，糊口营馆粥。常临乞米书，强窃代耕禄。铅椠果何功，风尘徒逐逐。何时十亩间，稳占三间屋。稼圃日潇洒，农书夜披读。言师苦县师，知足可无辱。

紫柏山

祖龙败后恩仇了，功狗烹时名利轻。孺子竟能成大勇，英雄从此慕长生。赤松黄石云中侣，紫柏青山世外盟。非种未锄先辟谷，薜萝犹恐负簪缨。

画眉关

峰回路转水潺潺，四望烟萝抹远山。啼破新晴催客骑，画眉声里度岩关。

青羊铺

笋舆疑倒挽，荦确万峰巅。路似螺亭转，人如马磨旋。岩花红泫雨，涧草绿浮烟。忽漏林间日，山开一线天。

北栈深逾险，西风晓渐寒。霜清乌柏树，石碎马鞍山。云叶低环岭，湍花怒打滩。古来征战地，往事忆萧韩。

留坝道中见桑

古称桑者间，树依五亩宅。矧兹阻岩疆，鼠壤无间隙。不毛偶抛荒，夫里布谁责。王政首躬桑，雍岐有遗泽。奈何蚕织休，颓俗尚难革。近闻贤使君，劝种加详核。除害拟拔茶，兴利求衣帛。沃若藉人工，森然疏地脉。想见春风和，绿阴遍阡陌。鸣鸠故故啼，桑女交催迫。叶坠竹篮轻，枝攀罗袖窄。入簇蚕堆红，剪纸蛾飞白。茧成大如瓮，丝牵络盈尺。茅屋竹篱间，纬车声络绎。窃比葛覃诗，浣濯服无斁。嗟我走风尘，碌碌惭缝掖。愿作广大裘，难集千狐腋。何日效棉薄，经纬手亲擘。裁法絮以仁，体和情悦怿。

共庆春台登，庶免祁寒厄。怪他诸葛公，成都私八百。

马道驿怀古萧相国追韩侯处

英雄时未至，独钓寒江愁乞食。英雄时可乘，大将旗鼓坛先登。时来不来天莫问，惟知我者劝之进。不有郑侯何，那识齐王信。当时诸将多道亡，项刘兴废皆茫茫。王孙落落苦难合，夜投古驿神仓皇。重瞳尚似俗眼白，隆准嫚骂尤荒唐。何曰行且止，帝王大度固如是，楚氛虽恶徒为尔。何曰士无双，舍信谁与安家邦，愿赐肘印同匡襄。君臣一言两相得，拜将搴旗表殊特，环顾六军惊失色。遂开陈仓道，帜拔赵城侧。遂营背水阵，旋奏垓下克。当年钟室倘无冤，伊吕奇勋安可测。假真两字误藩王，成败十年由相国。人生进退有机宜，功成辟谷真吾师。只今桥畔垂杨绿，恍见殷勤挽驾时。

樊河桥

屠狗猥将岁月消，英雄贫贱太无聊。鸿门幸侍兴王宴，马驿重营国士桥。图画已成刘业定，酒杯闲把楚氛销。若同圯上逢黄石，尚恐将军意气骄。

仙人沟

仙人去，仙迹留。巨灵游戏几千载，只今尚剩仙人沟。想当蹋破红尘去，脚根未许泥沾絮。一曲沧浪濯足歌，烟水茫茫不知处。

鸡头关

江声吞不住，怪石挟飞流。褒谷环坚壁，雄关据上游。夕阳低马首，积翠落鸡头。绝顶何空阔，苍苍豁远眸。

沔水分秦堘，梁峰扼蜀山。纵横千里外，睇盼九霄间。蚁曲斜盘磴，鸡鸣好度关。石门偶凭眺，汉碣土花斑。

观音碥

插天削壁不着土，拍岸狂流疑啮人。觉路引从观自在，危峰高出几由旬。庚邮兀兀迟金勒，丙穴滔滔浴锦鳞。丙穴出嘉鱼，即褒水上游也。水月龛前今得度，红尘惭愧宰官身。

褒氏铺

闻道龙漦孽，当年此降生。地经烽火后，水作裂缯声。变早繁霜告，城真一笑倾。厞弧其服兆，遗憾美人兵。

沔县道中

沙堤漠漠树垂垂，平野秋光淡更宜。鸟道乍辞褒谷险，蚕丛遥指蜀山奇。蓼花红处留渔艇，柿叶黄边扬酒旗。刚共乡人说乡事，又添离绪汉江湄。

故园风物宛堪寻，禾黍芃芃浅复深。沔水东流通夏口，楚天南望动秋心。浓花野馆征夫路，寸草春晖游子吟。昨夜尺书凭雁寄，衡阳烟雨隔遥岑。

黄沙驿武侯用木牛流马处

吴称诸葛人中龙，吴牛喘月安足同。魏称诸葛人中虎，魏马同槽何足数。来牛去马日纷纷，都为先生作肱股。不见黄沙洒，当日喧旗鼓。屯田只知力田乐，积粮不见运粮苦。从心创出奇器图，服轭披鞯自轩舞。先生善驱草木兵，风云变幻雷霆惊。敌军巧窃苦难学，画虎不类龙无睛。朝乘木牛去，楸桐之背生烟雾。晚乘流马归，榆枣之腹争骖骈。安用青牛出文梓，天马夸权奇。我牛可破燕将垒，我马可冲孤竹围。蜀山金牛枉欺诈，武昌秭马空娱嬉。只今往事去无迹，秋草斜阳掩锋镝。圉人牧竖偶来兹，时发长谣横短笛。那得先生起九原，愿与执鞭愿操靮。

旧 州

仗剑来新野，膺图起旧州。魏吴争虎视，陇蜀此鸿沟。赤伏仍兴汉，苍天尚姓刘。青梅当日酒，早许定金瓯。

马孟起墓

唾手成都下，平西第一功。志惟除汉贼，威早伏羌戎。爱弟心难死，依刘气尚雄。老瞒荒冢在，遗憾失河潼。

武侯石琴

庙貌峨峨汉江浒，诸葛英名照千古。偶看廊庑横石琴，恍向蛮溪见铜鼓。款署章武元年制，自截云根手亲抚。想当草庐未出时，抱膝长吟叹梁父。割据先分鼎足三，赓歌那得薰弦五。管乐功名伊吕心，石不能言琴欲语。自从三顾逢豫州，鱼水君臣心默许。徵招角招两相悦，直望尧阶舞干羽。天心未许季汉兴，不见凤凰见豺虎。白帝城头接暮云，黄沙浦口沉秋雨。一片忧民忧国忱，七条冰柱安能谱。况复臣猜少主疑，琴亦将焚鹤将煮。五丈原荒夜陨星，八阵图空天折柱。英灵郁郁定军山，猿鸟犹疑排阵弩。惟有斯琴石不磨，山河破碎音难腐。千年柏影绿横空，几点藓花青蚀土。天风海水自宫商，清韵泠然缓吞吐。岂惟掩抑胜丝桐，尚觉忠勤流肺腑。叩余江上渺青峰，不见当涂兼典午。回看宰树墓门深，公在云霄谁与伍。

沔县怀诸葛公

萧曹已往谁为理，伊吕之间见此人。龙久卧云耽隐逸，鱼初得水识君臣。安刘贼为苍天讨，佐汉民依白帝亲。太息定军山下路，魏吴虽逝恨常新。

托孤诏在泪淋浪，筹笔宗臣计虑长。蛮洞七擒图北伐，草庐三顾报南阳。琴心未靖兵戎气，鼎足犹争日月光。留得少陵诗史在，云霄万古望苍茫。

敢将王业限偏安，陇蜀年年计缮完。羽扇纶巾情澹泊，赤符炎鼎事艰难。三分残局隆中定，八阵雄图壁上观。魏北江东英杰在，几人曾许步邯郸。

五丈原头夜陨星，回车却敌尚英灵。衢民壤叟空流涕，蛮女巴童解荐馨。八百株桑虚后约，二千尺柏荫前庭。至今沔汉留遗爱，不待燕然自勒铭。

渡沮水途中即景

沮水波连漾水波，瓜皮一叶偶经过。鱼鹰翅晒蓼花渚，犊子尾摇芳草坡。久雨河唇嫌路少，新晴山顶怕云多。稻畦渐作黄金色，耞板村村听打禾。

定军山下八阵图

蜀山积压秦山峻，六出奇兵来奋迅。定军险塞踞千峰，沔水雄图开八阵。孤忠郁郁武乡侯，当年此地屯兵刃。天阴月黑秋雨霜，岩谷犹闻铙鼓震。我闻风后首创握奇经，黄帝捆鼓雷霆惊。鱼丽鹅鹳始参错，五花百变何纵横。侯才王佐时不偶，乃以战胜防兼并。阵图始自鱼腹浦，面此结构尤峥嵘。风云龙虎默相向，孤虚旺相还相生。云根骈列了不异，入者目眩心怦怦。纷纷吴魏那足数，仁复汉鼎还西京。吁嗟阵成侯不起，五丈原头星霣矣。锦水祠堂有苾芬，永安宫殿徒荆杞。谋事在人成在天，志决身歼事谁理。茫茫秋草夕阳斜，乱石荒苔点暮鸦。惟有阵云飞不去，化为蜀锦散天涯。

五丁峡

蜀岭马前迎，秦山马后送。云山钤束亿万重，一线羊肠穿石缝。就中裂出五丁关，云是张仪首凿空。石低插水高接云，路上盘霄卑入瓮。想当混沌未开时，万里蚕丛阻飞鞚。巨灵欲擘势不能，愚公愿移才莫用。天教铁骑扰三巴，地出金牛愚万众。秦王尔何谲，蜀王尔何贪，五丁力士何狂憨。人心贪谲逞百怪，乃以雕凿伤层嵌。不然梁州潜沔有贡道，孟津庸蜀供骓骖。锤幽凿险果何事，坐令烽火摧朋岚。奇兵始自司马错，裹毡钟邓尤耽耽。金元角逐屡涉险，径扫剑阁凌雍南。若教终限戎马足，区区牛后殊可惭。君不见葛侯不出子午谷，巾帼将军终屈服。韩侯诡辟陈仓沟，楚烽虽灭终贻羞。行兵尚正不尚谲，粪金谬论污林丘。只今怪石纷堆积，鬼斧神工悬削壁。豺狼灭迹麟凤翔，那见关河飞羽檄。辎车栗六指羌州，关山月听羌人笛。

将抵蜀境口占

回首连云栈几重，行旌直指锦城东。千盘路越金牛峡，万斛香深玉兔宫。便泛仙槎贯牛斗，伫看文薮辟蚕丛。琴台字水多佳胜，尽在冰壶朗照中。

滴水铺

雪花球散水帘平，滴滴飞来漱玉声。洗尽脚根尘几许，爱他长似在山清。

遥源直溯五丁峡，浅縠如通百子池。千万滴终归一滴，山空云静水流时。

羌州晓发

翘望即柴山，羌州卅里间。秋深五丁峡，日上百牢关。岭水东西界，林烟远近环。驮铃成小队，鞭影隔溪湾。

七盘关

晓月犹在天，行行蹋苍巘。蹬蜀甫辞秦，凌高不嫌远。言越七盘关，乃如九折阪。一线羊肠转入云，天教梁雍严扃键。我来凉风初扇秋，峰顶日照黄金球。涧落冷云湿衣袂，岭高污血沾骅骝。挺身直上目难瞬，齐烟九点眉边浮。低头俯视万千丈，幽宫窅窱蟠龙虬。舆前逆挽汲井绠，舆后横撑登峡舟。万声邪许不敢歇，筋疲股栗神为愁。山腰石碑深刻字，移步小心防失坠。王尊叱驭那能前，墨子回车应早避。谁知古人踬垒心，不在崎岖在平地。若教危境始防心，必忽坦途轻纵辔。自来失足众英豪，大半躁心甘暴弃。涉渊履尾有遗箴，荆棘何难化平易。行旌直指青芙蓉，万里蚕丛险尽通。皇华四牡薄文轸，力补鳌柱天无功。使臣职在宣圣化，入蜀何徒羡放翁。

新秋即景

瑟瑟疏林秋日黄，溶溶秋水漾回塘。日光水影斜到岸，红透一丛秋海棠。

筹笔驿

肯教炎鼎竟三分，羽扇亲挥百万军。吴魏关河尚金鼓，蜀秦筹策自风云。老臣盾墨无穷泪，蛮檄兵符不世勋。五丈原头怕回首，笔峰高卓对斜曛。

龙洞背

神禹凿龙门，导河东走黄流浑。巨灵擘太华，高掌远跖裂岩罅。河岳疏凿皆人工，未必灵奇归造化。咄咄龙洞背，异境足惊诧。两峰合抱缝中封，一水奔流洞低泻。窟穴谽谺吞有声，崖扉虬螲势难下。璇源回洑千丈强，铁瓮高阅半天跨。急溜应惊蛟鳄眠，强梁更胜鼋鼍驾。想当洪荒初辟时，水沙激岩风轮驰。波臣狂吼地媪避，嵌空破漏玻璃卮。支祁不到百虫恐，潜流渺渺谁能窥。或为神工或鬼斧，遂令万载增愚痴。讵知乾坤气渢洞，覆盆瀛海皆流动。尾闾下泄地轴浮，恍若舣槎经破冢。山河大地尽如斯，那怪区区堆臃肿。西风欻起石燕飞，俯听泠泠底脱桶。绝壁长吟杜若诗，历身艰险神逾勇。

小憩僧寺，折桂花插舆中偶吟

小峨嵋畔息征尘，一笑拈花契净因。禅证木樨空俗谛，影寒金粟悟前身。罗天久听霓裳曲，仙籍应招慧业人。我本来从众香国，又将陈迹问冰轮。

朝天关

之字路延缘，步上朝天岭。曲径转鱼肠，纤途缩凫颈。仰盼扪天脐，伸腰蹋云顶。岩关斧弄班，峭壁斤削郢。险如峡劈丁，深若穴开丙。是时秋宇清，日午山无影。石气着苔青，天风拂衣冷。直上心胆寒，软舆汲修绠。举趾喜攀跻，低头怕窥诇。万笏插峩峩，九霄光耿耿。千里毫发森，百怪眉目炯。携诗问青天，天公应首肯。

广　元

北栈纡回处，苍苍锁万峰。江流辞蜀峡，风物换巴宾。石佛澹无语，飞仙杳莫逢。翛然烟水外，秋景艳芙蓉。

飞仙阁

杰阁号飞仙，悬崖接空翠。云昔徐佐卿，仙踪曾此寄。江流浩浩啮山根，水欲穴山山不避。回流九折抱羊肠，峻岭一支撑犊鼻。想见山空月落时，跨鹤人归山欲睡。无端幻作唐宫游，骍然羽箭飞鸥留。红尘扰扰白云静，从此鹤翩辞林丘。山色自新仙自古，回望长安几尘土。杜宇何年返蜀都，精卫何时填海口。况看开宝亦沧桑，丁令威来事渺茫。白鹇无处招妃子，鹦鹉惟知忆上皇。蝶飞金库形俱幻，鹿挂银牌字半亡。他日三郎从此去，蜀山蜀水迟龙驭。何似飞仙振羽衣，碧落丹霄不知处。

千佛岩

断壁压空江，栈云森仡仡。怪哉唐韦杭，巉岩劳剪茀。云根
陡化兜率天，幻出恒河沙数佛。我来欲访石头禅，轺车栗六沿江
边。天龙一指破空现，早识佛头青到天。近前逼视目欲眩，层层
石壁开生面。佛手软异兜罗绵，佛目炯于岩下电。无生无灭花水
清，是色是空龙象变。想见凿险云初开，一佛突出青莲台。化身
亿万刹罗现，花花叶叶皆如来。金身直竖一茎草，芥子尽纳千须
弥。倒影趺跌印波底，佛图澄湿非凡胎。米颠执笏不暇拜，苏晋
同龛谁共斋。鹫峰鹿苑何足道，如此变幻真奇哉。自笑曾参罗汉
果，续灯愿乞灵山火。此行手订千佛经，选佛选官无两可。愿垂
佛手刮金篦，除却钝根先度我。

武后梳妆楼

梵钟初罢晓凝妆，往事重谈武媚娘。仙客羽衣夸子晋，才人
檄草羡宾王。梨花十月风霜变，瓜蔓三宫感慨长。留得河南投笏
疏，金轮应笑黯无光。

古利州渡

澹然空水漾差差，凤爱飞卿七字诗。画鹢宛存当日景，群鸥
争浴晓寒时。溪山不老浮生幻，烟树多情过客知。又看马嘶波上
去，雪泥鸿爪自题词。

昭　化

角声吹日落，山外卷青岚。秋老葭萌国，波澄桔柏潭。渔歌喧浦口，鞭影过城南。零落敬侯垄，荒村树两三。

牛头山回望昭化城有感

奇峰衮衮扼牛头，绝顶齐烟渺九州。石磴蛇盘尽西向，澄江蚓曲自东流。口碑终古长盈路，腰笏当年记挽舟。落日孤城重回首，几人身后姓名留。

天雄关

天风聒人耳，斜阳眩人目。步上天雄关，眉麻俯山足。半空壁立缘无梯，万仞云堆下临谷。炮声一震岩岫鸣，怪鸟穿云乱追逐。望中烟雾判昏晓，膝底冈峦争起伏。安得苏门长啸人，唤取仙风洗凡俗。

剑　关

雄关兀兀峙崔巍，巨剑摩天亦壮哉。成败无常皆幻境，乾坤有数是奇才。放翁细雨骑驴入，唐帝仙云拂马来。我欲狂呼关上月，古人底事不重回。

剑阁行

剑阁岩峣何壮哉，天假险塞资雄才。乾坤文字不平衍，夔门巫峡争崔嵬。少陵不作谪仙死，北向云山吁可唉。登高回首更愁绝，故垒萧萧埋战血。天阴雨黑山鬼号，磷火青荧飞断铁。英雄割据总成空，将卒烦冤向谁雪。君不见鳖灵漂泊啼鹃哀，蜀道乃为金牛开。井蛙局促膏斯斧，隅虎咆哮终蒿莱。雄图甫创豫州牧，后主兴亡如转毂。丞相孤忠筹笔劳，将军远志投戈哭。穷岩忽坠裹毡人，二虎相争败逾速。桓桓王濬下金陵，三刀梦兆威初伸。庄宗竟策叩关马，王衍空为入草人。况复淋铃秋雨细，郎当更有奈何帝。仓皇计失走青骡，险阻神才逢白卫。李特庸才安足论，吴璘雄阵云空屯。古今成败目难瞬，竹王自大何昏昏。岂知王公设险不恃险，怀德为城乱萌剪。中原烽火究何用，东郭韩卢同不免。书生兀兀摇马鞭，红日照耀催云鞯。清时不用摩天剑，待补张公铭一篇。

云头山

夏云似山奇，秋云似山瘦。九霄那得万山撑，都是无心云出岫。我从马上看云头，山似在天云不流。须臾策马入云里，云忽作山当面起。山耶云耶两不知，半空浓绿堆参差。吁嗟苍狗森百怪，宇内奇观毋乃太。云从山脊落眉边，山插云根矗天外。上头点出数峰青，愈奇愈瘦嵌珑玲。仇池别有洞天启，九华宛向壶中停。超超贝阙列屏帐，宭宭玉女开窗棂。我欲梯云到山顶，排云下视目光炯。长啸一声天地空，众山豁若睡初醒。

读书堂

皋夔读何书，此论颇未确。摘埴难索涂，理明识乃卓。敢以雕虫笑后贤，竟将枯蠹嗤先觉。炎宋文运开光宗，纷纷党锢争为雄。侏儒侏袂颇多口，濂洛排挤难相容。剡章不有黄文叔，正学安知朱晦翁。再拜殿廷言骨鲠，徽国超然人一等。自非读破万卷来，片语千秋谁首肯。剑南荒落有高台，读书人去吁可哀。只见飞髯千岁柏，劲节长存梁栋才。

姜伯约故垒

十万摩天剑任横，喧喧铙鼓汉家营。身经百战胆如斗，局扫残棋胸有兵。铁骑尚屯诸葛垒，降旗已出蜀王城。负他慈母当归意，郁郁孤忠业未成。

紫薇花

紫薇清影扬鞭丝，偶驻篮舆借一枝。浓绿折从留客处，小红开到可人时。秋香入手偏宜澹，花事关心转笑痴。记否玉堂人不寐，月钩初上替裁诗。

武连驿怀陆务观

剑南几载意纵横，愁听关山战鼓声。羸马足催吟兴健，秋蝉翼比宦情轻。难将团扇描衰髯，又折梅花赠远行。射虎南山更何事，武连今尚记诗名。

上亭驿

一滴复一滴，雨声铃声听的的。滴尽无穷离别愁，回首欢场变锋镝。有情天子李三郎，上亭驿畔何郎当。偶闻铃语泫然泣，此夜此时真断肠。不见紫云回、霓裳舞，骊宫高处接青云，笑看花奴催羯鼓。他生预定此生盟，昔日那知今日苦。烟月何心问女牛，关山满目悲豺虎。雨飘铃动总销魂，倚声拍出新翻谱。黄幡绰、张野狐，耳虽聪慧心模糊。倘防白鹿衔花兆，那得青骡冒雨趋。不怨玉颜葬尘土，可怜金鉴空榛芜。嘉陵江水逝不返，写生道子安能图。吾家昭谏曾过此，秋雨霏霏行且止。振触苍茫吊古情，醉墨纵横挥满纸。我来又值雨初晴，泥滑匆匆策蹇行。蜀山蜀水清音好，不似当年夜雨声。

谒梓潼庙

晋柏横撑处，峥嵘仰帝庭。九天司禄命，七曲炳英灵。威振屯兵垒，恩敷送险亭。桂香清冷殿，仙乐宛同听。

司马长卿读书处

才人穷困了无谓，七尺昂藏轻富贵。惟有胸中万卷存，飘然吐出凌云气。生平最慕蔺相如，赋卖成都犹读书。涤器何妨杂佣保，题桥竟欲乘高车。家在橦花桃竹里，姓名早已通金阊。犊鼻聊登游戏场，凤毛竞想飞腾起。翩翩驷马故乡归，上林赋就生光辉。狂歌纵酒世无偶，名士美人知者稀。可惜用才心太急，乌有子虚耽结习。身后犹存封禅文，青史交讥名不立。千秋文字总空花，砥行须防驻足差。不见茂陵秋雨后，闭门兀兀枉聱牙。

涪水怀古

蜀山奇险世罕有，进战不难难退守。引归荼毒入心腹，出敌戈矛助身手。将才首推诸葛公，流马木牛屯汉中。偏安可恃未可恃，出师两表终图功。隆中早画三分界，岂必河山兼两戒。为问当年割据时，何事休兵未为快。讵知夔门剑阁高崖巇，重扃叠锁皆藩篱。惊龙不吠户庭敌，开门揖盗遑呵挥。蒋琬谈兵议涪水，启关延寇寇谁理。当时未计噬脐灾，后世纷仍跣足履。一朝毡裹度阴平，战血未流城已矣。萧墙早叹祸丛生，曲室依然卧不起。回首弥牟八阵图，凛凛英风水云里。

棉州渡口望芦洲

蜿蜒长堤筑白沙，芦滩秋老竞飞花。烟浮远浦眠鸥稳，叶战凉风落雁斜。曲巷轻帘喧酒市，短篱疏网认渔家。夕阳渡口人如蚁，清景何殊泛若耶。

棉州怀欧阳文忠公

淋漓大笔挽颓风，海内咸宗六一公。富范而还推物望，柳韩以后仰文雄。春秋遗意存唐史，山水多缘乐醉翁。他日泷冈阡表立，乌私长系蜀江东。

鬶鹤堰

晓渡安昌河，清流贯墟落。云昔筑堰时，碑名称鬶鹤。贤守费与罗，秉政极勤恪。每怀旱魃灾，寸念廛焦灼。渠同郑白分，泽共龚黄博。膏腴数百滋，食指万千托。我来秋日清，早稻已收获。鼓腹众欢娱，矫首民宽绰。堰边芦荻肥，白花飞漠漠。云碓浪常春，蹋犁上先拓。浮鼻浴乌犍，梳翎噪乾雀。俗拟葛天淳，境似桃源乐。卓哉两使君，拯民起沟壑。瀺瀺堰中水，恩波绕城郭。可惜鹤舟归，斯人久不作。缅兹清白风，廉泉羞一勺。

棉州晓发

山雾晓未收，江波尚流月。一棹剪江过，清泠声活活。野店鸡乱鸣，远渚鸥争没。须臾黄金盘，炫晃照林樾。渡船霜满板，滑汰足防蹶。芦白花竞飞，蓼红露初泼。举头山水清，朝彩湛空阔。净泻碧琉璃，并刀怕轻割。行将写生绡，好景双眸豁。只恐倪叟迂，墨淡稿难脱。

白马山吊庞靖侯

富乐山前一尊酒，入蜀谋成功不朽。男儿年少志勋名，岂在黄金印如斗。但教臣主两心同，图报竟可捐身首。靖侯当日来襄阳，不随龙卧随凤翔。羁縻百里腰懒折，指挥万骑眉先扬。龙头倘不困锋镝，骥足仨看腾康庄。碧血淋漓埋一旦，黄魂耿耿扶炎汉。先生凄凉涕泪并，故交叹息英雄半。白马山头石作祠，丞相葛侯同在兹。龙潜九渊凤千仞，没共万载生一时。村农荐馨敲瓦鼓，蛮女欢歌巴童舞。荒凉碣已隐蒿莱，卓荦名犹照今古。德公尔日眼何青，神驹污血飞郊坰。摩天巨剑出不偶，记得军将十八龄。

舆中望罗瑨山

先生委杖山间卧，万顷白云手挥破。先生掷杖天边游，一轮明月飞当头。白云明月踪无定，先生去住随清兴。或听霓裳蹑九霄，或担芒屩归三径。落落巴东大霍山，仙风缥缈离尘寰。凭高延望双目回，桂蕊香深秋正闲。借问先生今在否，我愿穿云蹋月登柴关。

仙人桥

羽化仙踪去不回，石桥犹拱水云隈。市中也似韩康伯，常与村氓共往来。

三造亭

谈天妙论异荒唐，子敕才名重德阳。漫诩雄谈师战国，不妨搔首问穹苍。造庐客共钦巢许，秩祀人谁识马扬。愿向墓门亲酹酒，先生醒醉特清狂。

汉　州

芦白花飞瑟瑟秋，蜻蜓影里夕阳浮。石犀渚近通棉堰，金雁桥高控汉州。险尽万峰收地肺，云开一塔卓城头。南轩院宇存遗爱，锦水薪传亿载留。

君平卜肆

生计区区溷百钱，成都市畔日高眠。纵谈忠孝言斯立，偶问升沉识独先。贯月槎回银汉上，支机石访少城边。谈天毕竟多荒渺，卜罢垂帘意洒然。

清白江

焚香可告天，盟心堪对水。耿耿清白忱，千秋照江汜。

王稚子石阙

西川慈父母，东汉旧循良。此日碑存口，当年石是肠。图镌苔半蚀，隶古气弥苍。卓尔灵光殿，精英轶晋唐。

杨升庵先生故宅

匆匆痛哭竟投荒，才子襟期太激昂。丹悃终能承老父，绿章惜未悟君王。高歌纵酒年将暮，傅粉簪花态更狂。辜负中庸篇十二，名场春梦亦黄粱。

将入成都

云栈邮签数乍周，皇华光耀锦城头。桥悬万里疑天上，客指双星到益州。蚕尾风流续前哲，蛾眉月色近中秋。孝廉船想先登岸，金粟香深取次收。

题李海帆观察《海上钓鳌图》

我欲濯足扶桑东，六鳌晓策乘长风。蓬莱万里不辞远，银海宕漾金云空。众仙招我坐瑶岛，一一手把青芙蓉。俯看天柱渺何处，齐州九点烟蒙蒙。谪仙人去千百载，钓鳌海上谁堪从。西来偶奉碧鸡使，枯槎兀坐青天通。支机漫载银汉石，芥蒂尚填云梦胸。海中琪树网不尽，投竿愕视心忡忡。夜深井络客星现，蕊榜正悬兜率宫。长庚一宿降阶庀，珠冠玉佩光熊熊。拍肩温语意良厚，袖出图牒森蜺虹。钓竿借汝珊瑚树，示汝钓道须研穷。尧舜汤武有成法，宋玉一赋空雕虫。吁嗟世俗蠡测海，羡鱼结网徒匆匆。我昔会稽探禹穴，去泛溟渤归崆峒。龙伯相携作俦侣，麟符再绾绥羌戎。丝纶在心竿在手，空钩无意波扬鸿。须臾吞饵六连举，颎彋涌出神鳌峰。凡鳞纤介密不渗，接天澄碧无噞喁。人生局促守丘壑，充隐反逊羊裘翁。罗张一目究何用，蚁驮半粒难为功。何如潇洒拓胸臆，手奠八极苏群蒙。我闻此语忽开悟，未能学钓心先恭。愿携桂饵刺船去，冠山掣取沧洲雄。天风海水洗鳌足，偓佺拍手遥追踪。鲸呿蛟舞百灵喜，坐待万物归牢笼。天鸡一唱尘梦醒，只见海日炫曜神山红。

题张晓瞻前辈《薛井煎茶图》

三分竹子一分屋，古井千寻汲寒绿。凭谁貌出薛涛村，题上浣花笺十幅。渔阳太守来锦城，玉女津边停画轮。枇杷花影静相对，石床棐几清无尘。座中谡谡松涛起，茗烟轻漾花风里。问公那得宦情闲，衙鼓声停事先理。随车雨久遍青郊，鉴物心常盟白水。为政风流孰与传，绘在西川图百里。公昔簪笔蓬莱峰，玉堂赐茗春融融。海棠枝上鹊声喜，我亦刘井叨追从。一朝五马驰云栈，东海文书纷过眼。鹿毂颁春急策骓，龙团破睡遑挥盏。万里无由慰苦辛，引人渴慕情无限。岂知江上竹篱居，尚许逃禅参玉版。披图不类宰官身，生佛长留清净因。饮茶苦乐自相并，照水面目何其真。知公默坐发遐思，欲借茗鼎回阳春。盎然生气出胸臆，醍醐一滴苏峨岷。君不见苏公唤醒黄州梦，调水分符作清供。况此文川并武乡，定有甘泉飞白凤。廉让水、清白江，古人名字同芬芳。半瓯领略烟霞味，万虑消融冰雪肠。我昨烹茶扃试院，井花瀹取云腴咽。尚恐淄渑辨未真，敢诩肠撑五千卷。愿得经披桑苎翁，评量候火参元工。太平润色多鸿业，尽入瓶笙啸咏中。

知养恬斋诗钞

王杰成　点校

知养恬斋诗钞　古近体诗卷一

道光丙申，将之平阳任，十月二十四日微雪，何子贞昆仲、黎樾乔、杜兰溪、周华甫、梅霖生、陈庆、覃竹伯饯别于云腴山馆，用东坡聚星堂韵

朔风响振辞条叶，秣马将冲姑射雪。云山北向客西征，回首蓬莱怅悬绝。故人惜别饮我酒，到门大笑屐齿折。十载冷官厌奔走，正平刺字久磨灭。一朝作郡出三晋，万事丝纷剑初掣。酒酣赠我白雪词，皎若朝阳散冰缬。吾侪励志薄温饱，窃禄太仓原不屑。政平讼埋须及时，岂忍流光付飘瞥。他时官阙烛花深，待取邮书证燕说。吹律阳回黍谷春，一鼓何须销晋铁。

樾乔重贶以诗，叠韵答之

我诗拙似楮雕叶，君诗疾若风回雪。落笔玉龙空际飞，两展云笺叫奇绝。七子赋诗武增宠，远胜旗亭柳分折。丈夫意气横四海，那管浮云纷变灭。惟留耿耿冰雪肠，破浪长鲸手堪掣。我昔驱车度平水，巢父泉边洗尘缬。尧封遗俗本淳古，只恐贪偷杂猥屑。神羊自许辨曲直，霜隼何须击飘瞥。故人勖我意良厚，离绪满腔那可说。愿留此卷补唐风，梅花笛撇风前铁。

子贞三叠前韵，复和志别

新诗妙似催黄叶，锐走雷霆净冰雪。大山奇特小山幽，卓立

乾坤两殊绝。昔我星沙角文战，逆旅逢君早心折。十年薄宦走京华，人海云烟争起灭。献书鳌禁毫屡簪，励志龙泉手亲掣。匆匆领郡出汾水，旧雨纷如花散缬。会当理牍听衙鼓，无复挑灯斗谈屑。萍踪聚散那得常，隙驷疾逾鹰眼瞥。今晨读君珠玉词，恰似解颐参鼎说。他时花落讼庭闲，粪心好共磨青铁。

和宗涤楼送别元韵

我官燕蓟十一载，凤池久沐叨恩波。一朝作郡出三晋，揶揄差免襄阳罗。临行送我有奇士，挚爱直将同气视。芝兰一室忽分栽，未免橘兄怜柚弟。五马何知丽且都，幸驮锦句心堪摹。读书读律了不异，儒官砚亩仍烟锄。愧少琼琚答缣素，谪仙远别江云暮。何时携手大罗天，扁舟载石希前贤。

留别李芝岩

黄鹄矶边旧酒楼，十年鸿爪共勾留。醇醪小饮知公瑾，羁旅粗才愧马周。聚首乍圆乡国梦，分襟又怅蓟门秋。何时更踏金鳌顶，拔剑狂歌话背游。

主恩未易报涓埃，市骏台边首重回。判牍西曹公尚困，读书东观我何才。百篇风月劳吟啸，三晋云山待剪裁。料得驿梅春信早，谪仙应寄好诗来。

谢博露庵赠马

十载空过市骏台，软红三尺溷驽骀。金门未借飞龙厩，乐府空歌天马徕。一策重劳知己赠，五花争看不凡材。勉承祖逖先鞭意，北向云山道路开。

留别雯楼同年

东华踏遍软红尘，又向平河策画轮。萍迹幸邀同谱聚，兰交最是故乡真。儒酸未减深惭我，宦味初尝屡问人。连日华筵劳饯别，笑夸馋守不清贫。

一声风笛撇南城，深感汪伦送我情。临别赠言征古谊，匡时献策望书生。周郎顾曲勤刊误，罗什吞针自励清。寄语枌榆众兄弟，莫听官鼓忘诗盟。

寄潘同年

一麾偶策唐州马，百里来看潘县花。宾主相逢亦萍水，弟兄交谊重天涯。纵谈吏事箴心切，生恐名场着脚差。此去邮程缄札便，公余犹望赠瑶华。

初 雪

分润无从挽绛河，天教滕六舞婆娑。即看姑射冰花散，翻较瀛洲玉雨多。官阁烹茶添逸韵，康衢击壤听欢歌。此邦唐叔遗风在，来岁欣瞻合颖禾。

水仙花

地寒无处著唐花，难访神仙萼绿华。亏得春光瞒不住，冷香和月透窗纱。

六出新英软玉雕，檀心一点绿千条。凌波仙子珊珊骨，相见令人意也消。

我亦蓬池旧住仙，寒盟曾汝致缠绵。二千里外仍相伴，也是吟窗翰墨缘。

银蒜低擎护玉沙，冰瓷寒艳净无瑕。莫教热客轻题品，个是瑶池第一花。

沙水清泠浅着根，东风无力荡花魂。耐寒偏比群芳早，不受吹嘘也是恩。

静夜闲调绿绮琴，水仙一操少知音，怪他凡艳浑无奈，冷暖原非上帝心。

雪 射

环青圃向晓风开，鹤氅神仙得得来。杨叶影寒飞夏箭，梨花香细点春杯。直疑瑶圃酣文战，不信梁园尽将才。也似天山红雪里，雕弓赌射白狼回。

丁酉元旦

漏箭同听觐紫宸，频年阆苑寄闲身。看花惯踏八砖影，剖竹更颁千户春。玉烛共调承帝命，冰厅坐照励儒臣。一尊我为衢民劝，应识尧天雨露新。

青旂小队玉骢骄，柳陌迎春忆昨朝。击壤声喧和气应，传柑节过嫩寒消。螟蝗未入年俱稔，雀鼠无争俗不嚣。试向城楼高处望，万家烟树接中条。

官鼓传来乐岁声，郡斋闲坐可胜情。吏才敢诩二千石，民隐难周十一城。但愿衢歌春自富，何嫌宦况水同清。长安旧友关心切，为我时和政易成。

遥知春草绿湖南，介寿筵开逸兴酣。捧檄尚惭臣职负，颁纶深荷主恩覃。望云迹怅飘蓬久，爱日情牵啜菽甘。待得安车几时到，扶鸠父老望攀谈。

丁酉正月十九日由贡院移居平阳府署

十载蓬山蜗寄居，一廛假我屋渠渠。劳生敢有求安志，经世犹多未读书。地染游尘须净埽，莫留生意草轻除。试灯风后新安砚，恰似儿时上学初。

答张彤叔

平子才华重两京，卅年我愧昧平生。谈心著乍烹官阁，脱手花先照管城。老鹤出群排健翮，新莺求友爱春声。六经醋醉河汾宅，宦味应输道味清。

自笑痴如顾恺之，文章未奉坫坛师。愿销晋铁除苛政，先采衢歌续旧诗。鸠拙敢夸巢易补，鸡廉差与俗相宜。从今好拜任棠赐，皋座常烦德教施。

送赵厚子同年赴赣南观察任

拜承恩命凤楼东，喜见丹毫首署公。借寇人方爱冬日，瞻韩我幸识春风。玉山朗照千寻峻，冰镜高悬万象空。记得城闉初抗手，牙琴在抱海云红。

文酒相从共月余，一灯情话十年书。短衣学射力犹弱，小草倾阳心自虚。每服雄才艳东马，特开先路示南车。棠阴芳舍留遗爱，好为名贤事埽除。

十八滩头一叶轻，牙旗南指画中程。栽花尚认鸿泥迹，剖竹新增豸绣荣。面对匡庐真愈好，心临章贡印同清。东坡水手充应易，无限春波送远情。东坡《入赣诗》："便合与官充水手，此生何止略知津。"

临别依依驻绛骓，知公心尚系唐州。离尊强为衢民酌，卧辙难为召父留。绮座余香接三口，锦囊佳句足千秋。临行，承以《拟陶诗》一卷见示。他时恭毅书重续，赵恭毅公抚湖南，有自治官书行世。钟鼎崇勋照橘洲。

题陈镜湖《南关送别图》

垂杨袅袅花欲然，太行山色横马前。谁欤赋别催云鞿，绿波
碧草增缠绵。八闽陈子人中仙，脚跟踏遍齐州烟。莲花幕府三十
年，矫如皓鹤翔蹁跹。一朝挥手辞汾川，径趋樊口呼归船。故山
猿鸟招息肩，丈夫意气高云天。俗鞅那得长拘牵，逝将戢影栖林
泉。美酒百壶诗百篇，无复案牍烦忧煎。但愁判袂排离筵，马融
帐畔疏古欢。徐孺一榻空高悬，天风海水波沦涟。匆匆一棹归成
连，目极客星南斗边，尚望姑峰月再圆。

和厚子同年途中寄怀十首

卿月横空六字清，停云八表最关情。一缄远寄梅花使，不负
江山羡此行。

忆昨城南别故知，泥人难是上车时。折杨一曲春无奈，添得
衙斋十日思。

想爇沉檀夜告天，祖庭衣钵耳孙传。行舟汲取西江水，清白
何曾让昔贤。

朅来官阁晚香深，荀令余芬待细薰。听得吏人谈旧事，冰壶
难状使君心。

塔影凌霄射圃开，红桃绿柳记前栽。花开莫笑春无主，留得
心香引后来。

长才俊逸羡参军，问政余闲更校文。雪满梁园烛花地，笑声时隔画堂闻。

曾开北海情弥笃，判定南山法至公。宽厚严明两无悖，最惺惺是主人翁。

即今帆指武昌城，回首南湖百感生。先世清芬溢兰芷，古祠疏树岳云横。

银黄旧绾河阳县，旌节重临惶恐滩。竹马儿童争忭舞，桃花无恙待公看。

天涯原不隔音尘，兰楫新操好问津。更愿抠衣款薇阁，菖蒲还拜竹为邻。

依韵酬陈小韩

我背射策摹天人，一毡云麓书窗尘。槐忙七度榜花落，投笔愿作湘山氓。湘山烟雨敝庐在，习俗雅近唐风醇。耕余囊砚走京洛，雷门布鼓春无声。一科滥厕小戊子，桂香万斛秋初新。始由农曹历词苑，玉皇香案怀前因。敝车羸马官况冷，懒借涂抹工逢迎。滥竽自笑南郭子，窃粟深愧东方生。主恩未忍置闲散，铜章更策清时名。一麾勉自竭棉薄，六计那敢矜廉能。平阳俗俭事颇简，衙斋啸咏招墨卿。南州旧友陈仲举，意气磊落人中英。储书满腹笔为冢，卓识伟论皆天成。衡才凤具九方日，医俗妙同三折肱。贻书俾我扩闻见，师资友谊兼循循。自愧粗才溷尘牍，经畬万顷心难耕。一命当期物有济，千秋肯使名无称。抱儿拔薤喜相示，愿师此语康吾民。自古朋交重规戒，感君气谊何其真。新诗读罢意萧爽，坐对藐姑冰雪清。

卫筠庐惠题《蜀槎小草》，依韵答之

卫君示我诗一束，笔峰峥岏层霄矗。洗马清才妙绝伦，纳手教人早钦服。我曾角逐骚人坛，蹄涔浅水无波澜。杜韩壁垒峻千仞，跂足未许窥篱藩。前年谬奉碧鸡使，手持绛节辞仙班。秦关汉月拓胸臆，古锦欲括千屦颜。石湖漫写灾船录，太白遑歌蜀道难。往来两踏平河路，渴骥尘踪竞奔赴。佳境无心驻马看，九能强托登高赋。何期归骑返三巴，茫茫宦辙随风花。一麾忽奉虎符命，八月遂辞牛斗槎。从此服官难服古，莫将片玉搜蓝圃。借石他山愧未能，鸡鸣落莫愁风雨。何幸亲薰班马香，真珠密字森寒芒。有如燕雀竞啁哳，乍听威凤鸣朝阳。又如欸乃息渔唱，洞庭仙乐铿湖湘。知君洛社名久噪，十年三晋开讲堂。彼汾一曲俨洙泗，姑峰焯焯悬奎光。笑我随人空俯仰，愿鱼临水惭无网。小技雕虫习未工，大书凡鸟门堪榜。尚愿时将学愈愚，从君六籍调笙竽。南衙风月尽吟啸，那得常迎薄笨车。

桐城吴贞女诗

并蒂莲栽影尚单，罡风何苦逼花残。草荒文冢才人尽，茧剩愁丝寡女弹。死不二心盟肯负，生无一面梦俱难。素衣往下高堂拜，华表魂归未忍看。

杳冥同穴义何辞，白发凭谁慰母慈。独活草移深雪后，忘忧萱爱夕阳时。有书待续怜儿幼，无米堪炊笑妇痴。惆怅破飞天上镜，清辉未许九泉知。

寄怀彭小舫同年

秋风远送雁书过，离绪茫茫感慨多。故里琴尊渺烟月，京华朋旧半关河。学荒那得经编柳，政拙终惭屋补萝。遥羡王郎才磊落，酒酣斫地一长歌。

书城困我钻研苦，年矢催人岁月忙。回首蓬壶浑似梦，关心刍牧愧如伤。陆机洛社名应噪，枚叔梁园兴更狂。从此玉堂增企望，清时未许老冯唐。

送小韩入都

仙才高并玉山岑，词客风流笔待簪。万里滇池排健翮，十年博浪郁雄心。酒酣自拔王郎剑，书上谁贻季子金。此会科名新草长，好偕葵藿励丹忱。

论交湖海意粗疏，况是诗魔未忏除。过客有时门署凤，冷官无事座悬鱼。得君共侈悬河口，规我如看举烛书。好为香山赠鞭策，长安米贵不难居。

八月十四夜隰州对月

匹马西行度紫川，万山堆里息吟肩。兔葵花老秋犹热，蟾桂香深月渐圆。目极草菅防剪拂，手操兰楫费周旋。碧空如水云无滓，敲就新诗许问天。

鳌维谁是补天手，桂斧尚劳修月心。低印千潭忘境隔，高撑一镜觉山深。也知下土无遗照，所愿从星为作霖。此夜冰轮光未满，好留余地慰萧森。

阅遍巉岩境渐平，挑灯讲院客心清。山空窄径豺狼远，岁歉荒村雀鼠争。事待焚香深夜告，牍如扫叶晚风轻。一州斗大犹尘海，那怪无眠想玉京。

锦水蓬山忆旧游，群仙高咏此清秋。自从捧檄劳车马，无复乘槎问斗牛。冰雪一编供棐几，河山万里入金瓯。莼鲈敢涉乡关想，翘首圆晖遍九州。

过蒲城

石城旧迹控河东，瑟瑟秋容远望中。碧涧百盘围老屋，翠屏千丈耸灵宫。清时官自无苛政，瘠土民原有古风。底事处裈三虱讼，贯心犹待挽雕弓。

百虫炬久无遗烬，五鹿山仍似旧时。赐块漫劳重耳拜，披蒲偏达四聪知。汉甥奔窜蜗蛮斗，唐俗艰难蟋蟀诗。一片荒榛千古泪，西风立马怕寻思。

旱苗凋瘵不成秋，村落烟荒郁百愁。疾苦细询诸父老，抚循端赖古贤侯。民和政任谈乡校，盗息村仍置鼓楼。莫遣催租人败兴，满城风雨太平讴。

衣冠簇簇送城闉，士庶由来一体亲。判牍我防刀笔误，攀辕人见性情真。教宽家或容骄子，俗敝刑难赦莠民。此后好依慈父母，长官仁爱不嫌贫。

我亦湘山久课耕，廿年辛苦悉乡情。一随书剑游三岛，转愧烟云负半生。问俗敢忘丝粟计，服官聊矢藿葵诚。愿他比户安鸠拙，岁美人和讼自清。

依韵答莫毅农，即送其之官保德

定羌西望路夭斜，山水清奇胜永嘉。月黑虎争云外路，河深鱼唼石边花。将才天与长城寄，诗胆人夸绝塞赊。想得冰厅无个事，北窗趺脚鼓琵琶。

袖拂炉烟眼界宽，锦囊佳句压归鞍。政成民愿留生佛，法说身仍现宰官。松竹交情偏耐冷，蔺盐宦味不知寒。浮云苍狗今休问，小事还应学吕端。

自惭宦海一舟轻，懒踏花砖误李程。竹马乍迎春有脚，桐鱼未扣石无声。苔岑引我联真契，药石劳君远俗情。手辟邪蒿烦巨剑，英光耿耿绛河横。

和张椒云寄怀之作

舣棹蓬池未有涯，琅嬛小住约张华。无端又作飞蓬别，难踏天阶草白麻。

碌碌粗才勇贾余，漫劳崇奖到璜玙。雁门冰雪汾河月，两地深情一纸书。

愿从邻壁借余明，拙宦难消鹊鼠争。未免负他骑竹客，细侯才调愧专城。

羡君仙骨玉珊珊，吹律能回黍谷寒。莫怪北门羁寇准，选官容易得民难。

碑口争传远近知，救荒筹策慰流离。关河例合留才子，百万弓衣好绣诗。

笑破浮云厌执鞭，馈贫粮早筐储边。他时金殿劳温奖，耐得廉泉范柏年。

锁院宵寒管握银，天涯岁暮苦怀人。琵琶一曲边城雪，犹记长安画里春。

友朋聚散亦抟沙，别绪遥牵雁影斜。想得云笺传到日，锦堂人正颂椒花。

戊戌元旦

小别蓬山忽二年，臣心长恋五云边。化惭鹿毂行春日，拙补鸠巢未雨天。抚字不烦民俗厚，涓埃莫报圣恩偏。拜扬遥望芙蓉阙，愿第鸳鸯福禄篇。

嫩寒已自腊前消，元日晴光朗绛霄。雪尽姑山青霭合，冻融汾水绿波摇。卖刀事息农先喜，击壤声和市不嚣。尤幸关南春较早，麦田浓翠长新苗。

宦海名场放眼看，事经循省愈知难。摄心未许天机浅，立脚先求地步宽。万里浮云笑苍狗，九霄明月舞青鸾。儒生胸有千秋在，还借藜光照寸丹。

负米人刚踏雪归，天涯兄弟别依依。到家及拜高堂寿，忆远更怜游子衣。驽马恋刍忘息驾，寒鸦返哺快先飞。今朝柏酒团圞会，应话枌乡八载违。

柬吴笛江明府

绮语何须忏惠休，才人为政自风流。名场枳棘权栖凤，宦海烟波任狎鸥。尚许骑驴逢吏部，漫嫌无蟹有监州。他时白马城边路，好奉潘舆访旧游。

赠榆次童子郝彦圣

风檐鹄立羡髫青，雏凤翩翩展弱翎。读遍龙威千万卷，赋成鸥鸟十三龄。抡才预订登科录，学步初来问字亭。愿汝钓鳌竿速把，有人翘首望沧溟。

断机堂接古榆城，秀毓山川气倍清。定许玉堂称后辈，也应金粟是前生。羡君艺苑初扬轸，愧我蓬山浪得名。细读昌黎童子记，好敦实行谢虚声。

会谳萦川，归途率成四律，寄云樵刺史

欲斩邪蒿拭太阿，石城一月两经过。漫夸上郡花花似，晋谚云：

"花花平阳府，锦绣太原城。"争奈劳人草草何。健讼岂容翻铁案，详刑仍与息金科。折狱慈母心偏苦，应笑多男累更多。

鸡虫得失亦微哉，太息豪曹结祸胎。狡兔放教投网去，飞蛾蠢尔扑灯来。两番昭雪逢冬日，一埽浮云仗怒雷。莫怨灾星临贯索，归通谁酿邑人灾。

駪駪原隰拟皇华，又借书堂坐午衙。时寓书院。掣肘吏犹存旧牍，同心友共判新花。雪泥有迹留鸿爪，冰镜无尘靖鼠牙。省识濂溪好风度，卅年仕宦亦烟霞。

时晴快趁笋舆归，花落庭闲吏亦稀。喜纵枯鱼游巨壑，是日释株累卅余人。尚留穷鸟泪圜扉。民劳易怨原堪悯，法立知恩已是威。寄语治蒲贤令尹，好师三善播仁晖。

徐仁山少尉《采菊图》

徐君病起神清快，向我持图索诗债。隐逸花中著此身，羡君不是粗官派。我闻柴桑里、郦县泉，古人多与花为缘。但恐一行作吏此事废，买山归去囊无钱。魏公老圃谁解学，晚节秋容难比妍。岂知枳棘林，不碍烟霞客。蕉衫芒屩静中天，瘦石疏篱云外宅。不信劳劳尘鞅间，啸傲羲皇见高格。君不见白马城边秋草肥，牧童短笛风吹衣。凉生高树讼庭寂，日落山城衙鼓稀。此中便有东篱趣，漫问先生归未归。还君此图三叹息，吏不矜才弥见德。南昌有尉本神仙，却病还依众香国。

题张仲华参军《试泉图》

昔年戢影湘山麓，十丈芙蓉面茅屋。茶灶烟炊四月天，常汲山泉瀹寒绿。白驱宦辙随风花，佳茗佳人渺空谷。回首重湖万里遥，空负辋川图一幅。津门张仲达者徒，身亲圭组心犁锄。蕉衫羽扇踞苍石，井花一勺如醍醐。借问披图何所有，廉让之泉交让柳。结舌曾参苦口师，坦怀久学忘机叟。惜不浮家共志和，十年一钓随烟波。画中人已风尘老，玉局犹惭春梦婆。君不见巢父泉清香更洌，一杯便洗心头热。姑射仙人作俦侣，相对聪明净冰雪。饮罢闲披陆羽经，料得诗情更芳洁。

己亥元旦

碧霄晴雪带恩光，恍踏红云侍玉皇。舜陛赓扬逢复旦，尧天歌舞盛平阳。衢尊遍饮千家福，宝露应添万寿觞。自愧涓埃臣未报，年年荣宠拜龙章。

荑水蓉峰别十年，广微惭赋白华篇。亲闱迢递频回首，皇路驰驱敢息肩。千里恩纶颁日下，一尊春酒酌花前。遥知兰菊山斋畔，斑彩欢承陆地仙。

拙宦何知浪得名，头衔差许敌冰清。榜题花寺丹流阁，水浚莲池绿进城。庭有悬鱼删夏课，途堪系马督春耕。陶唐俗俭风原古，漫诩三年报政成。

经济文章事事难，官斋努力自加餐。祈年指数三番白，捧日心轮一寸丹。儒将坛应连步上，名臣传好炷香看。春来借与东风便，赢得鹍鹏九万抟。

偶　感

听罢晨鸡拔剑歌，堂堂岁月肯蹉跎。书痴犹似冬烘叟，宦味谁醒春梦婆。差解谈兵惭将种，也曾学佛忏诗魔。手披一卷英雄记，临镜何妨自揣摩。

柬陈小韩

冲怀高似葛天民，流俗随他作笑嗔。云水光中摩倦眼，江山胜处寄吟身。马周未必常为客，羊祐何曾解鸩人。闲与霍峰相拱揖，宫墙原不尚嶙峋。

自笑鹣梁岁月虚，故园应待把犁锄。恨无巨手搴珊繻，尚有贪心恋石渠。拙宦相安闲亦乐，旧交远别信多疏。惟看角逐云龙影，湖海苍茫一气嘘。

李小松《紫云山访碑图》

访古苍茫百感生，紫云山色郁东瀛。苔花一片龟趺隐，回首斜阳问汉京。

将之西安，留别酉峰

晓风残月咏耆卿，又挽垂杨送我行。望里长安疑日远，传来好语似天成。踏泥鸿尚留陈迹，出谷莺偏恋友声。千尺桃花一枝笛，搅人离绪不分明。

重劳宾客赋西都，引我惭如拜竹蒲。作吏未能师郭伋，游仙有愿羡唐衢。一丸函谷才何补，三策长沙敢待敷。从此勤求已成事，蠹编生计续绳枢。

醉眼平看小九州，羡君梦里笔花稠。登楼作赋羁王粲，拥几研经拟薛收。定饮香茗侣千佛，漫劳长揖客诸侯。他年阆苑金莲撤，满路天风拂翠斿。

两载衣香接令公，针车指我意何穷。凌云敢作大人赋，偃草犹惭君子风。碧海翻来波不竭，红炉点后雪初融。雁峰何日重搔首，携得新诗问蕊宫。

答顾旭堂

小草虚名笑谢安，尘劳不惜汗征鞍。汾流千里双鱼远，秦岭高秋一鹗盘。甘苦频年知宦味，关河小别忆朋欢。顾痴念我痴尤甚，樽酒依依旧坫坛。

半路回车赋短章，汪伦送我更情长。也知觌面愁难别，何似同心远不忘。秋水一方怀渺渺，寒灯五夜咏琅琅。平安两字差堪报，好借归鸿寄岳阳。

寄怀周海珊参军

行尽平河泪未干，久交方信别离难。几番卧辙民情厚，三载同舟友谊欢。速我云飞度汾水，劳君日远望长安。临歧预订重逢约，共矢区区一寸丹。

题富海帆先生《韬光步竹图》

婆留城外波光媚，十年前是寻诗地。咫尺韬光未许登，怊怅山灵失交臂。秋风一夕卷征帆，回首云林渺空翠。恰似颍滨河岳归，憾不一见韩枢密。天公为破昔年悭，今来仗策登泰关。棘闱一幌展寒绿，坐令几席堆吴山。中丞指点旧游处，客星三四来长安。新城老人首作记，墨浪郁勃开孱颜。海日楼高自今古，万竹青青弄烟雨。俯瞰销金一寸锅，谁为半壁东南主。霸业空淹武肃潮，诗名剩有苏堤土。英雄往迹久销歇，无那风篁尚轩舞。只今海宇归庞鸿，宣防抚字翔仁风。湖山生面入筹策，别有成竹罗心胸。中丞一柱维南纪，文酒从容万事理。已辨勋名照汗青，澄怀鉴取西泠水。雪泥鸿爪那足记，老辈风流豪杖履。自从转舵趋蓬瀛，图中旧雨疏晨星。天山红雪万里远，别后西湖空自清。揭来节钺雄三辅，袖中东海长摩抚。同是湖光洗眼来，勖予诗为前游补。榜悬又近菊花天，金粟香生拂锦笺。词林耆宿半师友，须眉重晤皆前缘。江湖浩渺拓胸臆，岂止翰墨争流传。幸我拜公兼拜竹，虚心劲节森苍玉。湖边卿月忽移来，簌簌凉飙豁心目。

再题《韬光步竹图》

老可老坡贪画竹，日借幽篁洗尘俗。毕竟竹中人不传，甘使清标让淇澳。疏枝漫诩龙蛇飞，香叶岂无鸾凤宿。又闻竹溪图六逸，竹林称七贤。元卿竹径望三益，志和竹户扃十年。虚心直节仅许老岩壑，玉版寂寂成枯禅。岂若浙西山，群仙自来去。卿云共佛云，飞绕菩提树。凭谁貌出步竹图，脱尽凡蹊难学步。明圣湖边秋气清，采风使者吴徐陈。玉皇香案结殊契，手摩巉竹希泠伦。中丞雅望湖山主，喜接文星皆旧雨。蕉衫芒屦款花关，酒趣诗怀傲兰渚。诘朝绛节忽飞来，林泉生面教重开。刁斗森严程不识，后至竟展相如才。是时湖光湛林麓，篱菊初黄英酒绿。白苏堤远亘晴沙，鼋鼍潮来壮遐瞩。佛香万缕蔼晴岚，禅磬一声夏寒玉。手捧沧海日，胸荡吴山云。韩园葛岭一览尽，段桥孤鹤飞无垠。直欲尽倾湖水入尊罍，坐看竹梢皎皎腾冰轮。钱王弩、秋壑灯，图悬立马谋终拙，兵罢骑驴功未成。往时陈迹尽烟蔓，水光竹影空纵横。惟有文章事业在天壤，湖海卓荦罗精英。韬光一席足千古，岂止伐竹留勋名。锁院清闲欣展卷，麈尾叨陪谈不倦。图中佳客各天涯，巍然只见灵光殿。我生强步学邯郸，蒲姿愧对青琅玕。凤筒莫叶雌雄律，鼹腹何知江海宽。太平福曜照岩谷，古来画手难追攀。君不见湖滨绿玉森森立，输与卢敖作钓竿。

集苏句再题《步竹图》

拄杖敲门看修竹，绛宫明灭是蓬莱。鸭头春水浓于染，湖上青山翠作堆。千首放怀风月里，一尊时对画图开。人生会合古难必，要与梅花作伴来。

吴越溪山兴未穷，胜游难复五人同。相从杯酒形骸外，春在先生杖履中。落笔已吞云梦客，披衣闲咏舞雩风。一朝美事谁能纪，更欲题诗满浙东。

可得长闲胜暂闲，竹林高会许时攀。红波碧巘相吞吐，野鸟游鱼信往还。一伎文章何足道，数诗狂语不须删。爱君东阁能延客，早晚抽身簿领间。

淡妆浓抹总相宜，别后西湖付与谁。翠浪舞翻红罢亚，海风吹碎碧琉璃。旧游似梦徒能说，万事如花不可期。寂寞陶潜方止酒，从公已觉十年迟。

苦　雨

拟蹑青天问毕师，泰山捧日定何时。云应有手开疑网，天岂无心塞漏厄。穷巷稻脂民困久，征途车马客归迟。笑他水母虾为目，添尽风波不自知。

贺虎师以狐裘为寿，诗以谢之

冷暖寻常颇自知，重劳良友惠先施。黄黄着去争夸好，白白得来非所宜。辞晋方惭增马齿，入秦只合赚羊皮。五陵词客轻裘贵，同学少年应笑痴。

庚子元旦

鹤炉烟重晓朝天，鹓鹭班齐伍众仙。学政青门刚半载，拜恩紫陛已三年。绾符暂转秦关粟，涤笔欣题华井莲。我是玉皇香案吏，霍忱长恋五云边。

青旂预报艳阳辰，放眼黄图丽景新。雁塔连年开庆榜，鸾笺指日贲恩纶。治安岂恃长沙策，忠厚犹留太古春。李楷萧规遗迹在，好襄淳化答枫宸。

焚香何事告苍穹，帝座清虚鉴此衷。人谢俗氛知抱负，天留奇遇策英雄。无瑕玉少攻方美，有用书多读始通。窗草生机闲领取，日开吟阁坐春风。

小阮南来举室欢，高堂有信寄平安。寒鸦反哺巢刚稳，驽马忘疲路渐宽。芬烈莫教违祖训，研磨几见误儒冠。莱衣新舞韶光富，兰菊盈阶取次看。

陈九香参军于役兰州，过长安以诗见示，诘晨相访，已振策西行矣，感而赋此

柳花飞满灞桥头，匹马西来快远游。捧檄君方趋紫塞，寻诗我正忆黄楼。匆匆星饭长途苦，栩栩风神古锦留。手把雄编终夜读，得书强似识荆州。

题陈九香《西征草》

光黄我识方山子，马上论兵气吐虹，早有诗名传洛社，更携长剑问崆峒。才人例奉碧鸡使，大国雄夸铁骊风。添得伊凉新乐府，弓衣绣遍恐难工。

示焯卿侄

洞庭秋水阔，送汝片帆来。好订大苏集，争夸小阮才。十年牵别梦，千里此衔杯。赠策怜驹齿，昂昂道路开。

乡国新离日，天涯小聚初。剪灯谈旧事，安砚读奇书。自笑识途马，曾为上竹鱼。蓬瀛终许到，勖尔莫踟蹰。

自食文章力，名场报称难。希心说伊吕，敛手愧苏韩。短策庚邮迅，阴符午夜看。吾宗多将种，拔戟亦登坛。

题陆楷山明府小照

我爱陆鸿渐，消闲桑苎庭。款风开竹径，品水注茶经。天净蕉逾绿，人闲草自青。山城公事少，啸傲总忘形。

定许丹青手，家家画放翁。林泉无畏日，襟袖有仁风。松影扶疏外，荷香澹沱中。所师惟宓子，一笑问丝桐。

“善业泥”拓本题词并序

刘晏亭观察于长安雁塔寺拾得剥落唐砖十片，径四寸余，横三寸余，上嵌佛像，或一或三，或四五，佛皆胸宽腰细脚长，且多森荫猛兽驯伏。砖阴有“大唐善业泥压得真如妙色身”十二字，书法秀劲，类率更体。砖得于道光己亥十月，明年八月，出拓本见示，阮芸台相国、蒋子潇同年各有诗。

刘郎访古曲江曲，慈恩塔畔榛芜绿。大唐往迹久烟销，剩瓦零砖碎珠玉。塔铃怨语诉西风，龙象不留真面目。苍茫独立问荒畦，土晕苔花光陆离。偶然俯拾自磨洗，宝相犹存善业泥。我闻汉劫灰、秦焦土，荐福摧穹碑，岐阳失周鼓。蝌文蝌篆半沧桑，一丸泥在曾何补。又闻百千亿，恒河沙，梵莲隐现皆昙花。泥牛入海杳无迹，磨砖学佛空咨嗟。试询黄土抟人后，电掣风驰谁不朽。屈子污泥自蝉蜕，伯伦陶土耽杯酒。镌铭造像总成痴，遑计千秋珍敝帚。此泥淘洗说唐宗，慈寿诚祈兜率宫。含元殿与塔相向，百八十尺摩青穹。七宫衣帛泥沙委，佞佛缘成大欢喜。重阳酒熟菊花天，题句青梯竞褒美。当年金爵耸云霞，那许青鸳混荆杞。泥香醮馤佛香留，片玉昆山差可拟。即看佛像异空桑，卍字胸宽腰脚长。旍林秀曼伏驯兽，土圭遗式森球琅。泥背低嵌十二字，妙色真如略镌识。笔锋劖削类欧阳，日炙雨淋坚且致。刘郎得此真奇哉，目营手拓心徘徊。泥能印佛即心印，一花一叶皆如来。我本佛前香案吏，泥痕爪迹浑游戏。一纸愿题千佛名，补编雁塔登科记。

寄怀绮秋

刺船关濑怅分襟，十一年中感慨深。风雨对床牵别梦，湖山千里隔乡心。芳邻许卜僧珍宅，远宦仍携赵抚琴。手作尺书交旅雁，洞庭南去问知音。

拚购奇书破俸钱，后生结习古人缘。尘劳渐觉名心减，计拙羞邀俗眼怜。秋水平湖鱼纵壑，凉风卷地鹘摩天。近来情味差堪告，满室黄花傲更妍。

炜卿侄来秦将一载，冬初携灿儿南归，作诗勉之

刚得一年聚，又看千里归。临行整书剑，寄信慰庭帏。旅雁思乡切，雏鸦返哺飞。轻车来往便，话别莫依依。

我昔辞家衒，年才三十余。岷峨策文轸，秦晋治官书。鸠拙

功名薄，驹驰岁月虚。团圞思骨肉，吾亦爱吾庐。

爱汝情何挚，闲时笑语亲。玉堪夸谢傅，金合赠苏秦。此去书休废，前程志定伸。殷勤赠鞭策，骥足骋风尘。

更嘱还家日，欢承大父前。为言官事简，深赖主恩偏。短策行花外，长安话日边。勤劬携弱弟，莫负读书天。

示灿儿

昔汝来京邸，垂髫只九龄。倚娇莺待哺，问字鹤听经。岁久荒功课，篇成有性灵。牵衣才几日，玉立已亭亭。

嬉戏频年惯，书多未发蒙。一边贪走马，两石强弯弓。键户如笼鸟，谈诗拟候虫。好磨三尺剑，牛斗气熊熊。

唤汝南归早，书来望倚门。艰难念游子，钟爱到童孙。客路须勤慎，遗编自讨论。征衣堂下拜，代我奉晨昏。

拔戟自成队，休轻童子军。含饴娱白发，努力步青云。疑许从兄问，劳应与我分。愿师嵇叔夜，矫矫鹤超群。

明月满船闻雁声图

若有人兮溯秋涛，仰望明月兮心郁陶。青天万里蹑足不可上，澄江瀌洞来滔滔。苍茫立影水银海，直欲扶桑濯足鞭神鳌。天风忽其聒耳兮，听霜雁之嗷嗷。扁舟一叶渺无际兮，似蠛蠓虮虱，随意气而翔翱。老蟾嬉风，江豚簸浪，冯夷击鼓，水仙合唱，骨惊胆骇而呼号。悄无言以起坐，坠枫叶之萧萧。问君此行兮，何事挟抑郁于孤怀，寄缠绵之远思。胡不腰仙人笛，凌黄鹄之危矶。胡不浮博望槎，织黄姑之锦字。烛龙许照君之幽默兮，固当骖鹓鸾而回隙驷。拔长剑兮倚天，独浩歌而扣舷。焚离骚于江水，起屈宋以何年。照影波净，沾衣露鲜。夜悄悄其将旦兮，安能携鸥鹭而同梦，抱蠓驪而独眠。惟常仪之寂处，鉴冰襟其可怜。矼膈臆以上诉，庶不隔乎重渊。鹤听经而非佛，犬舐丹而不仙。经何为而盲左，史何为而腐迁。相如佣保，陶令归田。若使皋夔终伏于畎亩兮，岂巢许能翼赞于班联。曷为际星云之纠缦，跻天路而无缘。吾将招飞鸿之雪爪兮，奋仪羽而翩跹。

韩将军行

将军名嘉业，号健庵，甘肃武威人。起家行伍，剿小金川，论功授游击。嘉庆初，教匪起湖北，蔓延川陕，将军提军，前后杀贼约万余人，奉旨赏花翎，以参将即补。迨贼逼沔县，拒战，援未至，死之。沔令马久刚收其尸，面如生，舁过武侯祠，柩重不能举，祷之乃行。事闻，敕封振威将军，嘉庆四年十二月事也。越三年，兄自昌亦战死于鳌屋，土人为之立双烈祠。

定军山顶愁云结，沔水奔流诉呜咽。荒城一角枕褒斜，漠漠土花埋恨血。武乡侯死已千年，留得孤忠照双烈。健庵将军好身手，百战金川胆如斗。生小伊凉将种奇，捐躯报国家何有。累世从戎半死绥，主恩特奖忠良后。踏残红雪返天山，马上驮回刀箭瘢。万里羽书催破贼，连番箛吹促平蛮。军声到处戈先倒，王冉高徐如电扫。散关月出栈云横，快马轻刀巢尽捣。元戎驰奏动华銮，勇号先颁上将坛。孔翠已沾仙露湛，铁衣犹裹阵云寒。丈夫义气填胸腑，誓斩幺麽靖降虏。拔剑终须荡蚁城，当车那许撑螳斧。谁知蓦地卷妖氛，豕突狼奔战血腥。寇穷无路转难遏，野哭连村不忍听。将军奋臂大呼起，男儿今得死所矣。黄沙滩外日无光，生掷吾头御奸宄。弯弓立马马忽蹶，愤碧淋漓溅江水。裨将桓桓记姓高，手挽征袍为公死。诘朝援至埽榛荆，雨泣连营间结缨。击贼睢阳魂不散，迎归先轸面如生。五丈溪头停素旐，灵辒不发阴风枭。九原合与葛侯邻，今古丹心塞苍昊。阿兄匹马走边关，骂贼亦似常山颜。鹡鸰原上分飞惨，豺虎丛中拔足难。一样尺书题远志，曾无乐府唱刀环。吁嗟乎！铜马军、赤眉贼，只为凌烟①功臣壮颜色。獍枭函首慰忠魂，四十年来无反侧。双烈祠边夕照残，路人指点各心酸。蜀山陇水名常在，莫怨军中少一韩。

和查茂才原韵

鸂鹭平分月半汀，乾坤于我亦居停。补天尽许擎顽石，横汉偏难驻客星。苦县几番谈黑白，顾痴一笑化丹青。懒残指点蒲团地，拭涕何如自注经。

蹄铁蹄轻万里催，留仙无计筑瑶台。关河惜别怜词客，旗鼓登坛负将才。鹦鹉赋成犹灭刺，鱼龙惊渡且浮杯。酒酣替酒英雄泪，不独王郎感莫哀。

巾角闲将败局弹，几人高卧似袁安。毛锥愿请囊中处，文阵翻教壁上观。读遍阴符裘早敝，吹残阳管谷仍寒。广平未必心如铁，赋到梅花和总难。

信寄当归久未归，南云遥望恋慈徽。琴书暂倚红莲幕，松菊

---

① 原文如此。据文意，"凌烟"应为"云台"。

全荒白板扉。果有鸿名动嵩洛，曾无骥坂困骖骓。锦袍仙客君应识，莫漫题诗采石矶。

题富中丞《松阴补读图》

世间万事无如补，旋转乾坤资硕辅。千秋巨手果谁师，前有娲皇后山甫。霸才小补究何恃，惜未读书空莽卤。中丞凤慧人中仙，束身圭璧皆完全。手挥沧海无边浪，足蹑中华以外天。鳌维一柱赞元化，衮职罔缺襄宸严。牙璋坐拥威名播，退思补过曾无过。唯有殷勤好古心，一卷松阴理清课。我闻八州督，劳劳惜分阴。又闻昌黎伯，读书松桂林。皋夔所读书尚在，霍光不学惭朝簪。纵使瑶华十乘贮胸次，犹恐鼫鼠未识讥蹄涔。携书拜献松云牖，浴日补天功不朽。授书不共赤松游，救弊补偏差可久。松花满地松涛飞，松月出岭光入扉。书声朗朗泻瓶水，满身松露凉沾衣。茯苓不向松根乞，直饱书味忘其饥。梦中那怪松生腹，便便经笥逾龙威。我生粗解劬书乐，少小芸编闲挂角。眇见空惭武子萤，虚名枉博羊公鹤。自恨今生读已迟，况复卅年仍瓠落。玉堂学步花影移，石渠浩瀚窥无涯。自违京洛逐尘鞅，糠灯芋火心神疲。郡斋欲续读书志，莫与恭武搜灵奇。观公此图颜早汗，愧不常依青玉案。砆礴原当作栋梁，缥缃尚恐难淹贯。羡公谈柄借松枝，杜断房谋力主持。造化无功笔能补，冲怀伟度真吾师。我愿松间检书簏，披拂松风快心目。乞取燕公记事珠，更补从前书未读。

再题《松阴补读图》

编柳复编蒲，英雄苦贫贱。福地秘琅嬛，奇书多未见。渴想清俸分，汗牛堆万卷。有如饭甑溢，梦破饥肠恋。谁知膴仕忙，尘壒封笔砚。储书等书肆，终年难识面。案牍日纷庞，俗鞅驱文战。衙鼓鼕三更，欲读神先倦。待补缺憾天，娲皇石难炼。中丞天挺豪，大才文武宪。家庆承赐书，绮岁邀宸眷。胸悬绀色珠，龙威早观遍。舌慧翻海涛，目营闪岩电。咸莫测涯涘，岂复留缺欠。曷为披此图，发箧情犹忭。松阴坐古苔，芸叶香千片。龙鳞影欲飞，鸟迹奇争炫。我闻周元公，读书务贯穿。仕宦三十年，丘壑常在念。又闻赵中令，鲁论资拜献。宋祖劝之读，相业冠朝彦。可知古名臣，辛勤事铅椠。劳劳补衮心，耿耿读书愿。百城供俯仰，三味佐珍膳。犹恐稍留余，齿冷霍光传。昔我步柯亭，中秘快摘挟。管窥豹难全，网絜鱼空羡。回首别蓬山，流光激如箭。人事怅烦苦，古欢谢华赡。恨不踏松关，负笈依坛坫。读律兼读书，规矩毋教偭。闲持松养和，春风满庭院。

三题《松阴补读图》

我闻皋夔以前书易读，羲画妫文看已足。又闻周秦以下书苦多，瑶华漆简纷骈罗。一从劫入祖龙火，二酉菁华散尘堁。刘项粗才不解书，酂侯图籍空键锁。汉儒晚出多聚讼，抱残守缺夸颐朵。遂令更生补周礼，束皙补笙诗。然糠怀饼读难了，蠹管纷纷殊可嗤。秦碑周鼓久磨灭，后生访古将谁师。中丞兀坐发遐想，怀抱苍茫奇独赏。括取琅嬛未见书，要将慧剑开疑网。公余点勘倚松阴，便是南衙著作林。苍龙郁郁风云气，枯蠹沉沉冰雪心。生平万事无求备，剔净烦苛归简易。只有殷勤汲古情，只字单词怕轻弃。少年朱异不能廉，晚岁燕公尚强记。问公清课几时完，支离叟倦听将睡。我曾趋侍锁闱秋，谈麈叨陪记旧游。拜聆绪论竟一夕，十年书愿终难酬。青门两载听官鼓，燕坐从容询治谱。愿乞松阴一席间，几多未读书当补。千秋关学久榛芜，太平润色归吾徒。文章经济共坛宇，补苴罅漏资良谟。待开宏景松风阁，更补渊明山海图。

辛丑元日

六街灯火映疏星，绣豸衣披祝曼龄。两载缩符来紫阁，十年簪笔恋丹屏。雪消秦栈培芳树，露湛尧阶长瑞荬。韦杜城南天尺五，恍承温语锡彤廷。

云龙角逐此名场，暂补鸠巢拙自藏。刍粟转输萧相国，园亭管领郭汾阳。曾开法网韬丹笔，待借春阴奏绿章。天与广平文字福，梅花铁石共心肠。

闰岁梧桐早向荣，归昌有兆凤先鸣。气消蜃市金瓯固，凯唱蛮天玉垒平。儒将已闻新锡命，圣朝原不讳谈兵。西京旧治风淳古，三策无劳问贾生。

敢将岁月付书痴，史液经膏是我师。蘡柎龙言才子事，传霖邬雨吉人词。犹防官礼贻民累，漫诩文章报主知。万里秦川分陕地，甘棠应续召公诗。

回首重湖旧里违，悠悠寸草念春晖。一囊臣朔天储米，几载寒郊游子衣。宦辙频经乌哺远，孙枝新长凤雏归。高堂椒酒团圞日，笑看兰阶绿渐肥。

底事雄夸万里侯，班生投笔自风流。白华诗就亲颜喜，丹辰箴呈帝泽优。介寿快逢晴放鸽，探春时问路逢牛。国恩家庆从头纪，愿拜龙光策绛骝。

和李石梧同年入蜀留别元韵

到偏迟莫别匆匆，无计重教马首东。不我颉颃怜去燕，劳君问讯托来鸿。半年欢聚招刘晚，一月勾留借寇同。知否军门重相忆，泥人还是郑公风。

云栈迢遥越几村，一编蚕尾句重论。筱骖有幸仍迎佛，铃鹊无声早辨冤。旧憩棠阴思勿剪，成蹊花影淡忘言。使君莫厌随车雨，踏遍春泥绿渐繁。

蓉城高会结新欢，努力和衷策治安。疑狱漫徇刀笔吏，边防须慎爪牙官。论交可似秦风古，涉世真逾蜀道难。胆识乖崖思葛相，西川图画绣应完。

先后花从蜀岭分，青天鸾鹤本同群。刚逢快论石投水，未了深情泥忆云。剪烛三更怀契阔，浣花十幅寄殷勤。春波如画嘉陵道，憾不兰舟远送君。

题《山石牡丹图》

沉香亭子醉春风，白也仙才傲化工。留得一枝浓艳在，长安屝雨话唐宫。

此花原不惯空山，富贵欢场一玉环。谁似石头根脚稳，春来春去只闲闲。

拈花一笑真成佛，拜石多情不算颠。名士美人难再得，古欢聊结画中缘。

三生石上问前因，个是瑶台月下人。傲骨也能消艳福，胭脂浓抹墨轻匀。

《蕙田吟草》题词

我爱中条好烟树，画意苍茫添野趣。我爱晋祠鸣玉泉，冷香净影流涓涓。泉声树色渺何处，回头指我来时路。揖别西征忽两年，梦寻好境归无缘。那得长房缩地术，一囊饱载名山川。故人住我旧游地，慰我相思知我意。唐风魏风手编纂，千里邮筒远将寄。一读教人心目开，万花锦绣奇初胎。再读使我精神下，电掣风驰气奔放。羽鹤仙人空际飞，玉笙瑶管凌烟霏。当时丘壑盘郁在胸臆，忽向纸上倾吐成珠玑。转悔前尘疏领略，美人香草空调饥。愿将此卷续晋间，长令河山表里生光辉。

雨中看牡丹，诗用东坡韵

春老花王国，香云无处无。东风赐膏沐，错落堆鲛珠。美人舞袖垂，寒粟生肌肤。薄暮沉香亭，沉醉谁将扶。

愿洗碧空净，暖红浮晓枝。封章吁青帝，胜会劳主持。侧闻忠孝家，润色升平时，何曾效涓滴，富贵夸天姿。

蜂声喧早晴，花睡倦初起。杜陵看花人，卓午欹笠子。牛酥何月煎，羌兔肉食鄙。莫虚崇敬期，红云围玉蕊。

画扇赠徐南洲同年

城北有徐公，其美不在貌。纯以真直气，肝胆相照耀。盗贼惊闻屈突通，师巫早避西门豹。时流诋毁了不畏，目光炯炯骨尤傲。我同兰谱十余年，劳燕东西飞不到。长安车马多旧雨，碑口侧闻名姓噪。种花君自劝春风，剖竹我犹安坐啸。朅来握手披胸襟，宦辙艰辛相慰劳。每谈时事竞起舞，务剪烦苛归简要。清名或恐造物忌，溷浊更愁民力耗。吁嗟鬼蜮逞百怪，赖有狂愚差可靠。君不见东坡先生取人廉，几人欢喜几人嫌。又不闻伯龙累宦家无钞，才营十一为鬼笑。我生驽钝百不如，偎以拙宦兼书愚。不惯人怜许人骂，作郡数年犹读书。平阳父老独忠厚，喜我简净忘我迂。临歧走送尚挥泪，恨不留守姑山隅。多缘两载共舟楫，但有诤诫无虚谀。名场立脚苦不易，要保夙志防歧趋。蒲葵一握互投赠，那得仁风苏比闾。抱儿拔葊有深意，岂仅纻衣缟带明区区。

和卓海帆相国快雪诗

蓬山仙宇隔青瑶，忽惠郇云霭霭飘。八伯赓歌逢复旦，万花翔舞快崇朝。趋廷人入飞英会，归路天铺碎玉苗。怪底阳春多好句，金瓯元化手亲调。

想得消寒醉碧瑶，神仙鹤氅意飘飘。歌酣黄竹欢连夜，瑞奏青蒲戒诘朝。鹭序翩翩依禁树，驹音皎皎问场苗。不虚白凤词人意，阳管还须隔岁调。

新诗俊味胜江瑶，携袖烟随玉屑飘。梅萼清芬坚晚节，梨云烘染似花朝。偶看鸳鹤翔飞絮，预喜蝗螟靖早苗。闲坐暑风怀吉甫，穆如音共舜琴调。

屡向周原踏玉瑶，灞桥空负六花飘。却因泥爪怀陈迹，莫共冰心话永朝。赋就公应超小谢，砚焚我却学君苗。从知贤相吟梅日，早信和羹燮鼎调。

题《孙香谷吟草》

年少孙郎胸有兵，江东豪气慑群英。啸空忽讶凤鸾过，掷地如闻金石声。绿水红莲非浪迹，青灯黄卷寄幽情。一篇冰雪百回读，午簟暑风心自清。

依韵答周春帆

砚田耕后久污莱，车马长安两度来。小试申韩君亦老，纵谭丙魏我何才。关心秦火灰仍拨，回首衡云障待开。同是欧阳门下士，异乡听雨重低徊。

云栈遥冲桂子风，六年前记踏蚕丛。秋吟客自耽豪素，春梦婆犹记软红。人似星忙归锦水，诗如酒薄笑郫筒。此番何幸周郎顾，旧曲重弹总未工。

题黄莲友《松阴课读图》

倦客天涯久未还，画图新写旧家山。何时兀坐枯藤几，雏凤声清老凤间。

风流年少羡黄童，珠树三花骨相同。天与才人读书处，酉阳山近屋西东。

回首重湖路渺漫，儿童应解忆长安。传经便是苏明允，菽粟书田颇不寒。

绛霄郁郁倚苍龙，福地琅嬛树可封。知否名山煨芋客，十年曾伴六朝松。

未许牛医诮汝南，而翁六籍久沉酣。蝉联写入登科记，飞绕灵椿薛凤三。

古业先教绮岁储，万荷花里觅新居。他年东观承家学，应少平生未见书。

题《开山图》

不教智叟笑公愚，鸟道千盘拓画图。此后皖公山色里，穿云长啸尽亨衢。

手辟衡云韩吏部，人惊山贼谢临川。何如划却君山去，崔颢题诗意洒然。

礼烈亲王克勒马歌

克勒马，来自大宛之西天山下。房星精采照天潢，输与凌烟共图写。当年宝祚开白山，大白小白雄天闲。国初绪缵战图八，亲王仗钺骧龙骖。临轩赠策借颜色，尔时此马争盐巴趁趲。天生将种健身手，锦袍照耀桃花斑。肉骏奋迅竹批耳，誓扫瓯脱清尘寰。天阴月黑金鼓寂，衔枚万骑窥边关。须臾羁脱目难瞬，四蹄电逐摧群蛮。功成露奏报阙下，诏奖污血欢宸颜。时清无事勤鞭弭，大星忽陨前营里。故主恩深不忍看，马亦悲鸣长不起。龙媒浩气还太虚，金粟堆荒葬荆杞。留得丹青万口传，一心生死酬知己。吁嗟乎！尘海纷纷角斗蜗，太阿莫断巴丘蛇。安得银涛出神马，踏平蜃市归流沙。君不见铜马将军最娴雅，雷雨昆阳飞屋瓦。若教怯敌尚书生，愧煞云鞲汗流赭。思无疆，克勒马。

晚香玉

群玉山头话夙因，众香国里记前身。漫夸晚节秋容好，生小亭亭不染尘。

不须更刻丁零玉，何事浓薰甲煎香。天与名花作清供，碧窗消受晚风凉。

瑶池阿母诏亲裁，欲取琼枝傍月栽。丁嘱阿香诸姊妹，晚雷声动玉真来。

莫向飞琼问姓名，群芳谱里记难清。不嫌解佩相逢晚，好衬香罗叠雪轻。

贝阙瑶台有夙根，凉风旖旎荡花魂。晚来王俭簪斜插，一枕寒香玉渐温。

玉环花貌厌丰肥，亭倚沉香薄醉归。小立西风腰渐瘦，晚凉天气不胜衣。

才信温柔玉有香，绿云扰扰护秋光。水晶帘子休轻卷，为爱清芬助晚妆。

珊珊仙骨几生修，冰雪肌肤独感秋。幺凤收香飞不到，晚窗轻拂玉搔头。

几曾有玉淹荆璞，莫为无香怨海棠。高占群芳犹未晚，怒抽花箭傲秋霜。

净洗铅华玉露鲜，木樨开处日参禅。不虚相国黄花约，留得寒香晚更妍。

留别关中书院

卅年辛苦历名场，文字因缘总未忘。每听书声槐市里，似依灯火麓云傍。素心相与疑仍析，青眼高歌兴欲狂。伫望关西诸弟子，锦坊遥接四知坊。

省闱七度索花看，昔我功名鱼上竿。白璧终须邀特赏，青云几见误儒冠。旂常事业先求志，齑粥生涯莫厌寒。赢得吾侪厚期许，希文原是秀才官。

登坛旗鼓愧何能，契结苔岑得未曾。恕我朱蓝轻点窜，望君青紫尽飞腾。两年翰墨缘非浅，千古文章价有凭。此去并汾程不远，驿梅开处忆吟朋。

折柳依依灞岸西，眼波欲泪手分携。重来有约看鸿爪，话别无聊信马蹄。自笑宦囊添石墨，预期芳讯报金泥。回瞻骐骥皆千里，不负孙阳共品题。

青门留别八首

汾云相迓陇云留，自笑身如不系舟。西向城曾辞白马，_{平阳旧为白马城。}东来关复指青牛。敢将晋铁摩刑鼎，快拓秦碑纪胜游。惆怅故交今日别，灞桥烟柳不胜秋。

冠山堂启屋渠渠，容我鸠藏两载余。画一勉循筹饷策，宥三借读缓刑书。选钱也解怜刘宠，幞被何劳逐魏舒。留得廉泉兼让水，至尊亲赐小臣居。

载辕深处坐春风，儒雅咸推富郑公。愿爇瓣香称弟子，每听杯酒论英雄。五鸠幸领祥刑职，一鹗都归荐牍功。只恐虚名羊氏鹤，丹霄学舞尚难工。

同舟仙侣乐如何，交久情真论不苛。鸥为忘机人意洽，莺将出谷友声多。炎凉云散见肝膈，今旧雨来添啸歌。难得濒行重握手，劝加餐饭莫蹉跎。

汾阳赐第好亭台，临别依依首重回。苍藓尚留吟客迹，朱堂权搁酒人杯。_{《西都赋》："丰冠山之朱堂。"}鱼苗泛水竹新活，鹳井凌烟树旧栽。寄语南邻飞燕子，紫薇花放我应来。

星邮曾历五年前，策马西行看华莲。驴磨又寻陈迹返，鸿泥预订再来缘。渐惊尘鞚催年矢，添得囊书仗俸钱。回望城南天尺五，云山于我独缠绵。

平河此去阅前尘，姑射山光分外亲。竹马儿童年渐长，杖鸠父老话从新。莲池照影惭今我，藤榭谈诗有故人。_{平郡莲花池水利，为予领郡时疏浚。署中青藤书屋亦稍修葺，今辛阶同年仍居之。}犹是当时馋太守，渭川来往不嫌频。

汪伦潭水隔桃花，细雨偏迟送远车。_{是日送行者甚多，尚有阻雨到迟送至临潼者。}行旆匆匆迷晓色，旅怀琐琐忆天涯。强言小别原非客，久住长安转当家。为报征途鞍马健，早梅香里到京华。

题韩支百小照

身外身存且自看，书生骨相本清寒。披图问讯浑无语，难怪人呼铁耳韩。

梦里身从画里看，扪胸犹记篆吞丹。零金碎石雕镌遍，从此人间尽识韩。

答沈朗亭太史

名经遍订百千佛，名士咸宗六一公。贯月槎刚来剑外，采风车又指关中。华峰奇句君先问，蜀国新弦我尚同。添得秦云供纂组，可能分惠借邮筒。

知养恬斋诗钞　古近体诗卷二

壬寅元旦

绣衣归自凤楼东，隔岁春归腊雪融。日月光华逢复旦，河山表里被淳风。笙歌九郡天阊近，屏翰三关地势雄。愿向尧都携宝瓮，壬寅甘露洒来同。

廉车新试我何才，天语殷勤记楚材。貌岂增肥关道胜，官因旧治许重来。柳州晋问频搜讨，桐叶唐封自剪裁。寄语山南诸父老，春风似约客同回。

庆节刚祈玉局仙，<small>去腊十九日接署藩篆。</small>拜恩暂许摄旬宣。敢夸熟读三千牍，深愧知非卅九年。玉烛同心期协赞，金仓屡掌亦前缘。晋祠澄碧春波远，好泛浮提大愿船。

束笋文书阅苦辛，紫薇花下判花频。久将画饼嗤名士，未必维藩尽价人。棘手事多勤俭点，蓬心政拙仗咨询。和陶纵有髯苏句，只恐诗才拟不伦。<small>陶文毅公为晋臬时，即兼署藩篆。</small>

竹报传从春草堂，介眉雅咏集霓裳。日边捧檄怜毛义，竹里行厨寿伯康。韩圃簪花欣对酒，鼓城听雨忆连床。故山猿鹤应相忆，怀橘何时返陆郎。

访古重经三立祠，芙蓉洲渚忆当时。前朝废第槐龙茁，名宦遗踪竹马知。魏绛和戎空计利，祁奚举善自忘私。董狐直笔今应在，立马东风有所思。

柳色旗亭晓露沍，防边催送爪牙官。秦关铁骑声先壮，淮海奔鲸胆定寒。西旅傥陈君奭诰，南征遑据息侯鞍。通才谁是长沙傅，前席从容策治安。

分阴珍重看花时，快写宜春帖子词。得失流观秦晋史，俭勤先读魏唐诗。久依晓日瞻龙衮，远沐恩波恋凤池。郢客阳春何足问，皋夔赓和遍彤墀。

次韵寄周采三

印床花落篆初封，旧雨重来晤霁容。领郡仍烦白司马，克家还羡谢超宗。交情量海波千顷，真味书田禄万钟。消受濂溪好风月，瓣香亲切继芳踪。

一麾展骥尽空群，贤守风流远近闻。地控雄关资锁钥，诗来边塞更清芬。政行河朔张京兆，名重扬州杜司勋。手叠花笺迎马首，荀香官阁待重薰。

送周采三之任神武

山城坐拥小侯封，寂寞青云阮仲容。一自旌旗移北塞，顿教风雅盛南宗。清声早信边才裕，慧业都缘闲气钟。何幸仙舟偕李郭，两番尘海聚萍踪。

日边鵷鹭本同群，求友声和出谷闻。郡领股肱资伟抱，诗从肝鬲吐奇芬。专城暂展治安策，报国先垂翰墨勋。此去细侯新按部，篾骖风暖日微薰。

谒狄梁公祠

虞渊浴日转洪钧，唐室安危仗老臣。主器不教还玉帐，垂帘空复怨金轮。梦中双陆全无子，海内遗珠幸有人。鹦鹉摧残龙种在，梨花风雪暗回春。

狄村十里好烟岚，也似棠阴蔽芾甘。亲舍白云情未了，穷庐黄卷困何堪。军威一夕清河北，人望千秋重斗南。怪底生祠题处处，英雄肝胆佛同龛。

诘戎曾不侈边才，一疏烽烟靖九垓。恩结累囚犹涕泪，氛消妒女不风雷。恨诛佞幸无长剑，独剪淫祠付劫灰。到底孤忠天可鉴，锦袍镌字赐鸾台。

故乡鼎俎世怀恩，青史难磨柱血痕。未必武襄非远胄，更夸节度是文孙。黄台咏后重开国，白鹊飞来尚有村。酹向东风一尊酒，愿随桃李侍公门。

慰吕小沧刺史失火

匆匆小劫阅红羊，冰署无端火伞张。上客何须谈曲突，先生真合号纯阳。可能焚券开生面，不信论交忌热肠。差喜君苗留笔砚，寄来笺札尚琳琅。

未能灭灶学梁鸿，书画船头夜贯虹。顾恺幮间无宿墨，中郎爨下有焦桐。然眉定策何妨急，妙手能文不厌空。占得家人风火卦，吉祥云在日边红。

得小沧和诗，叠前韵奉寄

补牢底事怅亡羊，为政风流弛复张。蕉叶梦回犹卷雨，葵花秋老正倾阳。尽烧慧海禅师指，不恼苏州刺史肠。珍重阴何灰里拨，未焚吟草尚琅琅。

草堂依旧构卢鸿，对酒高歌气吐虹。无复赤乌惊户牖，即看丹凤翙梧桐。赢输宦局都尘劫，冷暖人情付太空。煨芋堆中清味永，漫劳埽叶惜残红。

三叠前韵寄小沧

字拟髯苏许换羊，况兼丽藻妙铺张。寒灰已辨昆明劫，暖律先回黍谷阳。点石再寻仙指爪，救焚还是佛心肠。者番火里莲开后，喜听云璈奏八琅。

青云直上羡鹓鸿，得路应成不霁虹。妙境犹留倒啖蔗，良才岂类半枯桐。荣邀管子三薰兆，渴甚相如四壁空。却笑罗虬无个事，替拈诗句比红红。

腴词妙比蹴蔬羊，引我琴心三叠张。举烛尚堪师郢客，焚书底事怨咸阳。官清不识金银气，才大难回铁石肠。一串招凉珠在手，美人投赠胜青琅。

快占饮食渐磐鸿，黄玉拚教化赤虹。烧薙纵无原上草，成云犹有水中桐。池鱼见厄非关涸，天马能行妙在空。莫听啼鹃怅春去，好花还待雁来红。

同舟良友乐相羊，来往人情纸半张。酒趣豪怜孔北海，诗情瘦爱沈东阳。然萁许学才人步，煨芋堪充宰相肠。漫道昆冈珠玉散，烬余仍得贡球琅。

重叠花笺付远鸿，襄阳吟兴寄垂虹。艰难事半成雕楛，侥幸名谁似剪桐。任性嵇康聊煅灶，中年殷浩莫书空。立功多在桑榆景，应胜天鸡唱晓红。

题崔正甫同年《北征草》，即送其之任朔平

一编警句记庚邮，崔颢诗名重鹤楼。好是谪仙难阁笔，塞云边月望悠悠。

雁门西去郁岩峣，沙漠宣威剑在腰。莫漫羁身水精城，蔚蓝天近快扶摇。

马邑龙堆取次经，一麾催送使臣星。村醪醉向明妃墓，洗净边尘草更青。

正甫刺代州，依前韵奉寄

往来忙煞寄书邮，妙手新成五凤楼。想得弓衣诗绣满，边风催送旆悠悠。

当年忠武踏嶕峣，羽箭犹擐猛将腰。谁似清时官按部，吟鞭只带落花摇。

五花判作度人经，卿月行天是福星。铭座重来崔子玉，讼庭芳草一帘青。

寄梅山朋旧

昔游东华顶，步上奎光阁。四围新绿簇晴岚，一塔巍然俯山郭。旧交久别欣握手，酒趣诗怀肆欢谑。春风回首十三年，出岫无缘返云脚。玉堂簪笔尚清暇，官烛治书更纷若。俗尘万斛浣未净，剩有吟笺填宦橐。何时飞度洞庭水，还我家山旧丘壑。故人昨日芳讯来，蓉岭新茶裹青箬。前尘如梦曳心旌，渴想茫茫感离索。人生聚散那得常，万里青天骞雕鹗。功名贪说勒钟鼎，著作犹惭拾糟粕。静念平生马少游，款段萧间意何乐。当年同学二三子，定有怀人诗间作。一椷遍为报平安，看取归舟载琴鹤。

偶　成

暑气澹无着，庭槐高接天。花新如欲语，石瘦不盈拳。簿领忙中课，吟怀悟后禅。迂拘谢干谒，容我北窗眠。

和钟葛民原韵

闻向空山抱石麟，绿蓑刚称稳垂纶。漫抛青草湖头月，远访杏花村外春。出谷自知莺有和，入笼翻恐鹤难驯。故园松菊寒香好，凉煞秋风待主人。

挽鹿依依隐鲍桓，神仙眷属别离难。满湖烟月催吟舫，万里风尘压绣鞍。愧我劳薪人事拙，得君把袂酒怀宽。奚囊近日无多字，检向灯前佐古欢。

功名贪说阁图麟，学钓空持独茧纶。负米只应娱爱日，滥竽岂解和阳春。梦酣浦淑鸥难狎，困久盐车骥亦驯。拟为淮王问鸡犬，怨他丛桂不留人。

当年仗剑气桓桓，旐鼓何知撼岳难。自抗尘容随宦辙，遂生髀肉阁吟鞍。蓬瀛侍从怀苏轼，湖海清狂羡范宽。强拂焦桐奏流水，钟期重晤快追欢。

重柬葛民

涉世真同在薮麟，吟鞭妙绪引纷纶。仙才欲傲李长吉，经术咸推并大春。纵壑巨鱼浑忘返，脱羁天马亦能驯。雄文只许相如敌，谁是元亭载酒人。

登坛牛耳执齐桓，郢曲弥高和更难。桐叶秋新闲点笔，樱桃节过缓归鞍。屈潭久住情波渺，晋乘初披眼界宽。刚对蓼花怀水国，是日始见蓼花。故乡重话有余欢。

题姜萼园前辈《柳桥访旧图》

题扇桥边春水绿，柳花漠漠摇初旭。五十年前此地游，画中人尚颜如玉。故乡如此好湖山，旧书可惜难重读。试问风前九烈君，知否光阴弹指速。先生昔从粤岭归，蕺山讲院依荆扉。会联兰渚曾三月，树种琅玕未十围。自从出作梁园客，梯云更献金门策。入洛清才羡陆机，怀卿旧梦忘庄舄。骢马巡行遍帝城，麟符再绾辞朝籍。回忆儿时共砚人，晨星落落蓬蒿宅。我闻新息侯，款段偕行念少游。又闻钱武肃，老树仍将新锦束。越鸟南枝恋故巢，几人富贵还邦族。先生本是多情人，逸少书传种果新。许身稷契事难竟，结伴游扬迹已陈。况有凤雏初振翮，楹书手授承先泽。披图指点旧家山，灯窗往事从头说。何时一舸入山阴，携汝会稽探禹穴。姜水千年尚姓姜，越人那不常思越。只今江国杂烽烟，东南半壁任谁肩。尽摅司马题桥愿，遑续枚乘赋柳篇。韦平勋业从容致，画锦行看增盛事。阳羡买田犹未迟，肯念当归忘远志。

莫毅农同年《定羌德政图》一、莲峰课士，一、棠舍赈民，一、渔人颂德，一、鸽署疗婴

琼岛峙东瀛，灵奇贯乾络。钟为命世英，膏泽被汾霍。有文在手碑在口，异才天为民求莫。不见鸭头水、凤皇山，儿童拍手笑，渔笛满溪湾。不见莲花峰、余粮石，儒士富文章，村氓盈粟帛。楼烦一角枕黄流，年来化作华胥国。我闻父老言，赖有贤使君。我民苦凋瘵，赈之发廪困。稻脂载野腹先果，坐令菜色回阳春。我民苦椎鲁，教之读丘坟。偕偕士子满黉序，芸香馥郁兰膏焚。我民困税敛，星罶嗟长贫。一闻使君来，涸辙苏游鳞。我民婴疾痛，鞠育空勤辛。一闻使君来，保赤完天亲。斯图不用写生手，绘在甘棠茇舍桃花村。昔我昭君燕市里，兰谱人夸大戊子。后我逢君蒲坂间，赞襄瘥政咸称贤。三刀渐移赤紧地，一鹗独骞青冥天。今我寻君又何处，涌云楼外驰芳誉。杜母慈晖遍比闾，宓子琴声静冰署。文翁石室盛风雅，夹漈流民戴和煦。古人伟绩

一身兼，泰岱云随雨来去。愿君五马快腾骧，黼黻河汉摘天章。仁看清瘦书生貌，画上凌烟更炜煌。

周雯楼同年以其叔曾祖野樵先生
乾隆年间所画兰竹索题，书此应之

喜气宜画兰，怒气宜画竹。握管纵横写性情，古香劲节森寒绿。一纸长留天地间，神清骨冷砭凡俗。当年画手数伊谁，襄阳耆旧渺空谷。小印镌题局外人，野樵先生此蘤轴。笔墨流传到耳孙，抱将遗藁深山读。我闻兰为众香祖，童蒙拾者增芬芳。又闻竹老自生孙，君子之泽流孔长。周南余韵被汉沔，草木尚留文字香。先生作画有深意，留伴醒石平泉庄。阮氏竹林北道外，谢公兰砌东山旁。累叶蕃条竞颜色，群从子弟皆成章。雯楼持此来花县，春风秋月开生面。君不见往时贡父从曾孙，什袭家书汇成卷。当作郑公遗笏看，此语千秋人艳羡。周必大《跋刘贡父家书》："吾友子和、子澄，公之从曾孙也，宝此数帖，非持如郑公之遗笏而已。"

乘槎图

送我天风海水之巨浪，坐我狮霄贯月之枯槎。冯夷骇怒倔佺喜出入，扶桑蒙汜无津涯。荡胸罗斗宿，炫目堆云霞。手揸仙人绿玉杖，足蹑太乙青莲花。人言张博望，丁年奉使情豪放。又言滨海人，浮槎八月来天上。岂知十州三岛在人间，瀛海周环地轴旋。坳望纤芥附群蚁，安必支机载石纷谈天。吾侪济川能作楫，俯仰乾坤占利涉。苍赤收归大愿船，莽荡沧溟浮一叶。不须卜肆访君平，何用骑鲸问明月。有水载舟防覆舟，全仗丹忱凛冰雪。客星即是福星留，一路澄波通帝阙。我亦乘槎锦水来，为君且进操舟说。

七月十八日晨起

新月挂古槐，曙光犹未烂。秋清漏始长，起坐夜过半。有如远行人，星饭仰河汉。携灯拥书读，雾气湿窗幔。忽忆儿时事，历历宛珠贯。修名立不早，岁月荒娱玩。抗颜走风尘，粗材疏炼锻。亲舍渺千里，定省缺昕旰。何如侍寝门，夙兴洒扫粲。出从童孺嬉，入听爷娘唤。举足无拘牵，扪心有严惮。念此增愧悔，拊膺背常汗。车声碾市尘，邻鸡鸣不断。耿耿赤子心，夜气留平旦。不寐怀二人，诵诗有余叹。安得反哺乌，故巢展飞翰。

题　画

小雨香催白菡萏，微风影飐红蜻蜓。满湖诗趣自超妙，借问放翁醒未醒。

蓼花红趁夕阳红，一片湖光绮丽中。忽忆江乡旧游处，黄鸡紫蟹更诗筒。

南湖一镜湛清华，窄袖伊谁自浣纱。画出美人香草意，聚头宫扇并头花。

送祁眉石之长子广文任

介山倾盖快重逢，百里弦歌化雨浓。结社愿依文潞国，垫巾群仰郭林宗。绾符我愧风尘面，橐砚君仍冰雪胸。太息王郎今宿草，程门无分再追踪。谓王生向薇。

春风桃李簇儒冠，都讲文章旧坫坛。天下脊原推上党，才人心岂在粗官。举贤合引黄羊例，课子新腾翠凤翰。笑指芹泉供薄采，桥门只当里门看。

依韵答陈两玉同年

河岳纵横笔阵奇，羡君飒爽擅英资。十科屡困橘皮榜，几卷新编花萼诗。醉眼有谁怜北阮，蛾眉多半妒西施。年来我亦风尘累，百足蚿惭一足夔。

琴剑飘然快远游，江山未免负黄州。鱼龙气摄重湖水，鸿鹄飞抟万里秋。偶遇邹枚欣献赋，尚嫌李郭未同舟。功名四十原非晚，王橡三公尚黑头。

龙媒骨相本权奇，凡马惊看绝世姿。王粲辞家多别绪，陆机入洛有新诗。昆冈玉出石堪借，泰岱云行雨渐施。独愧筝琶淹俗耳，难将钟律问苏夔。

不负才名是宦游，云山看到古并州。子由听雨曾连月，枚叔观涛正及秋。共羡登仙初得路，漫劳访旧更维舟。此行好遂封侯愿，投笔风流继虎头。

夜巡纪事八首

朔风刮面敝裘寒，街柝沉沉夜未阑。梁上惟防有君子，尘中无那困卑官。劳筋敢怨更筹永，促膝权贪斗室安。记得御园听漏箭，霜花浓染侍臣冠。

邪蒿欲斩剑光寒，秉烛闲游兴未阑。鼠窃恐贻心腹疾，鹯驱全仗爪牙官。莲花漏转良宵静，竹柝声清比户安。拟读阴符除五贼，宣威讵假豸为冠。

消受梅花彻骨寒，敝车羸马阅更阑。重门击柝缘防暴，三命循墙敢旷官。聊学戴星治单父，岂容卧雪傲袁安。为嫌剑佩人争识，子夏从新换小冠。

莠民几许迫饥寒，况值更严岁渐阑。玉汝免为无赖子，金吾原是有情官。六街遍阅风霜苦，万户同叨枕席安。何日萑苻清海岛，凌烟新画进贤冠。

挟纩温言借御寒，围炉小坐一灯阑。冰霜节后严风宪，星月光中聚冷官。未许龙声惊草窃，肯贪蚁梦到槐安。英雄事业看瓠史，求盗先弹竹箨冠。

联袂同冲九九寒，瓦盆种火酒初阑。氛消铜马逋逃薮，令饰花骢耳目官。尘踏软红双足健，操持坚白寸心安。鸣琴雅化期宵肃，舆颂何劳听范冠。

风传鼓角满城寒，鱼钥严扃似月阑。为抱热肠绥夏屋，漫将冷面怨秋官。游仙有愿招梅福，高卧无心学谢安。拔薤抱儿吾辈事，莫教辜负触邪冠。

红灯前马影荒寒，辛苦休嫌宦况阑。射虎何人惭醉尉，雕龙有客溷衙官。比闾差幸归绥辑，宣室还期策治安。却为干城思勇士，豭豚长剑灿雄冠。

示姚珊

七年辛苦涸风尘，吏事粗谙笔墨亲。将母未遑家万里，谋生无计客孤身。鹊桥拭目横天上，狼燧惊心隔海滨。何幸扬州二分月，团圞移照远游人。

慈帏今夕乐何如，花烛新谐比目鱼。远送香轮忘我老，替营妆阁待儿居。佣春庑下排鸿案，抱瓮田间挽鹿车。来岁宜男花事早，含饴先寄故乡书。

花烛词

小别家园近十年，天涯飘泊月难圆。那知慈母殷勤意，千里良缘借线牵。

海国风烟未有涯，江南回首倍思家。却教细柳营边月，催送夭桃陌上花。

并门风雪岁将阑，庑下依人作客难。差喜新缝合欢被，海棠睡稳不知寒。

纸阁芦帘暂卜居，款门新迓七香车。共夸南国佳人好，彼美西方总不如。

腊鼓声喧绛烛烧，彩鸾写韵付文箫。十分春色回寒夜，富贵花开本姓姚。

记阁文书束笋添，遑将好句咏香奁。今宵乍点鸳鸯谱，云笈先拈第一签。

辛苦长途首似蓬，画眉刚喜对青铜。牡丹新样扬州纂，才学梳头便不同。

不道离家忽有家，垂杨栖稳白门鸦。红莲移自秦淮水，开作他乡并蒂花。

连月慈云护锦鞲，今宵才敞合欢筵。下厨不待过三日，一路恩承阿母怜。

官阁东墙整敝庐，葛洪携偶似家居。明年慈竹生孙早，银鹿安排侍板舆。

依韵答陈庆覃

闲寻芳草怕春阑，郢曲传来和独难。岁莫怀人诗思健，酒酣斫地剑光寒。极怜填海疲精卫，苦望休兵语角端。才子长沙久漂泊，可能宣室奉宸欢。

顽石安能学补天，劳劳聚米为筹边。缓刑拟上温舒策，相士谁知越石贤。乡里未忘乘下泽，功名贪说画凌烟。何如并辔东华路，尊酒论文似往年。

癸卯元旦

响滴莲签漏转寅，晓依丹陛拜恩纶。三关地控唐风古，八伯云歌舜日新。桐叶成圭初报闰，椒花献颂早迎春。河山表里承天泽，露瓮流甘共饮醇。

玉烛同心燮鼎调，先春三日迓新韶。癸符未佩兵戈戢，卯印初铭瘴疠消。鸣凤朝阳谐谏鼓，浇萤捧海靖单椒。尧阶此日笙镛奏，赓拜雍容已格苗。

锦绣城开古太原，笙歌一路达薇垣。寻诗偶访丹霞阁，礼佛同登金粟园。福饮衢尊民自乐，书销刑鼎狱无冤。春风处处生机畅，赢得鸥鹏翩独骞。

挹爽高楼俯七峰，家园称祝百花浓。恩晖日益椿萱寿，化雨春滋桃李容。仕路驰驱感苞栩，故山迢递忆芙蓉。幸披豸绣添莱彩，携得天香自九重。

仲春廿八日，见斋方伯招同人游小五台，归途率成

莽莽黄尘日正暄，叩门老衲讶高轩。好风已熟梨花酿，福地闲寻金粟园。优钵有香寒未吐，铜弦无谱澹忘言。闻钟不为阇黎饭，暂借蒲团洗俗喧。

洞天小筑雨花台，坐揽河山亦壮哉。十里芙蓉半陈迹，一圭桐叶待新裁。偶逢苏晋逃禅去，便约文殊洗钵来。仙佛宰官原一例，此中未许着尘埃。

舍宅碑存记姓王，遥分阿育塔前香。昔贤尚剩吟诗社，我辈权登选佛场。世事几人醒梦幻，山名如此亦清凉。谈经莫厌广长古，冷面瞿昙有热肠。

斜日城南集孟韩，茶烟半榻久盘桓。借僧谈柄豁心目，嚼我梅花清肺肝。献佛诗应空俗谛，度人航待挽狂澜。春深预订重来约，金带围开好共看。

小五台七古

金粟古园好烟树，乃在并门咫尺城东南。并门车马似流水，名缰利锁无人间。花天酒地梦不到，碧空陡插清凉山。去秋载酒曾一醉，黄花笑我缘常悭。今朝出郭门，风日乃大好。送客过虎溪，迂途约探讨。高咏联五君，斋厨借一饱。古洞幽花不见春，连日春寒花亦恼。颇似青莲豪放人，不肯孤吟类郊岛。我闻文殊院、洗钵池，五台之胜雄西陲。兹山要妙得形似，空王法乳流旁支。前明方伯旧乡里，杰阁玲珑傍云起。别业营成人已倦，此园寥落归藩邸。石槐亭毁锦云空，丛桂轩颓香雪委。何处重寻觞咏人，断桥土蚀无流水。物换星移三百年，荒城一角枕寒烟。牧童樵子自歌啸，梵呗销沉兜率天。吾侪宦海如萍寄，苍莽乾坤贮胸次。唾手犹堪缚毒龙，举头恨不攀天驷。酒酣耳热一起舞，慧刀要借天魔试。阁中时有病维摩，讶我狂言真好事。古来多少振奇人，幻相空花了文字。登台目送归飞鸦，一杯酹汝天之涯。愿浇火宅熄乾焰，大千世界尽涌青莲花。且参金粟佛，证取前生果。共济同乘般若船，合是灵缘结香火。回望山门夕照斜，上有吉祥云五朵。

得陆稼堂太守和诗，叠前韵奉酬

久将尘事涸寒暄，局促浑如鹤在轩。香界自来堪结社，江都原不碍窥园。偶登上座味禅悦，大喜入门多笑言。一缕佛香清五蕴，始知城市亦非喧。

荧荧明镜本无台，跌坐忘机亦快哉。煨芋恰逢新火活，寒花犹待晓风裁。蓬山旧侣欣重晤，金粟前身似再来。大愿有船谁作楫，各凭根性效涓埃。

陈芳国里谒诗王，的的重拈一瓣香。法界华严参慧业，浮生傀儡笑名场。目游尽揽云山胜，心净能回火宅凉。检点茶经邀陆羽，又添文字润枯肠。

学画犹惭弟子韩，敢夸扪虱座惊桓。评诗有客题蚕尾，焚砚教人愧马肝。禅磬乍闻如梦觉，朋欢不竭是情澜。裁笺更欲贻桑苎，请当拈花一笑看。

三叠前韵

花怯春寒宛负暄，看花人亦偶停轩。几生修到众香国，小憩幸来离垢园。竹径闲闲龙不吠，松阴漠漠鸟能言。老僧似识曾游客，快听云堂笑语喧。

愿持半偈礼蜂台，默为能仁视善哉。世味谁能如雪淡，衲衣我欲借云裁。适寻柿叶读书处，便取桃花作饭来。纱帽隐囊好将息，不教心镜染纤埃。

风流凭吊小秦王，锦绣城边草自香。百战销沉名将垒，三河倾倒少年场。茫茫陈迹沧桑改，寂寂空门水月凉。剩有黄鹂解求友，似添鼓吹助诗肠。

仙才那敢步苏韩，闲倚胡床笛弄桓。乍入匡庐窥面目，叠披古锦见心肝。诗瓢共挂寻丹壑，佛海遥深望紫澜。他日纱笼留好句，木兰花放待同看。

四叠前韵

吹遍番风旭照暄，客来霞举亦轩轩。共寻佛图无遮境，似胜温公独乐园。砚北诗催三叠韵，剑南集是一家言。懒云窝畔添酬唱，听到钟鱼不厌喧。

雁塞迢遥接五台，葱葱郁郁气佳哉。旃檀地又开新境，蔬笋诗应有别裁。禅味闲中频领取，佛云天外似飞来。花猪竹䑕供清馔，便觉名山绝点埃。

那得听经礼鹿王，哑禅参遍木樨香。续灯愿睹光明藏，橐笔先开翰墨场。花影满庭初放定，松风半榻自招凉。尽倾桶底楞严水，净洗平生冰雪肠。

漫夸抱杜更尊韩，第颂才犹愧酬桓。楮墨空劳续貂尾，盘餐应笑累猪肝。喜君特建毫端塔，引我重翻舌本澜。莲社从今侣修静，他年传作画图看。

五叠前韵

新词妍似百花暄，众美浑难辨轻轩。芳宴已过挑菜节，闲情犹恋给孤园。诗禅早悟僧齐已，壮采还超杜审言。凤有灵缘结香火，斋鱼粥鼓尽忘喧。

春风啜茗上平台，命耎经营信美哉。酒对杏花红欲醉，诗题蕉叶绿亲裁。形骸放荡皆真意，面目清醒认本来。一笑袈裟了无垢，不劳竖拂埽浮埃。

敢将翰墨拟卢王，梵策新题字句香。法界精严堪远俗，词坛游戏偶观场。屡听莲箭三商换，共借松寮一枕凉。扰扰尘踪飞不到，何须慧剑剖鱼肠。

珍重双环屡赠韩，廷珪差喜识张桓。才高合让居龙首，言小深惭切虮肝。乍到宝山欣蜡履，曾经沧海快观澜。报章急就难成锦，漫作郇云五朵看。

六叠前韵

诗情俊逸拟陈暄，好句贻从味谏轩。何幸芝兰久同室，况逢桃李会芳园。捶琴柳恽通音乐，梦笔江淹妙语言。愧我粗才甘獭祭，趁鱼几度笑溪喧。

金粟香中佛影台，前贤薙草记初哉。红羊小劫归零落，白马残经仗剪裁。灯续枝枝传净业，花开叶叶现如来。打包衲子新持钵，愿拾禅门饭里埃。

待从灵隐访宾王，禅伏诗魔有慧香。吐凤雕龙难逐队，斗鸡走马暂登场。蒲牢乍吼神先旺，槐火微吟梦亦凉。不二门中参觉路，太行何待绕羊肠。

千秋国士共推韩，文阵如逢九合桓。附骥有怀书纸尾，屠龙无技剖潜肝。诗龛逸韵频催钵，墨沼余波强助澜。争奈颜高才力弱，弓衣绣出怕传看。

七叠前韵

小雨初收润复暄，快联新咏埽闲轩。记曾低首菩提树，更待游心竹素园。妙相微参三十种，道书拚写五千言。羡君文笔真鸣凤，贺世浑忘众鸟喧。

宛似庐山般若台，黄花翠竹意悠哉。上乘妙境难圆觉，大块文章待取裁。杰句探喉忽飞出，禅机信手任拈来。题名疥壁嫌多事，免费山僧袖拂埃。

杯酒曾经醑酿王，至今荀座尚留香。传抄佳客新诗本，倾倒才人古战场。花径行吟频往复，松关回望转沧凉。风流愿续梅花赋，锦绣心原是石肠。

陈编漫数鲁齐韩，高咏龙山气压桓。险斗尖叉诗练胆，芒生竹石酒侵肝。听经未必嫌鹅傲，选字方知愧鸟澜。连日手凭薇露浣，相章传到当花看。

八叠前韵

政如赵日早流暄，引我双眉喜欲轩。难得悬蒲自官阁，刚逢赋柳会梁园。看牛露地通三昧，倚马金门富万言。怪底细侯新到日，筱骖迎去一城喧。

熙熙人似上春台，韶景暄妍信富哉。花影幢幢莺欲语，条风剪剪燕初裁。涕垂待向寒山拾，颐解恰逢匡鼎来。笑指并门名利客，轮蹄终日碾红埃。

似敲铜钵竟陵王，坐久心清领妙香。玉版禅应修净土，金壶墨恰润词场。不虚惠远东林约，共试陶潜北牖凉。正是旗枪开社后，快拈新韵日搜肠。

刑书我久薄申韩，骢马何须共避桓。软似兜罗知佛手，坚如铁石慕忠肝。能忘结习花无着，默监澄怀井不澜。漫说西来埽文字，雪鸿留爪待重看。

忆晋祠十首

环翠亭前水，滔滔接雁丘。烟横唐代树，云认汉时秋。昔我并门别，停鞭半日留。苍茫怀古意，旧梦激闲鸥。

晋水渺然去，唐风尔许淳。嘉禾归弱弟，桐叶锡冲人。脉脉同源意，蓬蓬太古春。如何汾泽上，出没有参辰。

沉灶隔千载，池蛙不复鸣。一丸艰保障，三版扼孤城。泉石无今古，烽烟几战争。英风怜国士，流恨尚吞声。

荒草隋宫没，真人起褐裘。白旗招义士，黄钺洗龙湫。社稷戎衣定，文章片石留。女郎祠畔月，曾照帝王游。

涨满台骀泽，崩腾灌晋汾。金戈刘汉垒，天水赵家军。鱼釜怜孤注，龙山隐战氛。望川亭上望，残堞委斜曛。

见说李供奉，春风此旧游。青云怀北阙，碧玉指东流。才大世难用，诗名今尚留。更谁沽浊酒，放眼小齐州。

水次开榆社，椒浆祀七贤。英英千载望，落落几人传。订入文晶籍，羞之善利泉。摩挲四铜狄，铭俏勒兜鞬。

悬瓮名何古，搜奇伯益经。泉飞寒甃碧，山接太行青。龙虎蟠幽洞，鸥凫戏远汀。忘机问濠濮，照影亦清泠。

古柏森千尺，岩扃永昼闲。流杯依佛界，涌雪出人寰。洗砚鱼争唼，听经鹤自还。断碑人懒拓，绣遍藓花斑。

三载长安住，缘悭调水符。远怀濯缨处，待续点茶图。笠屐身难暇，云山兴不孤。何时刘梦得，花再看元都。

难老泉

昔游酒香山，洞庭波浩渺。似闻天帝醉，广乐张苍昊。俯摘绥山桃，更探东海枣。既乃眷西顾，悬瓮向空倒。流作晋山泉，使民增寿考。晋民饮之喜，嘉名锡难老。妇孺餍天浆，酣嬉环富媪。后有赵简子，泉源略探讨。七日醉钧天，病起颜美好。惜哉嵇叔夜，形容太枯槁。性懒少仙缘，石髓餐不早。人生慕嗜欲，天真苦难葆。何如廉让间，澄怀常皎皎。我愿洁此泉，灌输遍八表。笔以长生蕨，饭以重思稻。尽使中天民，衢尊置中道。分注宝露瓮，鼓腹乐熙皞。敢学汉阴人，灌园瓮空抱。敢学毕吏部，瓮眠贪软饱。作诗贻山灵，愿言拾瑶草。

奉圣寺舍利塔

瓮山青不断，一柱卓巍然。影现觚棱峻，光含舍利圆。铎铃烟外语，蝼蚁缝中天。般若眼谁识，云根涌梵莲。

题陆稼堂太守《南湖垂钓图》

稼堂先生辗然笑，学稼不成权学钓。十亩休夸桑者闲，一竿且任渔家傲。桃花水、杨柳烟，蕉衫箬笠瓜皮船。江湖风月闲者便为主，买山岂恨囊无钱。我闻天随子，自在天中钓筒理。又闻桑苎翁，苕溪渔隐传高风。昔贤放荡有真乐，南湖烟水将毋同。既作南湖图，还与南湖别，客星不见见卿月。万里方乘破浪风，孤舟漫忆寒江雪。何事春风旧钓滩，形影依然脱羁绁。不知才人意钓非空钩，调燮元气成虚舟。倘非巨手布纲纪，只恐鲸鲵变幻蛟龙愁。先生本是钓鳌客，坐理丝纶情脉脉。十洲三岛贮胸中，养鱼经是治安策。泛宅何心效志和，投竿直欲招龙伯。即今贤使君，庭畔有悬鱼。能谢阳鱎刊治谱，那须笠泽著丛书。流水令行传处处，一琴一鹤清尘虑。回首南湖举钓时，梦魂尚欲随鸥鹭。仰揭珊瑚竿，俯拾朱丝绳。天光云影共容与，鲲鲽尽啖长生蘋。何怪并门十万户，买丝欲绣图中人。他时绿野堂开后，合继农书注钓经。

依韵答李少青同年

南湖西岭隔千里，惜抱分襟近十年。琴鹤舟难回赵抃，瓜牛庐欲访焦先。浮沉每滞泥金帖，问讯翻劳软玉笺。不信别来官况冷，照人冬日蔼黄棉。

岳麓云寒湘水深，旧游重诘泪难禁。春风一日看花愿，夜雨三年刻楮心。骐骥争夸新得路，鹡鸰犹记共巢林。那知赋献长杨后，劳燕东西直到今。

说剑论诗事本殊，军书忙到董江都。破除虎穴兵戎气，管领鳣堂礼器图。刚喜蓬池振雄笔，不堪沧海问遗珠。枯槎却被回风引，毕竟神山路有无。

京华萍聚首重回，苏李同心句共裁。梯月羡君雄顾盼，栈云忙我陟崔嵬。鹤粮田少难为客，骏骨台荒负此才。送别更添儿女泪，津门惆怅片帆开。

仍栽桃李作春温，暂屈飞黄服短辕。地有莺花堪遣兴，俸分鲈菜亦知恩。买湖贺监身难乞，挟策张仪舌尚存。坐揽风涛念廊庙，苍茫心事向谁论。

结习年来我未除，一帘花影半床书。墨痴自笑张长史，风宪常怀宋太初。儿懒字犹知爱鹜，官贫釜尚欠生鱼。草元也悔杨雄拙，覆瓿浮词百不如。

添得刘郎去后思，桃花仍补再来诗。鸿毛遇顺飞应易，蜗角争名笑亦痴。草长圜扉减秋谳，麦肥平野畅春祺。闲中悟得方圆理，宦局劳劳似看棋。

计车何日赴长安，预祝蓝衣九烈弹。选佛勉为行脚衲，拥书原胜折腰官。春园赋柳推枚叔，夜榻然松累顾欢。我是曾经沧海客，钓鳌不信谪仙难。

烟楼冲破太匆匆，冷眼观场怕热中。梅福求仙终俗吏，苏瑰有子是文雄。玉溪集订花联萼，石鼓声希杖叩桐。莫怪东坡老居士，却将馋客笑文同。

秋波袅袅泛青蘋，隔岁书来慰远人。荷叶湖边离别梦，梅花笛里苦吟身。莺将出谷风俱韵，鸥为寻盟水亦亲。今日思乡心欲醉，一杯遥酹洞庭春。

题《孙忠靖公遗像遗诗卷子》卷中诗十一首，皆咏五台诸胜迹。公之裔孙持赠焦笠泉同年，笠泉摹公遗像，裱为一轴

潼水云寒将星厄，浊浪崩腾淘恨血。雁门不见老尚书，胜国河山顿灰灭。燔火消沉骨未归，二百年来泪空咽。我曾驱马出雄关，想像须眉照冰雪。何意披公图，复得读公诗。公图凛凛有生气，公诗落落无枝辞。清凉石、狮子窝，修斋味禅悦，对弈招维摩。东台南台恣幽讨，卧佛立佛供摩挲。若使当年空山寂历竟终老，谁识英雄肝胆埋烟萝。白莲贼起被朝命，黑水峪始执雕戈。平台诏赐尚方剑，誓埽陇右清幺麽。既解玉寨围，复雪柿园耻。火车三万破空飞，秦豫奇功照青史。淫霖黯惨天忽愁，雀鼠城空夜唱筹。哥舒暂驻入关马，葛相难驱转饷牛。传来羽檄突催战，枭獍纵横麟凤贱。挥刀莫断月氏头，浴血惊看先轸面。阖门化碧葬重泉，复壁遗孤留一线。冥冥赍恨诉高皇，桃林塞外沧桑变。吁嗟乎！亨九落寞松山哀，延陵逆焰终蒿莱。何如忠魂毅魄在天壤，丹青颜色日月长昭回。握拳透爪剩遗墨，破贼雅擅平原才。愿携此卷刻山骨，佛云缭绕文殊台。只今勾注峰头月，定有灵旗夜往来。

曹太保行

男儿不能杀贼立功牖下老，陶土沉埋空草草。雁塞龙堆边月寒，广牧英名迹如埽。马革归魂破庙存，士女犹谈曹太保。噫嘻太保心似铁，仗剑秦关眼流血。有明末造半尘土，誓挽日车回覆辙。发迹始辽左，转毂经河汾。虫沙卷地地无色，忠义薄天天不闻。咄哉南原役，争传太保死。城上白旂悬，貔貅困封豕。横矛跃马突飞出，一鼓幺麼歼水涘。首功三万六千六，大树将军徒尔尔。南箕贝锦太纷咳，荐牍枉劳张御史。惟闻士民语，军中有一曹。威名满天下，西贼心胆摇。尔时大曹小曹并烜赫，直与韩范功同高。湫头镇前大星殒，援绝粮空势齑粉。太保请行目眦裂，生戴吾头愧延颈。靴刀巷战血淋漓，白日无光照幽愤。从此中原事尽非，君王手诏泪沾衣。鸰原憔悴忻州失，驹齿摧残杏岭围。一门碧血流青史，九十九泉空落晖。吁嗟乎！松山哀、梅花岭，前代忠奸久同尽。二臣档子尚烟销，百战奇功更灰冷。云中遗裔近衰微，栌栱荒凉秋草肥。何当旧史南狐笔，重写关西破贼碑。

送王翰城之永宁

昔我出为郡，思君如慕仙。来观吕梁碣，忽掉米家船。风雨卅年梦，云山三晋缘。一州逾斗大，公暇枕书眠。

柬陈小韩

华菊纷开造榜天，并门得意阁征鞭。澄心力瘁三条烛，脱口文成万选钱。博浪椎空怜往日，探花宴熟待明年。从今不作希夷睡，预办春风步八砖。

重　九

苹笙听彻鹿鸣筵，径上城南尺五天。河岳英灵贮胸次，汉唐秋色在眉边。菊花社好邀佳客，桂子风忙散列仙。我亦凌云欣奏赋，一车桐叶是吟笺。

苗傻子行

苗傻子，非佛亦非仙，不农亦不士。絮帽棕鞋百衲衣，一笑忘机走城市。肩插拾遗骸，肘筐收败纸。路逢豪贵掉头去，饦粟给钱乌足齿。敝庐弃置薄田荒，五六十年穷不死。双眸未识一丁字，性命相依独文史。每值秋风榜发天，惊喜雷颠问青紫。我闻张憨子，佯狂邋遢东坡喜。又闻懒残子，煨芋堪陪邺侯李。人生各自认根性，醉梦膏粱殊可鄙。惟有谭忠说孝心，妇孺环观口常哆。游戏红尘亦偶然，瓜牛庐畔形先委。混沌长留蝙蝠精，蟫鱼遍蚀神仙髓。一朝玉箸化城隅，蝉蜕污泥竟如此。剩有三生翰墨缘，遗图尚许随槎使。我所思，苗傻子。

再　题

我爱刘伯伦，荷锸携酒榼。我爱韩熙载，托钵披破衲。心随仙佛游，迹许屠沽杂。万事本空花，一芥须弥纳。东海有奇士，身似孤栖鸽。形骸任肮脏，风雨禁纷遝。不受世网拘，那计朋簪盍。夜静守牛宫，枯坐维摩榻。清晨出门去，村墟历周匝。或拾泥中字，生恐墨云踏。或掩路旁骸，深怜朝露溢。有时醒痴聋，好语粲噂諮。劳劳数十年，老态渐颓沓。生计立无锥，浮华嚼同蜡。甘随海上蜻，不作篮中蛤。酒肉亦菩提，酣嬉忘伏腊。问君底事忙，仰天笑不答。倘遇苏长公，应呼无缝塔。

菊花十绝

前岁青门菊满栏，花时催我上征鞍。西风未许诗情减，又送寒香几度看。

黄鸡紫蟹逼重阳，连日空斋分外凉。赖得此花香有骨，主持风气傲秋霜。

一串青铜价不赊，瓦盆瓷斗竞横斜。宦囊我比渊明富，不恨无钱对菊花。

铸就黄金仗化工，繁霜战退似春风。菊甘薏苦谁能识，只道秾华与众同。

软红飞不上窗纱，书窟纷编隐逸花。到底热官须冷做，能翻新样是行家。

好对名花日品诗，冷香寒艳少人知。却嫌菊不如人澹，也有心花怒发时。

山枢蟋蟀俗淳良，补缀唐风宦味长。我是闲官闲不得，半分工课替花忙。

花底闲斟益寿杯，心脾冷沁句新裁。军持一勺清无滓，便似
郫泉县里来。

秋灯影照醉杨妃，拂槛浓香不厌肥。翻笑黄花比人瘦，夜寒
珍重护罗帏。

四壁花深屋似船，判花已了对花眠。放翁菊枕新添制，构就
柴桑小洞天。

夜　巡

曾受穷檐苦，心常凛晏安。步随明月远，面触朔风寒。岁晚
防多盗，身闲敢旷官。可怜唐魏俗，生计实艰难。

答焦笠泉同年

强将杯酒泥行期，惜别深情蜡泪知。贯月槎还空载石，涌云
楼过尚留诗。孟韩角逐离偏远，嵇吕心交晤恐迟。剩有旗亭传唱
句，替拈红豆寄相思。

古驿梅花驻马看，重劳传札劝加餐。三年化雨流胶序，一卷
唐风上史官。人愿登龙投足易，士多如鲫得心难。宦囊莫笑清于
洗，拚作挥金管幼安。

天门南上几由旬，回首云山顾盼频。汾水难留归去雁，绛河
争问过来人。目营石墨装盈橐，手校芸编富等身。归向蓬壶忆畴
昔，仙心犹是恋红尘。

驽马驰驱不计程，十年我悔隔瑶京。欣逢旧雨谈心切，转觉浮云过眼轻。韩篆笑吞常入梦，江花赠别更多情。何时五斗听雄辩，重踏金鳌顶上行。

赠观澜

宦海难停不系舟，访君星市独淹留。囊琴自愧赵清献，款段常怀马少游。朋友谊忘千里隔，弟兄缘是几生修。临行更指桥头水，无限桃花荡客愁。

西风策马入关来，一笑看云首重回。班草不忘前度约，灯花喜为故人开。替支薄俸偿书债，代挹廉泉付酒杯。何幸于今汾水上，雁行比翼尽徘徊。

知养恬斋试帖 道光甲辰刊

王杰成　点校

知养恬斋试帖　题解

一官一集　《南史·王筠传》："筠自撰其文章，以一官为一集，自洗马、中书、中庶子、吏部、左佐、临海、太府各十卷，尚书三十卷，凡一百卷行世。"

一琴一鹤　《宋史·赵抃传》："知成都，以宽为治，蜀民大悦。神宗立召知谏院，及谢，帝曰：'闻卿匹马入蜀，以一琴一鹤自随，为政简易，亦称是乎？'"

到处聚观香案吏　苏轼《舟行至清远县，见顾秀才，极谈惠州风物之美》诗："到处聚观香案吏，此邦宜著玉堂仙。"

文章旧价留鸾掖　《唐摭言》："宝历中，杨相嗣复具庆下继放两榜。时先仆射自东洛入觐，嗣复率生徒迎于潼关。既回，大宴新昌里第，诸生翼坐，元、白俱在，赋诗，唯杨汝士诗后成，最佳，元、白叹服。汝士醉归曰：'吾今日压倒元、白。'其诗警句云：'文章旧价留鸾掖，桃李新阴在鲤庭。'"

文章为德行弟　《抱朴子》。

诗书至道该　程行谌《奉和圣制送张说上集贤学士赐宴》诗："象系微言阐，诗书至道该。"

铜似士行　《汉书·律历志》："铜之为物至精，不为燥湿寒暑变其节，不为风雨暴露改其形，介然有常，有似士君子之行。"

云气多寿　段成式《酉阳杂俎·广知篇》："山气多男，泽气多女，水气多喑，风气多聋，木气多伛，石气多力，险阻气多瘿，暑气多残，云气多寿，谷气多痹，丘气多尪，衍气多仁，陵气多贪。"

今夕止可谈风月　《南史·徐勉传》："勉居选官，尝与门人夜集，有虞嵩求詹事五官，勉正色答曰：'今夕止可谈风月，不宜及公事。'时人服其无私。"

爱看明月自钩帘 李孝先《庐州城西长安寺》诗："独立春风犹问马，爱看明月自钩帘。"

露似珍珠月似弓 白居易《暮江吟》："可怜九月初三夜，露似珍珠月似弓。"

最难风雨故人来

雪月花时最忆君 白居易《寄殷协律》诗："琴书酒伴皆抛我，雪月花时最忆君。"忆江南旧游。

282

闻钟为日 东坡《日喻》："生而眇者不识日，问之有目者。或告之曰：'日之状如铜槃。'扣槃而得其声，他日闻钟，以为日也。或告之曰：'日之光如烛。'扪烛而得其形，他日揣籥，以为日也。"

以雷鸣夏 韩愈《送孟东野序》："维天之于时也亦然，择其善鸣者而假之鸣。是故以鸟鸣春，以雷鸣夏，以虫鸣秋，以风鸣冬。"

一雨三日 苏轼《喜雨亭记》："一雨三日，伊谁之力？"

天雨洗兵 《说苑》："武王伐纣，风霁而乘以大雨。散宜生谏曰：'此非妖与？'王曰：'非也，天洗兵也。'"

四更山吐月 杜甫《西阁咏月》："四更山吐月，残夜水明楼。"一见苏轼《江月五首》："四更山吐月，皎皎为谁明。"

半帘花影月三更 成廷珪《春夜》诗："敲缺唾壶眠不得，半帘花影月三更。"

劝耕曾入杏花村 苏轼《朱陈嫁娶图》诗："我是朱陈旧使君，劝耕曾入杏花村。"耕，一作农。

谁家新燕啄春泥 白居易《钱塘湖上春行》诗："几处早莺争暖树，谁家新燕啄春泥。"

绿杨宜作两家春 白居易《欲与元八邻先赠以诗》："明月好同三径夜，绿杨宜作两家春。"

潭静秋新　王勃《九成宫东台山池赋》："峰深夜久，潭静秋新。荷抽水盖，薜引山茵。"

以虫鸣秋　见前。

桐间露落　庾信《小园赋》："桐间露落，柳下风来。"

蟋蟀俟秋吟　王褒《圣主得贤臣颂》："蟋蟀俟秋吟，蜉蝣出以阴。"

秋山如妆　郭熙《山水训》："真山之烟岚四时不同，春山淡冶而如笑，夏山苍翠而如滴，秋山明净而如妆，冬山惨淡而如睡。"

已凉天气未寒时　韩偓《已凉》诗："碧栏干外绣帘垂，猩色屏风画折枝。八尺龙须方锦褥，已凉天气未寒时。"

刘郎不敢题糕字　宋祁《九日》诗。《邵氏闻见录》："刘梦得作《九日》诗，欲用'糕'字，以五经中无之，辄不复作。故宋祁《九日食糕》诗云：'刘郎不敢题糕字，虚负诗中一世豪。'"

蒹葭霜冷雁知秋　陈雷《自城东复向感化旧居》诗："橡栗树空猿叫夜，蒹葭霜冷雁知秋。"

木落又添山一峰　陆游《晚眺》诗："云归时带雨数点，木落又添山一峰。"

河润九里　《后汉书》："郭伋拜颍川太守，帝劳之曰：'贤能太守，去帝城不远，河润九里，冀京师并蒙福也。'"

凿井而饮　《帝王世纪》："尧时有老人击壤而歌曰：'日出而作，日入而息，凿井而饮，耕田而食，帝力何有于我哉！'"

如水如镜　张蕴古《大宝箴》："如衡如石，不定物以限，物之悬者，轻重自见；如水如镜，不示物以情，物之鉴者，妍媸自生。"

檐直倚而妨帽　庾信《小园赋》："檐直倚而妨帽，户平行而碍眉。"

绿杉野屋　司空图《诗品》："沉着：绿杉野屋，落日气清。脱巾独步，时闻鸟声。"杉，一作林。

活水清围容膝屋　元许有壬《次和弟可行赴圭塘》诗："活水清围

容膝屋，新篁高出及肩墙。"

夜棋留客竹斋寒　王禹偁《赠朱学士》诗："雨屐送僧莎径滑，夜棋留客竹斋寒。"

子贡墙低甫及肩　唐诗："陶潜室小堪容膝，子贡墙低甫及肩。"

夫子之墙　《论语》。

君子怀刑　《论语》。

射使人端　《淮南子·说山训》："登高使人望远，临深使人欲窥，处使然也。射者使人端，钓者使人恭，事使然也。"

画者谨毛　《淮南子》："画者谨毛而失貌。"注：谨悉微毛，留意于小，则失其大貌。《文心雕龙·附会》："夫画者谨发而易貌，射者仪毫而失墙，锐精细巧，必疏体统。"

道在瓦甓　《庄子·外篇·知北游》："东郭子问于庄子曰：'所谓[道]，恶乎在？'庄子曰：'在蝼蚁。'曰：'何为其下耶？'曰：'在稊稗。'曰：'何为其愈下耶？'曰：'道在瓦甓。'"注：言道无所不在也。

铜斗铁尺　《隋·赵煚传》："冀州俗薄，市井多奸诈，煚为铜斗铁尺置之于市，百姓便之。"

荷甑成云　班固《西都赋》："沟塍刻镂，原隰龙鳞。决渠降雨，荷甑成云。"

稻陇泻泉声　白居易《早发楚城驿》诗："过雨尘埃灭，沿江道径平。月乘残夜出，人趁早凉行。寂历闲吟动，冥蒙暗思生。荷塘翻露气，稻陇泻泉声。宿犬闻铃起，栖禽见火惊。晚晚烟树色，十里始天明。"注：《太平寰宇记》："贞观八年，废楚城县，归浔阳。详其地，即旧属柴桑。"

满山楼阁上灯初　元稹《重夸州宅旦暮景色，兼酬前篇末句》诗："绕郭烟岚新雨后，满山楼阁上灯初。"

短檠二尺便且光　韩愈《短灯檠歌》："长檠八尺空自长，短檠二尺便且光。黄帝绿幕朱户闭，风露气入秋堂凉。"

懒残煨芋　《李泌传》："泌在衡岳，有僧名瓒，号懒残，泌察其非

凡人，夜往谒之，攒发火芋啖之，曰：'勿多言，领取十年宰
相。'"牟巘诗："炉头煨芋火，相对各欣然。"

庚亮登南楼 《晋书》："庾亮镇武昌，诸佐史殷浩之徒乘秋月夜共
登南楼。俄而亮至，诸人将起避之，亮曰：'诸君少住，老子
于此，兴复不浅。'遂据胡床共坐，谈咏竟夕。"

旗亭画壁 唐薛用弱《集异记》："开元中，诗人王昌龄、高适、
王之涣齐名。一日，天寒微雪，三诗人共诣旗亭，贳酒小饮，
忽有梨园伶官十数人登楼会宴，俄有妙妓四辈寻续而至。昌
龄私相约曰：'我辈各擅诗名，每不自订其甲乙，今者可以密
观诸伶所讴，若诗入歌词之多者，则为优矣。'俄而一伶拊节
而唱曰'寒雨连江夜入吴'云云，昌龄引手画壁曰：'一绝
句。'寻又一伶讴曰'开箧泪沾臆'云云，适引手画壁曰：
'一绝句。'寻又一伶讴曰'奉帚平明金殿开'云云，昌龄又
引手画壁曰：'二绝句。'之涣自以得名已久，因谓诸人曰：
'此辈所唱，皆巴人下里之词耳。'因指诸妓之中最佳者曰：
'待此子所唱如非我诗，吾即终身不敢与子争衡矣。'须臾，
双环发声则曰'黄河远上白云间'云云，之涣即揶揄二子曰：
'田舍奴，我岂妄哉！'因大谐笑。诸伶不喻其故，皆起诣曰：
'不知诸郎君何此欢噱？'昌龄等因话其事，诸伶竞拜曰：'俗
眼不识神仙，乞降清重，俯就筵席。'三子从之，欢醉竟日。"

织帘诵书 《齐书·沈骥士传》："骥士少好学，家贫，织帘诵书，
口手不息。"

近来诗思清于水 陈陶《答莲花妓》诗："近来诗思清于水，老去
心情薄似云。"

兴酣落笔摇五岳 李白《江上吟》："兴酣落笔摇五岳，诗成笑傲
凌沧洲。"

奴爱才如萧颖士 陆游《先少师宣和初有赠晁公以道诗云：奴爱
才如萧颖士，婢知诗似郑康成。晁公大爱赏。今逸全篇，偶
读晁公文集，泣而足之》："仕不逢时勇退耕，闭门自号景迂

生。远闻佳士辄心许，老见异书犹眼明。奴爱才如萧颖士，婢知诗似郑康成。早孤遇事偏多感，欲续残章泪已倾。"

婢知诗似郑康成　见上。

诗就还随驿使来　王安石诗："政成合遣邦人咏，诗就还随驿使来。"

桃笙　《吴都赋》："桃笙象簟，韬于筒中；蕉葛升越，弱于罗纨。"注：桃笙，桃枝簟也。吴人谓簟为笙。

瓶笙　苏轼《瓶笙》诗引："庚辰八月二十八日，刘幾仲饯饮东坡。中觞闻笙箫声，杳杳若在云霄间，徐而察之，则出于双瓶，水火相得，自然吟啸，坐客惊叹，作《瓶笙》诗记之。"

双弓米　《清异录》："单公洁家贫，有亲访之，留食糜，惭于正名，但云取少许双弓米。所亲初不悟，久而乃见，大笑而已。"

蒸壶似蒸鸭　苏轼《岐亭五首》之二："不见卢怀慎，蒸壶似蒸鸭。"唐卢怀慎为相节俭，召客食曰："烂蒸去毛，莫拗折项。"客疑是鹅鸭。已而下粟米饭一器，蒸葫芦一枚而已。

惩羹吹齑　《楚辞》："惩热羹而吹齑兮，何不变此志也。"又《唐书·傅奕传》："惩沸羹者吹冷齑，伤弓之鸟惊曲木。"

配盐幽菽　《说文》："豉，配盐幽尗也。"徐曰："尗，豆也。幽，谓造之幽暗也。"《广韵》："尗，同菽。"

瓜田不纳履　古诗《君子行》："君子防未然，不处嫌疑间。瓜田不纳履，李下不整冠。"

种竹交加翠　杜甫《春日江村》诗："种竹交加翠，栽桃烂漫红。"

一寸二寸之鱼　庾信《小园赋》："一寸二寸之鱼，三竿两竿之竹。"

三竿两竿之竹　见上。

井底笙歌蛙两部　苏轼《赠王子直秀才》诗："井底笙歌蛙两部，山中奴婢橘千头。"时公在惠州。

山中奴婢橘千头　见上。

种松皆作老龙鳞　王维《春日与裴迪过新昌里访吕逸人不遇》诗：

"闭户著书多岁月，种松皆作老龙鳞。"

地炉茶鼎蚓声长　宋景萧《春雪》诗："唼唼春虫闹扑窗，地炉茶鼎蚓声长。"

饮罢呼儿课楚辞　秦观《秋日》诗："月团新碾瀹花瓷，饮罢呼儿课楚辞。风定小轩无落叶，青虫相对吐秋丝。"

黄鸡紫蟹堪携酒　吴伟业《丁亥之秋，王烟客招予西田赏菊，逾月，苍雪师亦至。今年，予既卧病，同游者多以事阻。追叙旧约，为之慨然，因赋此诗》："黄鸡紫蟹堪携酒，红树青山好放船。"他本作苏轼诗，误。

满阶红叶醉新霜　释宗林《山居》诗："半壁绿苔乘宿雨，满阶红叶醉新霜。"

诗中有味清于酒　宋景萧《春雪》诗："诗中有味清于酒，只欠冰梢数点香。"

钓舟灯火入芦湾　马臻《秋日闲咏》诗："横笛吹残天又晚，钓舟灯火入芦湾。"

傍溪古树绿藏云　吴镇《题子昂仿顾恺之画》诗："隔水山高青隐日，傍溪古树绿藏云。"

一瓶秋水玉簪香　刘仲尹《初秋夜凉》诗："小虫机杼月西厢，风雨才分半枕凉。白发自疏河汉梦，一瓶秋水玉簪香。"

菊为重阳冒雨开　皇甫冉《秋日东郊》诗："燕知社日辞巢去，菊为重阳冒雨开。"

朽瓜为鱼　《列子》："朽瓜为鱼，老韭为苋。"

老韭为苋　见上。

天清一雁远　李白《送张舍人之江东》诗："天清一雁远，海阔孤帆迟。"

鹑鸟欺孺子　徐幹《中论》："夫俗士之牵达人也，犹鹑鸟之欺孺子也。鹑鸟之性善近人飞，不峻也，不速也，蹲蹲然似将可获，卒至乎不可获。"

黑蜧跃重渊　张协《杂诗十首》之十："黑蜧跃重渊，商羊儛野庭。"注：《淮南子》："牺牛骍毛，宜于庙牲，其于致雨，不若黑蜮。"注：黑蜮，黑蛇也，潜于神泉，能致云雨。

藤蔓曲藏蛇　杜甫《陪郑广文游何将军三林十首》之四："碾涡深没马，藤蔓曲藏蛇。"

左手持蟹螯　《世说》："毕吏部卓尝谓人曰：'得酒满数百斛船，左手持蟹螯，右手持酒杯，拍浮酒池中，便足了一生矣。'"

一双蝴蝶上阑干　马臻《漫成》诗："昨夜海棠开数朵，一双蝴蝶上阑干。"

蹊田夺牛　《左传》。

牧豕听经　《后汉书·承宫传》："少孤，年八岁为人牧豕。乡里徐子盛者，以《春秋经》授诸生数百人。宫过，息庐下，乐其业，因就听经，遂请留门下，为诸生拾薪，执苦勤学不倦。"

缘木求鱼　《孟子》。

守株待兔　《韩非子》："宋人有耕田者，田中有株，兔走，触株而死。因释耒守株，冀复得兔。"

木牛流马　《蜀志·诸葛亮传》："亮性长于巧思，损益连弩、木牛流马，皆出其意。"《纲目》："汉后主建兴十二年春二月，丞相亮伐魏。初，丞相亮作木牛流马，运米集斜谷，息民休士，三年而后用之。"

咫角骖驹　刘向《新序·杂事》："齐有闾丘邛[年]十八，道遮宣王曰：'家贫亲老，愿得小仕。'宣王曰：'未有咫角骖驹而能服重致远者，夫士亦华发堕颠而后可用耳。'"

点军纵鸽　周密《齐东野语》："张浚按视曲端军，阒无一人，张异之，谓欲点视，端以所部五军籍进，公命其点一部，乃于庭间开笼纵一鸽往，而所点之军随至。张愕然，既而欲尽观，于是悉纵五鸽，则五军顷刻而集，戈甲焕烂，旗帜鲜明。"

鹳鸣于垤　《诗·豳风》。

庚日养鲤鱼　《养鱼经》："齐威王聘陶朱公问曰：'公家累亿金，何术乎？''夫治生之法有五，水蓄第一。水蓄鱼也，以六亩地为池，于（石）［池］中聚石作九皁，求怀子鲤长三尺者二十头，牡鲤四，以三月上旬庚日内池中，则生子多而易肥。所以养鲤者，以其不相食，且易长而贵也。'"

鱼兆丰年　《诗》："众维鱼矣，实维丰年。"

丰年留客足鸡豚　陆游《游山西村》诗："莫笑农家腊酒浑，丰年留客足鸡豚。"

数声鸡犬翠微中　刘威《游东湖黄处士园林》诗："偶向东湖更向东，数声鸡犬翠微中。遥知杨柳是门处，似隔芙蓉无路通。樵客出来山带雨，渔舟过去浪生风。物情多与闲相称，所恨求安计不同。"

知养恬斋试帖　卷上

一官一集<small>得"筠"字</small>

大集如鳞次，官阶一一新。几番心制锦，百卷手扶轮。妙擅诗坛胜，能清宦海尘。冰衔分楚楚，花样谢陈陈。吉兆迁莺早，奇香吐凤频。玉堂推巨手，金粟悟前身。选去场名佛，吟成笔有神。圣朝登雅颂，纂述轶王筠。

一琴一鹤<small>得"廉"字</small>

策马蓉城路，官箴赵守严。牺琴欣自适，鹤俸未妨廉。解愠声相感，鸣阴和可占。七弦闲挂壁，六翮静窥帘。吏治张逾好，仙姿傲不嫌。愔愔惟德洽，矫矫觉神恬。长物身何有，清标世共瞻。南薰调舜轸，励翼久摩渐。

到处聚观香案吏<small>得"观"字</small>

槎自天边泛，人皆壁上观。蓬山无俗使，香案此闲官。佛果前生证，文星到处看。风驰仙使节，烟霭侍臣冠。丹地头衔重，红云眼界宽。尘心夸并艳，凡骨换真难。白望超流辈，青梯忆广寒。乘时宣圣德，图报慰华銮。

文章旧价留鸾掖 得"留"字

门第新昌盛，科名旧话留。文章尊馆阁，声价重瀛洲。毫久簪鸾掖，才曾造凤楼。笏床看满眼，蕊榜数从头。掌故金坡记，心传玉署搜。经真千佛订，福自几生修。众望龙鳞附，家传燕翼谋。抡英逢圣世，黼黻赞皇猷。

文章为德行弟 得"章"字

信是难为弟，天亲抱朴详。交愉惟德行，式好即文章。性米殊萁豆，心花爱棣棠。宣三期笃庆，漱六总联芳。仁囿麟舒趾，书田雁有行。蔚然优虎豹，敦彼戒牛羊。齿让伦常地，肩随翰墨场。叙彝钦圣学，簪笔共赓扬。

诗书至道该 得"该"字

泛览文称至，深观道尽该。诗情非月露，书教亦风雷。手辟词章薮，胸储典诰才。奥曾搜孔壁，理不坠秦灰。琴管凭赓和，畴图妙化裁。经畲仁粟富，政府义根培。逸句留王迹，遗编续帝魁。熙朝崇绩学，奎曜炳三台。

铜似士行 得"铜"字

大冶调元化，相看砥行同。至人原若镜，佳士亦如铜。粹合金相比，污防土晕蒙。偕偕珍品裕，蔼蔼宝光融。绩懋秦符剖，名题汉柱雄。铸人昭矩矱，玉汝借磨砻。青选才原贵，黄通美在中。甄陶叨圣教，铁石励臣衷。

云气多寿 得"云"字

天寿征平格，英英气不群。仙宜修碧落，士本号青云。芝浥琼田瑞，松扬绮栋氛。百年延宝篆，五色映彤雯。福自关颐养，章还借手分。从龙来宛宛，骑鹤望纷纷。锡羡灵钟岳，书祥鼎荫汾。鸿畴陈黼座，纠缦颂尧勋。

今夕止可谈风月

谈柄挥良夜，何容俗虑侵。冰渊怀自昔，风月话从今。洗耳金飙爽，当头玉镜临。一钱休问价，三径许联吟。尘垢吹俱净，高寒想不禁。仁扬传众口，私照岂臣心。丹地依亲切，青天鉴悃忱。禊章仙篆启，佳景豫宸襟。

爱看明月自钩帘 得"看"字

爱月情无限，宵深倦倚栏。银钩随手上，宝镜举头看。倘任虾须隔，谁怜兔魄寒。金波摇穆穆，银海照漫漫。押重收原易，楼深到定难。白分千里玉，红挂一枝珊。香懒呼童爇，琴忘共客弹。琼霄澄颢气，仙篆仰宸欢。

露似珍珠月似弓 得"江"字

露洗初三月，秋宵送画艭。珠光霏远岸，弓势印寒江。瑟瑟辉擎掌，弯弯的射窗。盘倾抛蓼溆，弦上挂兰矼。鹤警疑还孟，蟾圆讶挽逄。凝红穿蚁垤，虚白弛鱼篵。皎若箪盈一，弨兮影浸双。香山诗兴健，颢景照吟釭。

最难风雨故人来 得"来"字

胜会真难得，良朋破格来。云山谁劝驾，风雨此衔杯。正切鸡鸣感，期将鲤信裁。联床迟旧约，下笔盼奇才。何幸披襟至，刚邀戴笠陪。扣门黄埽叶，沾屐绿浮苔。栉沐深情慰，和甘淑景开。重阳欣节近，访菊共徘徊。

雪月花时最忆君 得"时"字

江左清游地，香山忆故知。望云思雪后，对月赏花时。爪记鸿泥印，心随兔魄驰。旧交红雨散，别绪绿波迟。冬滞骑驴信，秋添送雁诗。琼筵难并坐，斗室倍相思。照影怀清景，寻芳少艳词。待当佳节至，重把六桥厄。

闻钟为日 得"钟"字

日以槃为喻，敲槃宛类钟。漫闻声大扣，误认影高舂。鲸讶三更吼，乌迷五色容。扶桑忘杲杲，设籥问枞枞。杵倚天虽近，钲悬露尚浓。茫然窥失管，铿尔间疑镛。铸就成金虎，扪来异烛龙。于论宣圣化，继照庆时雍。

以雷鸣夏得"雷"字

夏为言是假，鸣即假诸雷。暑雨天飞下，炎云电埽开。九阳炉自煽，百里鼓频催。坼甲乘风远，驱丁逐地来。动之征豫顺，大也验恢台。响异蛟成候，声殊雉雊才。金蛇痕隐约，朱鸟象昭回。圣虑经纶裕，如霆武烈恢。

一雨三日得"三"字

亭榜坡仙署，祈年兴倍酣。节忘阳照九，日计雨连三。芸耨先庚待，绸缪后甲谙。斋心和屡迓，刮目润常含。布闿公旬暇，为霖帝泽覃。翳桑阴解困，井李味流甘。于耜村农快，留香座客参。圣恩优渥遍，省稼启龙骖。

天雨洗兵得"天"字

时雨王师似，油然闿惠宣。戎威清地水，兵气洗云天。武露纷驰檄，雄雷猛着鞭。欃枪寒碧落，剑锷淬红莲。尘净河山外，氛销日月边。人皆思饮醴，将待画凌烟。东土听鸣鹳，西郊不站鸢。如春叨圣泽，匝宇靖戈铤。

四更山吐月 _{得"山"字}

第四更初转，成三影自闲。惠然来好月，皎若吐遥山。罍听重重击，蛾看浅浅弯。林疏嵌玉镜，石瘦挂金环。唱晓鸡犹寂，眠云鹤早还。漏催丁夜箭，光照午峰鬟。籁息宵分后，晖悬岭脊间。重轮征景运，青琐集仙班。

半帘花影月三更 _{得"花"字}

更柝刚三转，春宵景最赊。光摇千里月，影漾半帘花。波涌金如碎，香留翠欲遮。几枝零露湿，一桁晚风斜。魄淡遥窥兔，须寒未卷虾。彩云移镜槛，红雨透窗纱。漏永鱼频跃，宵分鸟不哗。投签勤圣虑，宫树正栖鸦。

劝耕曾入杏花村 _{得"曾"字}

画里人如旧，看花记昔曾。绿杨村偶入，红杏坞频登。耕劝音尘在，图披霁景澄。新泥翻泽泽，碎锦望层层。黄犊依芳树，彤驹驻绮塍。十年春梦幻，一卷古香凝。笠屐烟云改，犁锄岁月增。省巡廑圣念，銮旆望飞腾。

谁家新燕啄春泥 _{得"泥"字}

问讯春前燕，新巢几处栖。是谁开绣箔，待汝啄香泥。朱户窥应早，红襟掠更低。一丸衔绣陌，双剪扑芳畦。恋主情相识，还村路未迷。乌衣应巷北，紫颔或桥西。花坞踪难访，雕梁伴偶携。升平堪共贺，广厦庇群黎。

绿杨宜作两家春_{得 "春" 字}

指点垂杨影，宜招白傅邻。两家联旧雨，一树蔼余春。系马门偕款，迁莺路共遵。十围分荫广，九烈订盟新。小住萍踪合，相依絮果亲。绿情延醉客，青眼待诗人。交让征殊契，灵和忆夙因。液池嘉植茂，万户戴皇仁。

潭静秋新_{得 "潭" 字}

洗眼开新境，山池约共探。凉生秋在水，气静月澄潭。雨过鲸波息，天空雁影涵。镜心磨湿雾，舵尾埽浮岚。玉雪溶溶泛，金风袅袅含。蓼疏摇渚北，橘熟忆湘南。画稿临虚白，吟怀印蔚蓝。蓬壶环颢景，献赋笔同簪。

以虫鸣秋_{得 "虫" 字}

东野诗名重，鸣偏似候虫。语冰忘夏日，咽露趁秋风。玉振蜩螗翼，金悬蟋蟀笼。螿吟瓜蔓坞，蚓曲豆花丛。唧唧听逾彻，喓喓语未终。霜前催宛转，月下诉玲珑。群籁三更息，幽怀百感同。雕锼惭小技，敷奏豫宸衷。

桐间露落_{得"间"字}

潇洒桐阴下，秋吟庾子山。好花生笔底，凉露落林间。湛湛红初泻，离离绿渐删。天风寒石磴，霜雨扑柴关。百尺英云护，重帘湿翠环。凤栖枝未老，鹤警梦偏闲。琴洼神逾爽，诗题兴不悭。东厢昭圣瑞，恩渥溥朝班。

蟋蟀俟秋吟_{得"秋"字}

蝉琴刚送夏，蟀社忽迎秋。守默如相俟，吟凉不自由。豆花篱漠漠，莎草路悠悠。谁遣天机动，方逢露气浮。锦裁三段足，响彻五更头。月仁金笼久，风承玉砌柔。关心先有待，倾耳恰相谋。莫小雕虫技，乘时佐圣猷。

秋山如妆_{得"秋"字}

绘出新妆好，山容迥不侔。霜钟催破晓，月镜照清秋。露浣凭仙掌，珠嵌异佛头。绛霞成绮散，红树似簪抽。幔卷花俱韵，诗题叶欲流。草刚衔野鹿，石待问牵牛。淡岂西湖比，奇从北苑搜。嵩呼增圣寿，佳气蔼皇州。

已凉天气未寒时_{得"时"字}

秋士耽新景，冬郎擅妙词。气澄残暑后，天爱嫩凉时。鹤讶寒将警，蝇犹冻未痴。竹帘邀月澹，荷屿引风迟。衫薄疏萤点，香微睡鸭知。玉棋敲欲歇，纱扇倦忘持。目送炎云远，心增爱日思。祥氛温树蔼，光霁集彤墀。

刘郎不敢题糕字得"刘"字

小宋吟秋日，新诗欲傲刘。糕题笺偶展，菊对笔先投。颐朵芳堪漱，肠枯句敢搜。五经疑偶阙，九烈愿谁酬。兴似催租减，功难击钵收。有怀空雪亮，无字亦风流。花饮词刚就，萸囊锦不侔。红绫叨圣赉，献颂遍皇州。

兼葭霜冷雁知秋得"葭"字

霜信来江渚，遥看雁字斜。寒声连浦溆，秋色冷兼葭。白露宵知警，青云路觉赊。鸿文方起草，蟹舍正飞花。瑟瑟痕微浸，苍苍影半遮。九钟催晚节，一阵落平沙。鹤梦清诗境，鲈乡湛物华。来宾仪盛世，献颂续豵豝。

木落又添山一峰得"添"字

红叶飘萧处，何来一嶂添。繁阴删木末，瘦影露峰尖。记昔沉丹堑，浑如隔翠帘。抽簪林太密，卓笔岫难觇。叶忽经霜剪，枝还削月镰。陡将帷幔卷，洗出剑铓铦。蛇足何妨补，螺鬟不厌纤。取材培国栋，嵩祝仰宸严。

河润九里 得"河"字

诏策贤能守，宣猷润比河。万家依沃土，九里戴恩波。手挽黄流顺，心凭白水磨。节持先渡虎，梁驾不惊鼍。激浊源同涤，澄清叙可歌。玉曾天上刻，槎记日边过。未觉君门远，咸沾圣泽多。宣防宸虑切，饮醴播民和。

凿井而饮 得"唐"字

井养沾酿化，尧封乐未央。凿斯皆圣泽，饮我即神浆。监水民心洽，观天帝力忘。恰穿泉九仞，朗映日重光。宝瓮同餐露，衢尊共漱芳。挂瓢由自若，谟盖舜何妨。世已金瓯奠，人知玉醴香。湛恩乾络溥，郅治迈陶唐。

如水如镜 得"箴"字

快际重华运，欣陈大宝箴。水归人海洽，镜仰帝天临。泽润泉流玉，光明度式金。川防黎庶口，鉴握至诚心。灵沼千鳞集，虚堂万象森。让廉随挹注，仁寿印高深。合拟江河沛，曾无障翳侵。恩波叨广被，继照豫宸襟。

檐直倚而妨帽 得"檐"字

雅合兰成住，蜗庐最谨严。直应妨絮帽，倚莫近茅檐。室待弹冠入，间偏岸帻嫌。金貂浑欲解，铁马未容添。牙短殊高喙，头低怕仰瞻。弁星防瓦碍，绳溜恐缨沾。落讶风吹牖，斜看月到帘。何如嘉砌畔，簪盍聚堂廉。

绿杉野屋得"杉"字

老屋环新绿，森然荫古杉。数椽平野筑，万树夕阳衔。白版扉常掩，青柯径未芟。七星标直干，十笏倚寒岩。檐瓦低妨帽，苔花湿染衫。眠琴依短砌，采药搁长镵。巢鸟枝同借，瓜牛景不凡。司空诗境好，吟榻亦清严。

活水清围容膝屋得"清"字

屋小真容膝，闲居分外清。流云三径绕，活水四围生。促坐谈心便，澄波照眼明。人原如鹤格，地许订鸥盟。缨待临江濯，琴方仿月横。咏觞兰渚趣，吟抱草庐情。蜗角安原易，鱼鳞望更呈。何如依凤陛，洗耳听韶頀。

夜棋留客竹斋寒得"留"字

竹里横灯影，棋声听未休。斋寒人不寐，夜静客还留。小聚联心契，闲谈共手谋。箓卿同款洽，橘叟自优游。啸傲三更永，征诛一局收。坐忘鸿鹄志，欢结凤鸾俦。炉烬余香沍，枰推冷玉投。烂柯多韵事，仙境忆瀛洲。

300

子贡墙低甫及肩_{得"肩"字}

敢诩门墙峻，堪齐赐也贤。立惭常与面，低仅及其肩。环堵无多地，升阶未到天。佛时劳负荷，圣域谢高坚。循待钦三命，随如长五年。见尧空有愿，步孔复何缘。巷陋回难望，庭趋鲤或先。洪崖欣共拍，凤阁侣群仙。

夫子之墙_{得"墙"字}

始信高坚境，中多美富藏。道原征出户，铭早记循墙。画地肩难及，阶天首共昂。室曾龙并绕，庭有凤来翔。只卫文章薮，谁逾日月光。颜瓢空乐巷，由瑟漫升堂。粪土圬休染，金丝韵自彰。拜扬钦圣度，丹阙更辉煌。

君子怀刑_{得"怀"字}

自讼惟君子，先防气习乖。德三期克慎，刑五更常怀。坦荡原仁宇，纷争实厉阶。鹰鹯方击逐，雀鼠漫推排。法凛丹毫注，冤怜碧血埋。兢兢虞履错，惴惴俨心斋。夏日威堪畏，春冰志与偕。愿将雍睦意，劝谕遍同侪。

射使人端_{得"端"字}

艺本根诸道，何嫌学射难。使人非尚巧，取友必求端。夏箭思同矫，虞机正罔干。让缘君子揖，德为大夫观。心戒宾鸿至，皮栖已鹄安。技休矜贯虱，度自拟翔鸾。矢束神俱固，弓招礼弗宽。宸衷严省括，选士侍华銮。

画者谨毛得"毛"字

画手传全像，淮南取法高。妙应曾换骨，疵漫止求毛。岂有悬双管，徒防挫一毫。赏心矜茂茂，添颊枉劳劳。豹笑窥斑细，牛夸执尾牢。目谋形已失，皮相兴徒豪。五花难知骥，三英孰咏羔。凌烟图飒爽，仪羽荷恩褒。

道在瓦甓得"庄"字

下况能征道，微言发自庄。瓦全昭辟阖，甓运妙行藏。埏埴鸿钧协，甄陶象数详。天光临大厦，地位列中唐。合土殊金注，从泥比玉方。事缘乘屋亟，治以建瓴彰。物物浑无迹，形形卜允臧。元模昭圣世，怙冒泽滂洋。

铜斗铁尺得"欺"字

斗尺垂良法，能平冀野欺。范铜消狙诈，铸铁泯狐疑。嘉量金堪式，宏裁玉共持。有容君子行，同度圣人思。粟聚香千斛，衣防错一丝。柄如天上揭，衡宛日边窥。智异为铃小，功从握券知。皇躬严絜矩，日月照无私。

荷盇成云 得 "云" 字

郑白渠边路，油然气霭云。畦看流汨汨，盇记荷纷纷。隰护龙鳞远，锄携鹤膝勤。岱兴肤欲合，汉抉手能分。汗湿乘朝雨，肩摩阁夕曛。挥金咸接武，触石已成文。百柄趋尧壤，千章引舜薰。会看开绣罭，仁宇缦祥氛。

知养恬斋试帖　卷下

稻陇泻泉声

晓色溟蒙里，泉飞隔陇声。泛从荷屿转，泻入稻畦平。细籁初添雨，灵苗正向晴。跳珠抛蟹眼，漱玉沃龙睛。泥沁新红润，云涵嫩绿横。香随流水远，响较在山清。洗耳尘怀净，关心稼事成。熙时欣饮醴，总秸纳瑶京。

满山楼阁上灯初 得"灯"字

元九稽山住，山空夜景澄。却开千尺阁，齐上百枝灯。泼墨烟初涨，流丹焰忽腾。烛龙衔点点，檐马彻层层。冷漏催银箭，繁星亘玉绳。光看随地涌，梯欲倚天升。对影应参佛，凭栏愿得朋。琼楼回首近，继照命钦承。

短檠二尺便且光 得"韩"字

惯领青灯趣，光依吏部韩。一檠宜短驭，二尺便流观。到手神先朗，低头影自寒。壁殊高士凿，场异矮人看。目彩摇重碧，心花印寸丹。此材非蠖屈，所照宛龙蟠。有味儿时记，无遮佛境宽。待章钦圣鉴，卿裔蔼华銮。

懒残煨芋 得"残"字

谁识山中相，清修说懒残。松云栖处稳，芋火拨来寒。玉糁调羹易，金瓯借箸难。羡公非伴食，容我劝加餐。萧寺三更话，纶扉十载官。蹲鸱禅味好，梦鹿宦情阑。瓜记黄台咏，花曾紫陌看。愿成罗汉果，退食侍金銮。

庾亮登南楼 得"登"字

高咏南楼夜，元规快意登。武昌新使节，文采旧吟朋。江远涵金镜，天低挂玉绳。是谁花管握，坐看桂轮升。老辈搴旗健，群英击钵能。雕龙争唱和，骑鹤望飞腾。梯月无遮境，裁云最上层。玉京看咫尺，清望励壶冰。

旗亭画壁 得"亭"字

旗影横空壁，才人聚一亭。心声何宛转，指画亦珑玲。记曲拈红豆，征歌对绿醽。姜芽挥不辍，檀板拍初停。鸿爪纤纤印，莺喉呖呖听。纱笼争艳丽，舞扇望娉婷。陈迹留飞白，新裁妙选青。花骢归去缓，鹭堞映文星。

织帘诵书 得"帘"字

蔀屋书声朗，先生自织帘。芸编看了了，绣箔理纤纤。斫竹低头折，新花信手拈。披来真雪亮，卷去讶波恬。绳结排丁字，

珠联展甲签。心香原不隔，目巧未妨兼。绿剖湘纹细，青从汗简
沾。下帷储董策，励节侍宸严。

近来诗思清于水 得"清"字

握管诗坛久，功偏近日精。敢夸风肆好，应较水尤清。苏海
潮同壮，潘江浪不平。翻来从舌本，泻出作心声。前度尘都浣，
新裁巧莫争。源真随地涌，泉胜在山鸣。老境加餐蔗，童歌笑濯
缨。冰壶臣志肃，圣泽沐蓬瀛。

兴酣落笔摇五岳 得"摇"字

雄笔蓬山振，青莲兴独超。万花随墨舞，五岳带酣摇。落雁
身曾到，连鳌客共邀。彩毫从梦锡，珠唾逐风飘。绘日嵩衡小，
裁云泰华遥。梯遑携谢屐，砚欲洗韩潮。蜀雪胸中朗，齐烟眼底
消。生申昭圣瑞，彤珥集寅僚。

奴爱才如萧颖士 得"萧"字

觅得奴星好，才人不寂寥。诗坛争事陆，文案宛依萧。颐指
舆台解，心肠锦绣饶。主恩增恋恋，僮约肃条条。捧砚随寒夜，
薰香侍早朝。职甘牛马走，名羡凤鸾标。句共泥中咏，材堪爨下
招。何如君实仆，亦许献刍荛。

婢知诗似郑康成<small>得"成"字</small>

敢诩才如郑，耽吟浪得名。经神频供养，诗婢亦聪明。妆漫蓬头改，词先脱口成。泥中言许诉，爨下韵偏清。字待簪花学，香看带草生。灵光听旧赋，通德写新声。未便忘羞涩，差能道性情。绛纱帏定设，赓和遍书城。

诗就还随驿使来<small>得"来"字</small>

为报新诗就，春风一骑催。官闲吟更好，驿近使还来。手草忙中起，心花别后开。借鸿传杰句，骑马信惊才。添我云霞契，贻人锦绣堆。奴星飞万里，卿月望三台。道远频题叶，情长胜折梅。何时旌节过，击钵句重裁。

桃笙<small>得"桃"字</small>

一片疏花影，吴中席号桃。鸾笙难并握，象簟许同韬。灼若风前展，冷然月下操。一条冰自润，三月雨曾叨。并坐声歌夏，闲披记写陶。卧堪听雅乐，梦欲引渔篙。夹竹铺来好，如匏系处牢。钧天闻黼座，赐果荷荣褒。

瓶笙<small>得"笙"字</small>

忽讶离觞举，传来袅袅声。铜瓶刚试茗，玉律宛调笙。火候催犹缓，云和按倍清。军持烹处细，客坐鼓来轻。响入偏相得，音同更有情。注应添七碗，奏欲协三成。口为如簧守，心原似水平。凤筒裁帝陛，抱蜀励忠诚。

双弓米得“弓”字

粥粥难延客，清贫忆单公。析文成一米，隐语托双弓。淅岂从矛上，擎还入彀中。一瓯腰屡折，两石臂争雄。炊罢烟横阵，尝来菽拟戎。饭无三矢诮，茶有二枪同。交帐烦箕敛，重思笑釜空。诏糈逢盛世，得意挽逢蒙。

蒸壶似蒸鸭得“壶”字

款客殷勤语，如披睡鸭图。大烹疑烈鼎，小啜适蒸壶。长柄何曾问，芳名未自呼。幡幡炰共兔，泛泛化殊凫。类鹜讹应尔，蹲鸱辨得无。定嘲鸡养木，漫认雁栖芦。碧水萍踪远，青门草径芜。换羊书尚在，素食笑髯苏。

惩羹吹齑得“吹”字

谁取寒齑断，翻同沸釜吹。调羹先试手，执热慎观颐。覆悚惩宜凛，探汤戒早垂。薪抽曾警觉，粥画亦迟疑。金鼎和衷协，冰壶冷趣宜。沁牙虽释虑，染指未忘危。雪水中宵饫，春风到处披。盐梅襄圣治，退食励猷为。

配盐幽菽_{得"幽"字}

　　造豉传良法，征文义取幽。一箪盐许配，千合菽先收。东海霜花洁，南山露颗稠。鼎调良相业，筐采庶民谋。似雪汤徐沃，如珠室暗投。熬波藏宝瓮，煎釜佐珍羞。养晦经纶裕，宜咸嗜好俦。虎形邀圣赏，幽雅咏清秋。

瓜田不纳履_{得"瓜"字}

　　举趾嫌宜避，行行陇尽瓜。偶将朱履纳，转恐绿阴遮。小摘低头易，旁猜着脚差。龙鳞塍远近，虎掌蔓横斜。不遣腰轻折，谁防肘或加。踵虽怜偶决，心已信无瑕。黄石传书地，青门学圃家。考祥承圣泽，赐果荷褒嘉。

种竹交加翠_{得"交"字}

　　新种江村竹，浓阴一桁交。宛排青锁闼，互亚翠云梢。淡染螺纹细，分披凤尾溲。苔苍锄偶破，箨绿箨仍包。月漾金波碎，风穿玉铎敲。垂条笼鸭涨，接叶混鹦巢。远俗联真契，含薰快渐苞。碧丛邀圣翰，掩映近螭坳。

一寸二寸之鱼_{得"鱼"字}

　　领略濠梁趣，兰成偶种鱼。十分吹浪细，几寸唼花徐。影印澄心候，痕量布指初。半钩衔未竟，双管画难如。白小奇兼藕，红纤密复疏。目穿忘数罟，腹窄少传书。恰认轻鲦出，还疑斫脍余。惜阴钦圣度，在镐仰宸居。

三竿两竿之竹得"竿"字

梅柳三兼两，中还杂竹竿。疏排青锁闼，小有碧琅玕。千亩阴遑补，重门翠欲攒。影堪俪四六，行莫问双单。开径薰常引，环廊秀可餐。贰叁联个个，左右望珊珊。凤尾高低拂，龙孙次第看。兰成情不俗，玉版快盘桓。

井底笙歌蛙两部得"歌"字

两部何须设，蛙声听处多。庭前皆鼓吹，井底自笙歌。见陌曾讥马，鸣繁宛击鼍。才虽惭语海，曲解效回波。目极青天小，音调渌水和。梵经喧阁阁，锦袄舞傞傞。蚓笛吟堪混，莺簧辨易讹。十年春梦醒，洗耳羡东坡。

山中奴婢橘千头得"千"字

雅擅封侯富，山深橘计千。花奴添旧伴，菊婢结新缘。林立头头好，环看面面圆。青衣沾雾重，红拂借霜妍。袖挹袁庭畔，簪抽柳井边。老依登榜客，闲侍赌棋仙。柚弟名应换，梅妻使更便。熙朝珍锡贡，官籍列班联。

种松皆作老龙鳞得"龙"字

万壑涛声里，何来久卧龙。鳞非阶尺木，髯恰老乔松。记取鸦锄种，曾无鹤盖重。云雷惊未起，烟雨睡偏浓。泥爪根深护，霜皮薜叠封。甲飞看蜿蜒，辰伏望葱茏。碧海应嘘气，青山偶寄踪。幸瞻尧栋近，御六庆时雍。

地炉茶鼎蚓声长得"茶"字

古鼎寒炉便，萧斋夜试茶。蚓声长入听，雀舌细分芽。妙取廉泉瀹，刚逢候火加。茗香生槁壤，笛韵隔窗纱。烟合萦奇字，吟如答落花。曲传心一用，铛伴脚三叉。俗耳硁应好，枯肠润更嘉。玉堂叨渥赐，歌咏遍臣家。

钦罢呼儿课楚辞得"儿"字

小饮谁堪伴，遗编好课儿。童蒙香草意，名士色丝辞。岂效齐人语，弥增楚客思。薜萝欣访古，瓜葛忝为师。舌本回甘候，心花入咏时。情随南国远，凉遣北窗知。雏凤声偏好，圆蟾价不资。春风叨赐茗，摘艳共题诗。

黄鸡紫蟹堪携酒得"携"字

菊社风光好，毂添蟹与鸡。秋吟诗易就，春买酒新携。碟畔三号减，盘中八跪齐。橙香浮玉箸，竹叶泼玻璃。山海归珍馔，风霜入醉题。钉持看锦翼，醒解借团脐。别绪牵茅店，闲情问草泥。茱萸分插后，船泛夕阳西。

满阶红叶醉新霜 得"阶"字

霜意浓于醉，新红处处皆。疏枝低曲径，落叶满闲阶。菊友情方洽，枫人色更佳。九钟声渐晓，万树艳纷排。渥赭柯紫蚁，书丹砌篆蜗。直疑花似锦，不借酒如淮。斜日醅深院，西风透小斋。螭坳承湛露，清景豫宸怀。

诗中有味清于酒 得"清"字

领取诗中趣，难将酒德争。妙看双管下，味较百壶清。邀月方窥影，吟风更寄情。停杯搜腹稿，击钵写心声。若圣虽堪乐，如仙更善鸣。九能曾许赋，三雅不须倾。芳漱携匡鼎，膏沾仗管城。湛恩承赐醴，第颂听和平。

钓舟灯火入芦湾 得"湾"字

瑟瑟江天暮，渔灯影半殷。钓收菰叶渚，舟入荻花湾。笛恰临风弄，帆刚载月还。葭霜孤艇滑，荼火短篝闲。鲈剖炊常晚，鸥眠梦尚悭。几星红隐约，一水绿回环。宛在深情寄，相看俗虑删。明朝重举网，欸乃隔前山。

傍溪古树绿藏云得 "溪" 字

画意痴于顾，寒烟匝一溪。白飞云在水，绿隐树垂堤。趣古
矶头涌，真藏雾脚低。纱笼青锁闳，絮湿碧玻璃。涨暖轻皴鸭，
巢深暗啭鹂。浮岚疑触石，空翠不分梯。蟹舍图新写，鸥波句偶
题。玉澜邀圣赏，桢干聚金闺。

一瓶秋水玉簪香 得 "秋" 字

香更清于水，花偏耐得秋。一瓶珠箔隔，几朵玉簪留。琼液
何时注，金风作意抽。贮看圆似胆，影记插从头。冷艳芳堪袭，
凉波澹不流。军持亲手置，朋盍素怀投。石发无庸缩，冰心合与
侔。銮坡曾珥笔，芳洁慕前修。

菊为重阳冒雨开 得 "开" 字

不信寒花傲，偏宜冷节催。拒霜难稍屈，冒雨已争开。径埽
三三后，期临九九才。垫巾人偶去，插帽客纷来。韩国香冲屐，
陶篱润浥杯。金枝盈把摘，银竹满城栽。未遣痴云碍，争看冷艳
堆。御园甘澍溥，献寿颂台莱。

朽瓜为鱼 得 "鱼" 字

朽腐神奇出，南鱼信有嘉。止看依在藻，谁识化从瓜。齿齿
犀留瓠，鳞鳞沫隐沙。烟畦才落蒂，雪浪忽摇花。项曲曾疑鸭，

馨扬更侣虾。柳穿来别浦，匏系记谁家。缘木求堪得，登盘荐未差。宸居方宴镐，幽馆湛秋华。

老韭为觅_{得"生"字}

韭花书帖后，老笔正纵横。谁遣时蔬化，都为野觅生。夬爻添变象，丰本换新英。雨记春宵剪，霞看晚节成。庾郎餐似旧，蔡守宦逾清。不与葱同肆，翻教黄得名。绿分羔献候，红到雁来程。拔薤官常肃，中行惬圣情。

天清一雁远_{得"清"字}

一雁翔偏远，寥天尔许清。西风频送目，南浦最关情。碧落尘无翳，丹霄阵未成。霜翎催独往，雪爪记前程。日月祥光近，江湖别绪轻。烟消应误乙，邮速不分庚。万里瞻仙路，三秋忆友声。为仪迻许渐，励翼到蓬瀛。

鹑鸟欺孺子_{得"鹑"字}

达人无俗抱，孺子共天真。独立原如鹤，相欺或比鹑。佳雏才自俊，凡鸟性偏驯。飞笑桃虫小，来依竹马亲。庭瞻曾未得，门候竟何因。难作韝鹰玩，徒看蜡凤新。奔奔愚五尺，款款戏三春。保赤宸衷切，鹓班尽信臣。

黑蜧跃重渊得"渊"字

苍茫神蜧出，水外黑风旋。气欲蒸成雨，机看跃在渊。金蛇飞电候，铁马滚尘天。距踊蝹蜦后，高腾浩瀚边。墨蛟同沸海，乌鹊共冲烟。漆暗开新境，泥蟠忆昔年。牺牛惭变化，龙鲤谢蜿蜒。仰镜钦宸虑，甘霖沛八埏。

藤蔓曲藏蛇得"蛇"字

路绕疏篱过，藤阴满院花。条柔难系马，蔓曲宛藏蛇。赴壑痕环折，钩衣势攫拿。绾来秋有影，蟠处日全遮。赤手长难搏，苍鳞老更赊。隋珠添晓露，剡纸挂晴霞。映月杯中似，怜风槛外斜。好占冯笴兆，螭陛锡黄麻。

左手持蟹螯得"螯"字

吏部秋怀健，情怡在手螯。团脐餐最胜，左顾兴先豪。肘运殊生柳，心闲宛握翿。宜之供玉液，攘得即金膏。水外觳同列，霜前券可操。戴匡虚有待，拥剑辟何劳。执篝如歌邺，提戈合笑曹。拍浮庸足计，还拟六连螯。

一双蝴蝶上栏杆得"杆"字

花事忙蝴蝶，探春趁晓寒。双飞如伴侣，一样上阑干。格向回文度，芳宜逐队看。金衣来栩栩，玉槛望珊珊。院小情俱韵，廊环影不单。移春风共引，晒粉露初干。小梦栖偏稳，生香画亦难。上林韶景丽，鹤篆集鹓鸾。

蹊田夺牛 得"蹊"字

尔牧来何误，人田未许蹊。鼠牙增攘夺，牛耳竟分携。失足添荆棘，矜心辨町畦。绿云争挽鞋，红雨禁扶犁。让畔情安在，求刍路转迷。微嫌生草脚，苛罚到花蹄。塞上空忘马，藩边漫触羝。好敦雍睦意，扑枣任邻西。

其 二

立罚毋烦重，言征讨少西。原非同鹿逐，田偶怪牛蹊。倘许忘争夺，何嫌任取携。陇云欣扣角，涔水误留蹄。竟讶行人得，翻教牧客迷。寻踪红稻畛，攘臂绿杨堤。事共谋耕稼，情应化町畦。愿崇宽大体，得失听虫鸡。

牧豕听经 得"经"字

放牧烟郊外，何人正说经。豕交情未屑，麟获义堪听。岂借豚蹄祝，能求蠹腹灵。笠云欹处白，窗草蹋来青。那解声讹亥，方期目识丁。归儒征入笠，问字偶登亭。属耳怀千古，垂髫记八龄。他时游虎观，谬论阙豨苓。

其 二

考牧诗初读，承宫正茂龄。未追豚入苙，先共鹤听经。席漫分壬癸，签方列丙丁。涉波忘蹢白，立雪想鬈青。芸案缘新结，兰桥迹偶停。麾肱离短栅，倾耳隔疏棂。讵厌泥涂辱，欣通翰墨灵。献豜逢寿宇，著作重彤廷。

其 三

竟遗童心化，铿铿听讲经。牢空忘逐豕，囊照胜携萤。兔册遑回顾，鸡窗快细聆。耳提私自淑，牙慧拾俱灵。功漫夸头白，神惟契汗青。鸾刀疑待剖，蚁术意常惺。戏撤抟蒲局，才储著作庭。犯狨歌圣世，聪达颂丹屏。

缘木求鱼 得"求"字

鱼欲山人足，还应与水谋。鲜烹方有待，株守复何求。枻未芦中鼓，罾偏木上投。倚云将布网，梯月误垂钩。鹬逐驱非獭，猱升狎异鸥。笑真胜北陇，计莫问东流。竿挂殊珊树，枝栖远蜃楼。连鳌推巨手，直拟泛槎游。

守株待兔 得"株"字

因株曾得兔，人遂困于株。狡善营三窟，痴惟守一隅。时当田顾犬，事已隙过驹。炮首情方暇，忘蹄计岂迂。中林胡起起，槁木抱区区。望月罦空布，犁云耒懒扶。马求唐肆幻，鹿覆郑隍诬。圣化追文圃，干城咏武夫。

木牛流马<small>得"牛"字</small>

奇器征诸葛，劳薪亦马牛。兵原驱以木，粮遂运如流。喘月形难肖，奔泉势更遒。不夸金犊饰，宛共筱骖游。梓化青痕幻，秧栽绿意柔。梧之柴许曳，瘠矣斧堪修。勋业开丁误，河山典午休。黄沙滩畔路，神策至今留。

咫角骖驹<small>得"驹"字</small>

用士推骍角，求贤咏白驹。咫原殊茧栗，骖偶效驰驱。轭服谁牵犊，鞭挥漫策驽。戴牛遑问价，率马讵知途。楅未峥嵘饰，辕仍局促扶。一歌难借扣，千里莫求图。合笑呼犍早，应嫌市骏诬。圣朝英俊聚，考牧赋皇都。

点军纵鸽<small>得"军"字</small>

曲端摝甲处，刁斗寂无闻。忽纵金笼鸽，旋驰玉垒军。将才同隼庚，阵势许鹅分。露布飞奴寄，星奔爪士勤。翩然衣舞雪，驮彼队连云。乌合谁争胜，鹰扬早策勋。羽林咸听命，凫藻自成群。何似梧冈凤，朝阳戴舜曛。

鹤鸣于垤_{得 "鸣" 字}

归旆东山路，征夫百感生。室无鸮或毁，垤有鹳先鸣。记自
随鹅阵，浑如筑蚁城。三年飞易倦，万垒踏初平。幸附归巢侣，
都传奏凯声。阴连蜗舍近，响彻鹳楼清。审雨添新景，啼烟引旧
情。踬山钦圣虑，多士赋迁莺。

庚日养鲤鱼_{得 "庚" 字}

育育千鳞聚，溶溶一鉴平。鱼嘉原出丙，鲤养必逢庚。潜岂
乘初伏，波仍拟大横。陶朱经合拜，李白梦俱呈。后癸邮同速，
先丁枕渐成。吉差增变化，夜守倍澄清。已卜金穰兆，还看水拍
生。抚辰刚正协，在藻惬皇情。

鱼兆丰年_{得 "丰" 字}

一枕濠梁梦，康年问牧童。鱼鱼欣兆瑞，鳙鳙已占丰。预报
鳞原富，浑忘鲋辙穷。银刀千里聚，玉烛四时融。稻献江横蟹，
梁谋泽辑鸿。龙睛方簇绿，鲂尾不摇红。栩栩农祥见，洋洋众乐
同。春台皇省岁，于牣豫宸衷。

丰年留客足鸡豚_{得 "豚" 字}

报赛邀嘉客，年丰古谊敦。邻争忘雀鼠，宴设有鸡豚。鱼梦
新诗协，鹅湖旧俗存。坶栖桑叶径，栅对稻花村。翼待穿篱缚，

肩羞掩豆扪。弄雏欢稚子，速羿约诸昆。岁获青畴利，家承紫陛恩。太平蕃庶汇，赐釜遍衡门。

数声鸡犬翠微中_{得"微"字}

声彻湖山外，人家住翠微。鱼虾通芰浦，鸡犬隔柴扉。鼎畔丹应舐，村前绿正肥。胶胶催暮雨，猇猇送晨晖。清响连千嶂，浮岚绕四围。群谁夸鹤立，客待访龙威。倾耳音传谷，凝眸黛染衣。桃源看咫尺，鸣吠亦仙机。

《知养恬斋诗赋文稿》 跋①

《知养恬斋诗赋文稿》，我苏溪夫子陈梟山右时所刻也。艺林奉为圭臬，各省风行，而蜀以道远，书肆阙如。鹏万忝列门墙，笔耕糊口，频年违侍。甲辰春仲，我夫子晋秩黔藩，入都陛见，鹏万幸以遇挑留京，得趋函丈，便求赐稿，并为同乡诸友转乞数部。我夫子手出一编给鹏万，笑谓囊无余剩也。鹏万奉以归蜀，求观者既以先睹为快，亦觉味美于回咸，以不能家置一编为憾。鹏万爰商诸坊友翻刻，敬谨校勘，悉遵原本，以守莫赞一辞之旨，而曩者之未获参遇校雠，亦庶几借此补其愆也。

时道光二十五年夏五，受业张鹏万谨识。

---

① 此文从《清代诗文集汇编·苏溪全集》（上海古籍出版社 2010 年版）中补入。

知养恬斋赋钞

王杰成　点校

知养恬斋赋钞　序

赋者，古文之一体也。曩时姚惜抱先生集《古文辞类纂》，以辞赋别列一门，如司马长卿之《封禅文》、扬子云《解嘲》，凡有韵之文，皆与赋同类。《三都》《两京》，仍从萧《选》。其他若庾开府之《哀江南》、杜工部之《三大礼》，长篇巨制，概置弗登，岂以谐声属对，浸远风骚，严其例乃重其体欤？而蒙窃更有说焉。古文之例虽严，而其要不外有议有法：议以尽乎题之蕴，反复讨论，触类引伸，而题之情势出矣；法以制乎议之文，操纵分合，疏密参错，而文之神理传矣。昔左思炼都十年，或者疑其迂诞，不知议不博则法近于拘，法不立则议转多窒，议法兼备，故必迟之又久，而后成也。律赋之例，何独不然？唐人以律赋取士，则以应奉文字，对扬有体，不仅驰骋才华，惟以律制体而格以正，以律构韵而调以谐。自是以下，若五代，若宋元明，皆各有传作，而一以律赋为宗。杜子美诗，上薄风骚，指归则在于律细，夫安见律赋之与古文辞有异哉？

我朝文运，超轶前古，而翰林馆课及殿廷大考，多用律赋，尤展成、陈其年、潘次耕诸老，体制宏赡，实为一代正声。乾嘉之际，乃有齐次枫、曹地山、纪文达、王述庵、吴圣徵诸公，酌古斟今，和其声以鸣国家之盛，不独与唐之李程、王棨后先方驾，即上视扬、马辈，殆庶几焉。安化罗苏溪先生，撰著宏富，其诗古文辞，类能追步昔贤。而所存试赋，每持壮夫不为之说，不欲出以示人。丽京见而怂恿之，请付剞劂，诚以先生之文，皆有议有法者也。而其律赋之追踪两汉，撷秀六朝，又范以三唐之体式，尤能以法行其议者也。郊寒岛瘦之作，断不能成雅颂；击瓮拊缶之音，断不足被管弦。今以是赋津逮后人，凡勉为承明著作之才者，皆得知所趋向，则以之作律赋观可，以之作古文观可，即以之诬律赋与古文辞同出一源也，亦无不可，又岂特与国朝尤、陈诸名作相颉颃已耶！

皖桐许丽京谨撰。

律赋之体，肇于庾子山，工于唐，而盛于本朝。盖功令之所重，则一代风会在其中，一代人材亦出其中。馆阁诸巨公，和其声以鸣国家之盛，郁郁乎唐以来未之有也。苏溪先生以沐日浴月之才，裕枕经葄史之学，发为文章，皇皇乔乔，其在馆阁也，鸾翔鹄峙，不独律赋一体为当时所推。而癸巳大考，仰邀睿赏，赋中警句，经丹毫圈出，宫绨之赐，儒臣荣之。厥后持英荡，拥旌旄，受知特达，皆自此始。扬子云曰："诗人之赋丽以则。"班孟坚曰："赋者，古诗之流也。"先生为古今体诗，合太白、东坡而一之，才大而不侈，调高而不削，词足而不纤，神恬而不窳，遄跻于当代诸家之上，独标正格，其赋之丽而有则，信乎诗人余绪，足为班、扬作左券也。唐代功令，登进士科者，辄由律赋，故其人材以进士为最，进士之文以律赋为最。然以视本朝，则有间焉。先生诸作，撷唐人之菁，而上跻于庾子山。子山之见推于杜陵也，曰清新，曰老成，盖不清不新，不得为丽，不老不成，不得为则。然则先生之和声鸣盛，非诚风会之总持也哉！

先生全集甚富，湘南读之，叹如望洋，每欲为文叙其大指，以律赋为功令所重，劝之梓行，津逮后学，先生乃选百篇付写。语曰："尝鼎一脔，可知全味。"庶读者有以觇大概云。

固始蒋湘南，道光二十一年七月。

知养恬斋赋钞　卷一

学古入官赋以 "学于古训乃有获" 为韵

　　会际风云，灵钟河岳。凤翔歌诗，鹿鸣张乐。品重金相，器成玉琢。仰制治于大猷，任斯民之先觉。将入宅心之选，敬尔有官；敢忘墙面之讥，懵然无学。

　　稽古盛王之设官也，九能必备，一德交孚。股肱臣作，心腹予敷。占鸿仪之可用，儆鹈翼之不濡。生自田间，绾绥而胡然若若；视同席上，聘珍而来者于于。

　　然而举能其官，事必师古。傥悬在浚之旌，莫听大昕之鼓。则币已聘三，车遄富五。欲穷官纪，职难悉乎皇初；请诵祈招，诗未闻诸谋父。虑四术之多疏，绾半纶其何补。

　　于是蛾术功勤，鸿飞志奋。闭户自精，撞钟待问。文占豹变，可行可藏；节励鸡廉，不知不愠。盖是时官犹未入也，而已有志于三代之英，无竞为四方之训。

　　况鼓箧以同游，忽非莪之并采。新衔则朱绂方来，旧业则青箱尚在。鹄立排云，鹏抟出海。名世百年，奇逢千载。任以勿贰勿疑，儆以无荒无怠。谓尔有官，君子知恤鲜哉；所当尚友，古人攸司钦乃。

　　要惟学养克优，官箴恪守。业创非常，言垂不朽。选既列于升三，行必全其有九。未忘白屋，当年捧日之心；敢负丹宸，此日为霖之手。惟前人之猷训，尔尚式时；彼末学之空疏，我遑多有。

　　方今圣天子紫陛敷文，彤屏问策。扇列五明，门称四辟。临雍而选造咸升，舞羽而要荒尽格。英储芸馆，凛待漏于千官；论式经筵，轶歌风于八伯。伫见官箴肃而国运益隆，岂仅古训遵而士心实获？

文笔鸣凤赋 以"藻耀高翔，文笔鸣凤"为韵

一代正声，千秋丽藻。鸡距频拈，雁头横埽。锦自心裁，楼凭手造。雕龙选字，乍扬墨沼之波；鸣凤流音，恍集红云之岛。此文机无异于鸟澜，而笔法特珍为鸿宝者也。

在昔彦和，辞知典要。文繁者雉窜，罥以贻讥；骨重者鸷集，林而见诮。惟掷地之新声，拟传天之逸调。振采皆飞，矢音特妙。何处采来奇雀，卓尔不群；依然鸣向朝阳，自他有耀。

始其丹毫欲染，青镂方操。遣声有待，送目偏劳。样从凤阁描来，英华初发；景自凤城阁遍，光彩仍韬。似览辉而不下，忽矫翼以将翱。权借一枝，差试濡翰之妙；未游千仞，孰知韵格之高。

既而排笔阵，骋文场；铺云锦，抉天章。管偶携筠，不是竹裁嶰谷；花才入梦，原非桐荫高冈。乃日边之赓和，宛云外以回翔。固应大拟如椽，自依阿阁；讵料名为不律，竟协归昌。

况蓬池兮翻翰，更康水兮采文。蔼蔼多态，飘飘轶群。笑他凡鸟题余，未丰羽翮；待我来禽写遍，别绘烟云。句岂人间许觅，曲应天上曾闻。他时凤味堂前，妍词共赏；此日凤毛池上，锦字平分。

是岂鹤书，真同鸿笔。盖扬采者，炫若凤翎；而负声者，谐为凤律。簪笔则等于凤衔，涉笔则同于凤逸。千军埽去，鸑鷟定敛其锋；五岳摇时，鹰隼亦输其疾。

乃知词成绮丽，字挟飞鸣。蘸龙宾而耀采，抽虎仆以腾英。赋就甘泉，梦协扬雄之吉；诗成早岁，音传韩偓之清。纵使钟王

笔妙，严乐笔精。谁足状碧落九苞之彩，而谐丹山万里之声。

我皇上命九扈以诫民，合五鸠而和众。纤紫者群聚艺林，珥彤者咸依松栋。传宣鸾诰，只凭银管以扬华；景附鹓班，每彻金莲而共送。始信友声求得，已迁出谷之莺；凡兹史笔携来，即是鸣冈之凤。

《棉花图》赋以"制其麻丝，以为布帛"为韵，谨序

《禹贡》"厥篚织贝"，《蔡传》以为"贝，即吉贝，盖木棉之精好者"。《易》"束帛戋戋"，疏家谓"帛，棉也，薄物浅小，有白贲之义焉"。迨后《周礼》以"典枲"名官，唐人以"木棉"入咏，衣被之利，薄海赖之。我朝勤恤民隐，本业是敦，圣祖始著《棉花赋》。乾隆间，督臣方观承以《棉花图》说十六事进，高宗亲洒宸翰，各缀一诗。仁宗纪以和章，命纂为《授衣广训》。盖尽人性兼尽物性，念民寒亦如己寒，圣谟洋洋，流泽远矣。谨按其《图》而赋之曰：

洪惟我国家，光被诫民，绍衣协帝。胪欢于挟纩负暄，遍德于荷旃披氈。臣工奉币，赞秘阁之丝纶；士女承筐，辑殊方之棉繝。植物虽微，本图攸系。盖裁法絮仁之用，润色皇舆；实经天纬地之文，缵戎祖制也。

爰有兜罗种异，古贝名奇。花花雪散，絮絮云披。土物各殊，曾志赕婆于域外；珍图未纪，只侪卉服于海涯。紫丝不障，黄绢无碑。即教糁径成毡，贡谁筐厥；徒惜花间似玉，色亦温其。

乃胪地产，竟献天家。轩裳垂统，舜衫扬华。三百言赋就丹毫，云章倬汉；十六事诗成紫陛，宝轴蒸霞。既贞珉之并勒，颁广训而有加。非殽苍赤于妇官，宫中染采；适晋丹青于疆吏，天上宣麻。

其为图也，拈花吮墨，摘叶抽思。雪缕水纳，写从白屋；吴

棉桂布，绘入彤墀。谓授衣之计，惟守土是司。莫谋安吉，曷佐
章施。知小人依情，并悉乎咨寒咨暑；自天子所句，宛呈乎新谷
新丝。

试观乎桑土一畦，条风十里。鸦觜锄携，乌骊种美。芟草剪
云，溉苗引水。摘尖一捻，客来拾翠陇边；取实半篮，人立落花
影里。日以暄之，岁云秋矣。贩等贸丝，核如钻李。将程材于非
纩非绘，先毕力于俟强俟以。

絮雪初落，银云忽吹。弓徐弹而月偃，筵乍卷兮冰垂。红女
则纺砖载阁，黄姑之机石频移。靫手何嫌浆浣，而竹喧归路；匠
心并运织纴，而花灿重帷。盖工染练者，色备乎新缣故素；而筹
燠寒者，事赅乎东作南为。

是知罗列瑶图，宏开宝路。白氎含烟，青趺浥露。亦耕亦织，
应号棉田；即实即花，宛同珠树。较蚕经农谱，而别出心裁；合
麻土绢乡，而并垂掌故。从此无衣无褐，不虞邠馆之寒；浣火浣
灰，讵羡穷郊之布。

况我皇上，治励宵衣，恩敷光宅。却雉裘而卑服是崇，宣凤
综而遐方尽格。既席萝图于赤县，咸乐骈臻；仰惟祖训于丹函，
光昭典册。所由国华日广大，和恒于黼黻文章；庶草风行瞻，茂
豫于组纶布帛。

砖影赋 以"吾辈当惜分阴"为韵

秘书之省，群仙所都。珠箔垂而香袅，瑶阶敞而雪铺。聆方
噪之灵鹊，望将升于曙乌。砖平苔净，影细花扶。问谁骋步琼霄，
退旅仍偕进旅；应识前身金粟，故吾即是今吾。

盖有学士院者，特选清班，用资惇海。簪毫走马而来，佩玉
鸣鸾而退。三竿未上，风摇铁凤之铃；一线徐添，日涌金鳌之背。
当其视草趋朝，含香逐队。花边之宫漏同听，天上之恩晖共戴。

未遑运甓，忠勤或愧乎前贤；肯类磨砖，钝拙徒讥于我辈。

于是考直庐之旧制，奉禁近之清光。土圭共测，藻井平量。乍看野马飞来，金盆未侧；忽讶隙驹过去，铜箭偏忙。限五砖兮刻犹短，度八砖兮昼已长。一番审顾，几度回翔。渐移槐省之阴，枝枝互亚；试数莲花之漏，叶叶相当。

始其鹤籥未喧，鳌扉初辟。瞻月影而穆穆向晨，望灯影而幢幢送夕。俄星动于绛霄，更露晞于紫陌。乃拂麟毫，乃趋鸾掖。本谓词臣清切，敢同后至之相如；漫劳天子传呼，似荷特恩于李白。纵知化日之方长，弥觉余春之可惜。

良由心殷捧日，气欲凌云。出入不逾其尺寸，论思敢懈乎朝曛。似拭砚砖者，计日而务成三赋；似设纺砖者，临冬而更绣五纹。不教引玉抛时，速成锦制；生恐踏花归去，空对炉熏。故红药阶翻，既列笋班于晓景；而紫薇月上，犹携莲炬于宵分也。

我皇上彤屏吁俊，丹扆垂箴。阶石投签，惕励时廑于圣虑；香烟携袖，对扬共勉于儒林。幸丝纶之世掌，竭葵藿以摅忱。固宜湛露频沾，咸列棘槐而入直；并喜春风广被，渐看桃李之成阴。

拟宋广平梅花赋 以"独步早春，自全其天"为韵

雪压断桥，风饕老屋。疏影半帘，古香万斛。鹤守林深，驴归花扑。何梅萼之清芬，写芳姿于幽独。

回忆夫春风未喧，冷云犹沍。冰魂返迟，月额妆暮。苔封古青，蕾孕纯素。香国程遥，花期使误。几番初旭催将，一片嫩寒锁住。羌笛莫吹，茅檐空步。

忽牖北兮春回，更江南兮信早。欹几树于孤山，折一枝于远道。纸帐描残，铜瓶供好。黄衬月笼，绿随烟埽。仙子佩珊，佳人袂缟。宜上诗牌，宜登画稿。

悄立无人，娟娟写春。艳淡逾古，枝繁亦新。顾浅渚以留笑，

压疏篱而绝尘。尊酒携暂，囊琴访频。琼琚佩其竟体，冰雪净而凝神。

则有倚树目迷，餐香心醉。傲耸吟肩，浪猜春意。鹊喜声乾，禽爱羽翠。梦速罗浮，书忙驿使。扬州催何逊之吟，辋水问王维之事。堆将满地香云，勾起一天诗思。讶高士兮忽来，讯美人其奚自。

又若兰帏笑浅，绮阁妆研。髻云青处，眉月黄边。雕栏凭遍，宝镜簪便。坠疏香于檐际，认瘦影于窗前。莫不陪将檀板，写剩花笺。禁笛声之吹起，护铃索而完全。

樵风夕吹，梵烟午移。疏花点点，冻萼枝枝。隔云母牖，傍水仙祠。嚼云入咽，衔冰作姿。身记放翁化处，名猜妃子呼时。羡花阴之鄂不，何玉貌之温其。

相与摘艳琼筵，徘徊盛年。羹和可相，貌癯亦仙。几生修到，一瓣开先。冰霜炼魄，水月通禅。搅九英而日耀，吟一字而春鲜。宜论品独清于芳谱，而夺魁早占于花天。

离为蟹赋 以"外刚内柔，其象如此"为韵

菊黄对酒之天，橙绿登盘之会。野艇夕阳，江村浅濑。有介族兮轮囷，著芳声于博带。风味萧疏，水花淘汰。称名也小，形摹郭索之余；得气之清，品在酸咸以外。

于是取周易筮之，筮者曰：是为火象，而居水乡。绀则积甲，青犹戴筐。皤然大腹，洞若无肠。市三倍而利存，沫沾巽白；畅四支而美在，理贯坤黄。盖内不同于坎满，而外仍法乎乾刚。

爰玩其占，索之至再。受以解而声谐，系诸离而义配。离为甲胄，如彼重铠之披；离象戈兵，有此横行之态。爬沙雪里，日昃闻声；幽火溪边，向明逐队。此皆蟹之象乎？离言其外，而尚未观其内也。

若夫文明独抱，恬淡无求。入璞蛣之腹，而物无不照；输海神之芒，而虑无不周。突如其来，芦苇萧萧之岸；错然者履，稻花瑟瑟之秋。故芒角外张以示健，亦英华内敛而能柔。

至其为用也，铜坚镂壳，玉洁分肌。蟹断争利，蟹胥贡奇。市上秋清，团脐入咏；船头酒美，左手堪持。往来或居于坎，网罟仍取诸离。为紫为青，异味浑殊不乃；或黄或白，食单拟佐来其。

其为体也，应月盈亏，随潮来往。屈八跪若坤画之联，撑二螯似震盂之仰。匡贮蠢蚕之绩，柔本丽中；目殊水母之虾，明堪作两。每当浦荡箬篷，江摇铁网。唾喷珠圆，腹披金晃。苇灯掇拾，睐符火泽之占；桂酱烹调，鼎取火风之象。

他如茶铛水沸，琴榻声徐。品重吴乡之味，名征尔雅之书。观我朵颐，免枯肠之搜索；占逢噬嗑，因夹舌以轩渠。虽无方之比拟，皆取象于中虚。固知烟水拍浮，酒徒足了；借问江湖霜信，公子奚如。

然而采向丁沽，携来亥市。渔艇蓼滩之外，邂逅诗人；酒旗茅店之间，奔忙街子。偶添离合之缘，未喻离明之旨。岂知烟波适性，咸若呈麻；戈甲卫身，森然可恃。凡皆仰继照于大人，揽英声于介士。沐膏则一品扬芬，横海则万流顺轨。信非经文纬武之儒，未足以语乎此也。

郑商人犒秦师赋_{以题为韵}

鹑首瞻秦，旄头指郑。超乘情轻，衔枚力劲。振管而北门莫开，吹角而西师不竞。谁参道谋，顿释兵柄。无端觊面，彼军之面如铜；有策攻心，我客之心似镜。

吾想夫三帅威张，雄心欲狂。阵列鹅鹳，国离虎狼。一军金鼓声寂，千里关山路长。原逐疑鹿，歧忘岂羊。征程则滑邑绵绵，黄沙白草；猛士则秦关业业，紫电青霜。方赋同袍与子，漫将行囊征商。

时则有弦高者，履瘁周道，衣缁洛尘。为牛马走，非凫雁臣。犊车队里行缓，牛铎声中往频。问谁结巢父缘，苍犊堪饮；问谁挟陶朱策，乌犍不贫。但见天惨风烟，飞军欲入；地鸣鼓角，结轸何因。东道竟自今遇寇，西邻岂谓我无人。

乃乘传兮入告，借琼琚以投好。周视乎前军后军，侦探乎添灶减灶。咸阳之鼙鼓未喧，溱洧之羽书先报。隐寓戈矛，明投纨缟。患御羊牵，势防鹅傲。请驻关中铁骑，歧路而谋；待椎陇上肥牛，全军尽犒。

虎侣情亲，隆仪具陈。牡丹黑醉，刍草青匀。言温挟纩，力巨扶轮。目空万帐貔貅，狼心枉骋；瞻破一营猿鹤，螳臂休瞋。墨经何须待晋，丸泥已足封秦。

遂乃万里星驰，雄威莫施。咸林境静，板屋兵疲。鹿未取而逢孙早遁，牛有声而先轸已知。素衣彼国空逆，白铁吾军不持。可以敌蹇叔先几之哲，可以却孟明拜赐之辞。戟拔一队，心雄六师。

曾亦有献环而利不牟，曾亦有载橐而名不鹜。场经乎马去牛来，计拙乎蝇营蚁附。岂如手解兵权，胸藏武库。川障东之，天忘西顾。术庸久托鱼盐，班合早侪鹤鹭。青缃几卷，逝将从李泌而游；白石一歌，还请继宁生而赋。

帆随湘转赋 以"帆随湘转，望衡九面"为韵

推蓬北渚，打桨西岩。湍花雪散，水影云搀。涛头叠涨，舵尾如衔。山列屏而送画，潭澄镜以开函。九曲悠然，夹岸涌来泾翠；一声欸乃，中流载出轻帆。

帆影迷离，湘流逶迤。水环山而绿绉，山隔水而青欹。来乍

冲烟，浪鳞鳞其奥折；出疑无路，衡面面以屃屃。情随水远，家逐船移。新蒲几叶，柔橹一枝。畅清游兮泽国，寄逸兴于天随。

第见沿堤路长，云水苍茫。望难纵目，曲似回肠。一篙半篙之浪，千尺百尺之樯。蘋香晨润，柳阴午凉。浦烟送碧，江月澄黄。竹边解缆，花外鸣榔。恰趁遨头，得看云于灵麓；又支蓬背，同听雨于清湘。

盖其沿湘而上也，地势潆洄，风光流转。赤岸分歧，白沙清浅。纬曳雨以斜牵，席御风而低展。渡口云迷，滩头浪软。湾旋似螺，峡束如茧。乍直上以迢遥，倏横撑而奥衍。疑经字水三巴，不仅吴淞一剪。

至若下水船移，冲风溜放。棹举有声，布悬无恙。山面如疑，湾头相向。泻一碧以回湍，抱四青而叠障。转复转兮前汀，随复随兮晓涨。直驶平堤，轻飞贴浪。盼到重重翠巘，排不断之烟鬟；行经渺渺青溪，锁如环之脉望。

时往时复，亦将亦迎。湘痕练净，帆势云行。宅随梗泛，舰比毛轻。江村一重一掩，水驿几纵几横。鼓枻何来，渚尽红兰白芷；扣舷竟到，洲皆绿橘黄橙。拟万壑千岩之竞秀，抗九峰三泖以争衡。

遂使囊尽携诗，船皆泛酒。祠傍水仙，台依钓叟。睨蟹舍以高低，接鸥波于左右。香乘莲国之莲，荫带柳州之柳。流分六六，递引春声；岳望三三，顿开烟薮。莫是芦洲屈曲，图绘葛三；恰疑滁水回环，记从欧九。

客有水泛桃花，流乘竹箭。船号相于，湾名相见。笛里吟龙，樯头送燕。合江亭外，绿汲千寻；拜岳石边，青梯一片。送帆雨兮蒙蒙，梦湘云而恋恋。待得波平月到，快相印之以心；漫疑山带云移，遂不同之如面。

瑶琴一曲来熏风赋以题为韵

堂依碧柳，窗荫红蕉。珠柱三尺，冰弦七条。惮溽暑其难避，冀新凉兮可招。偶披案上牙签，文成冰雪；忽振林间玉铎，响戛琼瑶。

始其花边携篁，竹外披襟。香萦睡鸭，帖展来禽。送斜阳兮屋角，伫皓月兮天心。相怡得牙旷之情，俗怀尽涤；自谓是羲皇以上，乐意堪寻。时则风犹未至也，而赏心聊托乎鸣琴。

轸乍拂而弥清，弦徐挥而更逸。横蔡邕爨下之桐，捶柳恽座中之笔。云净天空，山深林密。柿叶半廊，松花满室。莫是成连海上，古调无双；直疑陶令窗前，新声第一。

数峰自青，万水初绿。袅袅铿金，泠泠振玉。忽暑风兮竹簟，来若无心；收汗雨于蕉衫，翛然自足。一丝轻扬乎茶烟，四壁澹摇乎桦烛。合教冰署头衔，岂有尘侵心曲。

想夫天行赤日，地卷红埃。阴难借竹，渴未逢梅。珠招凉而莫寻燕馆，湾消夏而谁觅吴台。何轻飙兮洊至，借逸韵兮频催。浑忘渌水数章，闲中领取；直讶冷云一片，空际飞来。

乃延新爽，乃埽浮氛。纱披马帐，练拂羊裙。神恬不滓，事暇多欣。抚焦尾以愔愔，秋蝉并咽；听檐牙之瑟瑟，铁马微闻。聊消闲于北牖，庶无负乎南薰。

既而谱终落雁，阵送归鸿。众籁俱寂，寒烟一空。荡回飙于兰蕙，印明镜于梧桐。便疑玉宇琼楼，曲真天上；不待竹泉萝月，趣领弦中。并欲遇钟期于流水，而乘宗悫之长风。

矧其步学木天，手研薇露。铃声静院，时披解愠之风；桐荫高冈，即是承恩之树。惟识曲之有真，讵赏音之难遇。松扉云满，伫听石拊以和声；朵殿凉生，用爱日长而奏赋。

大高殿祈雪赋以"尚未开坛，祥霙密洒"为韵

维道光十有二年冬十月，皇上下明诏：御斋宫将蠲吉日，行祈雪之典礼也。时则宿雾全收，圆灵昭旷。朔风不兴，彤云未酿。吹六而律里春回，点九而图中花放。朝绅鹭振，村氓鹤望。待玉戏之缤纷，犹未仰邀乎灵贶。乃备法驾，列仙仗。暖玉之尊罢擎，翠云之裘弗尚。栖虑纶扉，凝神黼帐。将以俟昊绛之监临，布神膏而普畅。

爰有大高殿者，紫府星环，碧城霞蔚。祀肃真灵，旁通御气。带玉㻞兮透迤，爇金猊而暖暐。经列圣之垩涂，荐馨香于優僾。朱户洞开，丹楹旁纬。砌草周才，庭梅开未。仡銮跸以肃振，发皇诚而通帝谓。

宸念有恪，天心已回。冰柱初结，琼花竞开。霏玉屑于三殿，净珠尘于六街。宫扇低而舞回玉树，属车过而路落银杯。佐我皇祚，登之春台。重壁连璐，皓乎快哉！灿兮若羽客，虹骖而并至；皎乎若玉真，缟袂以偕来。

夫以紫垣高远，碧落弥漫。无言奏假，有赫监观。方升香之有待，虑降康其实难。故汤祷雨而桑林合舞，舜祀河而沉璧巡坛。虽偶昭其符瑞，要时御乎华銮。曷为乎谒方衔风，辔未鸣鸾。遂已庆九天之布闿，合万众而胪欢。

徒观其泽随风靡，瑞与云翔。洁敌银鹤，光腾玉羊。舞媵六兮招巽二，朝咸池兮夕扶桑。将以兆太平之玉烛，慰轸恤于我皇。孰知乎祈年意切，问夜弗遑。者方倍深其寅感，而不侈乎备至之嘉祥。

乃有樵童土鼓，牧竖芦笙。落絮容与，飞花送迎。相与矫首顿足，仡雪泽而催耕。又有承明金马，著作名卿。瑞纪三白，文舒九英。仿歌云于复旦，颂快雪之时晴。词成缀玉，管握霏霙。谓此兆丰而锡羡，洵足副民望而慰宸情。

天子乃登太极之仙林，觐上清之琼室。摅谢悃以告虔，爇神香而蠲吉。福敛百灵，花披六出。沛泽庬鸿，湛恩洋溢。犹复凛上帝之照临，期单心于宥密。法古帝之无荒，缅周王之无逸。谓天方佑此下民，予一人其曷敢疏乎勤恤。于是礼官书仪，史臣载笔。以颂为箴，采为奇律。

其词曰：神膏弗屯，帝泽解兮。奕奕瀗瀗，长驱洒兮。远被坤舆，遍溟澥兮。帝心皇心，通神解兮。永永万年，昭模楷兮。

迎秋赋以"商风初授，辰火微流"为韵

波澄袅袅，岫远苍苍。爽招夕月，暑送斜阳。草树晞以微露，关河邈而欲霜。浪净荷亭，炎意渐消九夏；雨敲梧井，漏声似点三商。盖薰已解万方之愠，而秋刚迎一味之凉。

夫以秋之既至也，橘密垂绿，蓼疏竞红。蛩吟短砌，鹤唳遥空。送将归兮客燕，迓后至兮宾鸿。野有鹿鸣，拜三章而乐备；田无禽获，登万宝而年丰。固知镂月裁云，尽多佳日；岂仅登山临水，易感秋风。

兹则炎曦敛午，玉宇澄初。清华渐近，烦溽方除。记柳外之青旂，春容未远；驻花间之赤路，夏令犹舒。忽驹光兮冉冉，接雁候以徐徐。直疑倒屣延来，檐外数声铁马；莫是举杯邀得，帘前一片冰蜍。

况绛汉兮横宵，更丹霞兮绚昼。木钻燧而潜移，草迎凉而益茂。飙轮南转，天回火旆之时；珠斗西旋，郊设金舆之候。又何俟兰馥秋汀，桂芳秋岫。潭影秋清，山容秋瘦。第观爽气之初迎，已验人时之敬授。

则有笺裁灯夕，帙展霜晨。烟寻未已，月话弥亲。望秋水于百川，蛟龙纵壑；盼秋云兮万里，鹰隼离尘。讶短暑其将届，念寸阴而益珍。秋信鲈鱼，张翰漫思充隐；秋吟蟋蟀，王褒愿颂贤

臣。方欲葆寒香于晚节，已先激壮志于萧辰。

又有夜枕雕戈，晓摞金锁。马邑沙飞，雁山云裹。刁斗击兮星驰，寒笳听兮月堕。草凋雪岭，咽铙吹而心维；柳飐玉门，飞羽书而力果。兰月催人，瓜期及我。益将肃万帐之戈铤，靖九边之烽火。

至若农蓑雨细，牧笛风微。稻堆黄簇，枣扑红肥。关心秋社之临，赛闻叠鼓；属耳秋砧之响，制促寒衣。惟铚艾实关本计，斯艰难尤切民依。即看南亩腾欢，得岁已征酉熟；不待西郊举典，迎秋更载辰旐。

惟圣朝时调玉烛，德洽金瓯。培胶序之英，重开蕊榜；献曼龄之祝，共拜宸旒。际此堂名澄景，馆启涵秋。拟陈黼座豳风，劭农功而罔懈；喜见寰区膏雨，载帝泽以旁流。

木从绳赋 以"刚中而应，大亨以正"为韵

昔商贤之入相，佐哲后以当阳。版筑而材堪辅治，和羹而弼已称良。臣进规箴，自尽纠绳之责；君资启沃，如赓伐木之章。盖对扬务戒乎面从，益由谦受；而中正隐维乎心学，德懋乾刚。

则尝拟诸大木，采自良工。根盘翠岫，柯长青铜。作诰而材惟用梓，矢诗而冈亦生桐。即其栖凤为条，自昭劲直；岂待雕虫献技，细致磨砻。何事程材，已备栋梁之选；惟兹建树，必归绳尺之中。

爰有牵从白屋，直比朱丝。不偏不倚，中矩中规。惟引绳之有准，觉妙绪之堪思。正从心而不妨墨守，擎在手而自妙维持。如彼伐柯，睨视适昭其则；宛同斫梓，作鳞亦曰之而。

故当其从之也，拳曲不形，指归有定。借以相资，用惟其称。操斤执斧以咸从，枉尺直寻而可证。坎坎闻声之候，雅善引伸；丝丝入扣之时，若堪持赠。惟兹匠石之推求，无异君臣之协应。

想夫职任宅师，道降交泰。引纲拊本之余，采干搜岩之会。拟工师之得木，百废具兴；惟祖武之是绳，万方永赖。结绳致治，兼资臣职之勤劳；谏木求言，益见君心之光大。

于是材需柱石，位重钧衡。四维具举，百度惟贞。从星而色耀玉绳，臣思襄赞；就日而华扬若木，君自钦明。愆偶相绳，已见纪纲之正；德如在木，用瞻品物之亨。

乃知进言者思格其非，取善者惟求其是。本一德以图终，宛百工之经始。救弊补偏，分条析理。材收杞梓，木原等于树人；阁启丝纶，绳亦严于度己。故从谏则圣，既上下之交乎；而辅德于王，自左右之曰以也。

皇上树德务滋，绥猷若性。为桢为干，兼备长材；如綍如纶，时宣巽命。既恭己以无为，亦惟人之无竞。岂仅嘉谟可采，庆百志以惟熙；尤钦惠泽旁敷，合万邦而归正。

芥孙赋 以"秋来霜露满东园"为韵

苏玉局芸窗偶暇，菜圃闲游。快嘉蔬之可采，得纤芥以相投。原同草偃，春风取诸民象；竟似芑生，丰水裕彼孙谋。肇锡嘉名，共艾人而送夏；扶持晚节，随橘叟以迎秋。

夫以菜之有芥也，一畦寒沍，半圃晴开。桑阴学种，桂砌同培。轶先生之苜蓿，近若子之蒿莱。即教浮向坳堂，何与绳其之武；纵令拾同科第，漫夸贻厥之才。岂观颐而品列，宛娱目兮人来。

至若慈姑草长，益母花芳。桐抱孙兮乳小，竹苗孙兮荫凉。稻有孙而楼筑，兰有孙而砌芳。皆如种就宜男，饱韶年之雨露；不似咏同公姓，傲晚节之风霜。

曷为乎菊圃提携，木奴爱护。草脚斜支，蓬心顿悟。岂芥姜品重，俨早岁之英华；抑芥蒂胸存，是少年之意度。好假云孙之号，繁衍椒聊；合依香祖之旁，含茹兰露。

时则点检药房，埽除柘馆。芥台如臂兮风翻，芥叶为舟兮浪暖。洗从花底，金钱堕去以匆匆；送向松间，琥珀引来而缓缓。拟赋芄兰于童子，鞴䩞何知；非谋黍稷于曾孙，箐车尽满。

逐花姑兮永日，偕袖弟兮倾风。或黄柔而手握，或兰臭以心通。慈母竹依，报春晖而寸心与共；王孙草长，沾累叶而湛露滋丰。似随陶令菊松，娱老而牗方依北；恍植右军瓜果，弄孙而归恰从东。

然而偕邵瓜而满圃，共庾韭以环门。杯水能浮，庄言或寓；须弥许纳，佛果犹存。虽复香迎凤子，荫接龙孙。孰若长屈轶于尧阶，特摅忠悃；发华桐于舜陛，长植灵根。则孚契且同于针芥，岂遁思反寄于丘园也哉！

紫樱桃熟麦风凉赋以题为韵

斜日半林，凉云十里。分秧之雨初停，煮茧之烟乍起。春到岭边，人来画里。数过重三之节，渐引熏风；吟成六一之诗，再经汝水。踏草碧兮苔青，望麦黄兮樱紫。

则见彤标掩映，绛树分明。珊瑚影碎，璎珞条横。颗圆而润漱花间，村村驻马；巢暗而香衔叶底，处处闻莺。天气半寒半暖，林阴疑雾疑晴。盖风信未催乎宿麦，而霞光已烂乎山樱。

俄凉飙兮剪剪，泛翠浪兮滔滔。篁新箨解，柳弱丝缫。穀添荷沼，响答松涛。雉雊烟而鶱远，鸦拾穗而翔高。递秋信兮平原，图呈麦秀；报春明之好景，宴设樱桃。

风来送凉，日至皆熟。樱原冠乎群芳，麦更首乎百谷。珠漾垂垂，金摇簇簇。味佐笋厨，获先黍谷。爽生樱序，饼香已散陇头；和酿麦天，蜜味早甜崖腹。何处青丝笼絮，人倚药栏；几家紫玉匙翻，农欢茆屋。

　　回忆夫万树英丹，一川雪白。夏实未成，秋期尚隔。多秀色与目谋，迟琼浆于口摘。贻牟颂展，常忆铺菜；羞忝期遥，刚思怀核。落桃花之红雨，何曾鸟尽含桃；泛麦浪兮青罗，不见禽催割麦。

　　兹乃果尝新荐，年号小丰。两歧撷翠，千子分红。忙到内官，赐瑛盘于苑里；赛将福习，送金盒于宫中。铜马则名征别圃，锦鸠则粒啄芳丛。固应杏酪和来，影混筵前之月；何止蕉衫凉透，芬扬陌上之风。

　　于是停朱轮而问俗，过绿野以寻芳。丸擎琥珀，饼说饸饹。想美麦丰穰，泽拟郇公芳黍；抚荆桃的烁，爱遗召伯甘棠。感旧游于宦辙，觅新句于奚囊。直疑阙近芙蓉，上阑拜惠；不是暑清竹簟，小院招凉。

　　况值币宇恬熙，湛恩布溥。琼林琪树，承舜陛之和风；郿黍里禾，沾尧天之甘澍。赐果而尝遍班联，省稼而时迎銮辂。快见珠樱的的，挺唐宗珍席之诗；更看瑞麦油油，奏任瑗瑶阶之赋。

瓶笙赋 以"水火相得，自然吟啸"为韵

　　凉月松间，淡烟竹里。黄叶堆炉，绿枪列几。蟹眼初过，鸿鸣渐起。声袅袅以何来，韵泠泠而未已。桃笙欲展，待招两腋之风；茗碗初安，祇候双瓶之水。

　　时则开几仲之绮筵，击坡仙之吟舸。别酒频斟，闲轩杂坐。生涯瓶钵，笑行脚之疑僧；同调笙簧，幸中心其好我。何必管弦盛事，谱从萝月松风；亦殊山水清音，吟到石泉槐火。

　　乃闻逸响，入耳铿锵。乍来乍往，时抑时扬。如和紫鸾而节应，如鸣丹凤而云翔。玉脆音雅，金和韵长。律吕均调，列十九簧而宛尔；宫商谐畅，拟十二管之还相。

　　始风过而徐徐，忽云停而默默。一堂相对以忘言，四座倾听

而动色。岂步月偶逢子晋，得缑岭之新声；抑补天恰有娲皇，传鸿荒之旧式。何为洗耳，直疑天外飞来；共快赏心，不类人间闻得。

俄而察之，愈深惊异。偶拂银瓶，如聆玉吹。水因火沸兮吟咏清，火借水腾兮波澜积。雅韵初传，闲情偶寄。问潘安仁之笙赋，肖像应同；叩陆鸿渐之茶神，此声奚自。

惟瓶也，质原皎洁；惟笙也，韵益缠绵。声如绘水，籁本从天。潋潋井花，享烟霞而作供；荧荧活火，苏兰桂以同煎。一番领略，半晌流连。写入茶经，无相与而相与；播诸乐府，不期然而亦然。

于是词臣延赏，墨客招寻。松风漱齿，萝月澄心。乐意相关，是桐人中郎之听；无端作合，如笔捶柳恽之琴。即敲冰而瀹雪，宛戛玉而铿金。倾入花瓷，有韵尚流雀舌；激成水调，此声何减龙吟。

然此犹适趣燕闲，寄怀清妙。应有同声，弹宜古调。孰若文披黄绢，煎茶而锁院成诗；月上紫薇，赐茗而玉堂有诏。笙镛协律，应谐舜陛之韶箾；泉石怡情，何取苏门之长啸也哉！

聚米为山赋 以"昭然可晓，虏在目中"为韵

云山隐隐，天水迢迢。重关峥峨，万嶂岩峣。黜虏真成秕莠，谋臣独献刍荛。未标千丈之铜，界分交趾；先聚一囊之米，翠耸长腰。缩地有方，著手而居然了了；裹粮以往，发蒙而已若昭昭。

昔伏波之将征隗嚣也，荆榛满野，关塞极天。陈仓莫度，刁斗空悬。非米粟之不多，苦难转饷；恨粃糠之未埽，无计筹边。嶂问丁而有待，山呼癸以无缘。谁探虎穴，敢勒燕然。

乃欲手剪蒿莱，力平坎坷。擘华惊人，摩崖仗我。地略米堆，峰盘饭颗。绘将一角烟云，照彻三边烽火。纵许量沙夜半，计定

万全；漫夸借箸席前，谋非两可。

况欲任旗鼓之纵横，忘河山之缥缈。石补天低，关封丸小。须弥纳而芥轻，世界藏而粟渺。不遣明珠薏苡，随口沸腾；只看石廪芙蓉，举头夭矫。认蛮烟而累黍无差，分蚁垤而析糠易了。吾恐因粮于敌，事或幸成；即教画地为图，势难洞晓。

而乃驻征旗，操量鼓。白粲沙披，青稗云吐。掷去成珠，挥来即土。点缀乎千峰万峰，商量于三疈四疈。此翁矍铄，非关纸上谈兵；办贼从容，那识目中有虏。

遂使道启夷庚，步分竖亥。指画宣威，心兵奏凯。甲卷谷城，戈横稗海。观壁上而军渺虫沙，游釜中而敌成菹醢。举头天外高山，我则荒之；抵掌王前糗粮，我先峙乃。盖蚕食之计已成，而马留之师尚在。

是知策妙攻心，谋殊负腹。岭是麦丘，山成黍谷。拔帜立帜，而智本恢恢；增灶减灶，而才非碌碌。地鸣鼓角，一麾来天上之军；米渐矛头，三日馆师中之谷。岂仅式留铜马，垂竹帛以铭勋；景忆站鸢，望河山而举目。

我圣朝文敷匦宇，警靖诸戎。九围纳秸，万里呼嵩。岱雨衡云，庆金瓯之日固；里禾鄗黍，登玉粒而年丰。从知雪岭櫜弓，思服遍垓埏以外；讵数天山传箭，运筹存帷幄之中。

左右修竹赋 以 "坐中佳士，左右修竹" 为韵

有诗境焉，茅结数椽，笋环千个。凤尾争翘，龙吟迭和。雨到绿分，云穿碧破。量应解带而围，剧待荷锄而过。可远俗氛，可供清课。取诸左右，雅宜君子之居；报以平安，时入高人之坐。

乃铺画稿，乃展诗筒。一万竿未描诸坡老，廿四品早列于司空。谓萧疏兮可爱，与典雅而同工。赏延凉月，缘结清风。漫矜佳士品题，生花腕底；为想才人吐属，成竹胸中。

徒观其珊瑚节长，翡翠翎排。生气远出，虚心与偕。戛风篁于韵府，味蔬笋于诗牌。皆有高致，堪伸雅怀。然而雪色壁间，斜一枝而自好；曷若紫筠堂外，种千亩以尤佳。

夫惟翠筱依窗，绿阴拂几。映带偏饶，便蕃足喜。琼林客过，鸣佩常闻；玉笋班联，奉璋可拟。张志和尝闭竹门，王摩诘自营竹里。论其位置，原左右以相逢；供厥取携，能左右之曰以。斯诚足以友苍官、称青士也。

试取径乎水涯，放中流之吟舸。寒碧周环，蔚蓝重锁。句属阿咸，画题老可。恰堪留客，拍肩把袖以俱仙；不问主人，把酒持螯而坐我。夕阳西兮微雨东，洪水右兮泉源左。

至若梢压檐牙，箨吹谷口。露落叶寒，霜黏筠厚。或拂或萦，亦宜亦有。傥逢烧笋戢毂，列而餍心；时或裁筒翟篰，执而在手。窗北窗南，山前山后。管城子何必较其短长，玉版师可以置诸左右。

林密忘夏，山空欲秋。埽尘有帚，钓诗亦钩。削竹而图书鳞次，吹竹而宫徵音流。有时月上题笺，浓青隐隐；何处风前鸣铎，空碧悠悠。盖聆其响则金敲玉戛，而扬其芳则叶贯条修。

是有别肠，非同俗目。良朋至而荇藻横阶，太守馋而箅箬满谷。不可无其一日，愿与结邻；更须益以三分，从中构屋。于以惬吟怀，于以清尘牍。将树风声于鸾节，见重上林；岂矜粉饰于鱼须，仅推文竹也哉！

拟黄文江秋色赋<small>以题为韵</small>

凉月一丸，清霜万里。红透疏林，绿添湖水。送南陆之微薰，接西郊之短暑。侔色难工，吟秋未已。满目苍茫，倩谁摹拟。

方其秋之将至也，原草蔓其深碧，篱花妥而半黄。迟空山之梦雨，阁古道之颓阳。桃笙卧晚，葵扇招凉。蝉琴几树，蛙鼓半塘。果掷猿穴，禾堆鹿场。看到枯荷，剩微暄于水阁；倚来修竹，别残暑于潇湘。

惊木叶兮微脱，俄秋声兮远闻。商飙拂而易色，零露下而成文。栖鸦绕树，落雁回汀。沙吹古驿，藤蔓危亭。砌积红润，栏招翠氛。剪残青女之花，早占霜信；织罢黄姑之锦，又是秋分。

不见夫日暄莎径，晴逼枫江。黄花绕屋，红叶打窗。漏箭宵激，丰钟晓扨。蝶稀曲坞，蛾扑吟釭。野色如烟，短笠催归牧犊；林光似水，断桥吠遍村尨。

至若细雨勾留，寒烟未收。凉生半枕，风贮一楼。远岫渍而更瘦，微云澹其欲流。水墨铺成画稿，荒寒送到吟眸。滑屐行来，白战菰蒲港口；泾帆曳处，黄生橘柚船头。秋何地而无色，色何年而不秋。

又况思妇城南，征人漠北。雀喜频占，燕然未勒。草衰而牧马惊嘶，灯暗而流萤凄恻。盼乌桕于前村，忆黄沙之绝塞。胡笳咽而草青，羌笛吹而月黑。望珠斗于宵深，案银河于户侧。花疏水国，徘徊红蓼之秋；叶坠衣砧，瘦损碧梧之色。

然而秋景自澄，秋光莫误。天抹绮霞，地开宝路。溪山贡奇，烟月增趣。验物候于不暑不寒，感人事之亦新亦故。色最清华，秋非迟暮。又何羡乎东野之号若寒虫，子安之情怜孤鹜。相将制曲，当早撼梯月之才；此会登高，请并献凌云之赋。

秋末晚菘赋 以题为韵

露葵香细，水蓼花裀。菊摘陶令，瓜芸邵侯。有高人兮钟阜，款佳客于山陬。赤米白盐，笑岩居之自富；紫茄红苋，薄世味以何求。惟菘心之脆美，胜果腹于珍羞。看来茆屋风光，一畦寒菜；绘出秣陵烟景，九月凉秋。

夫其沁齿香生，凝眸翠活。土沃根深，云扶叶阔。入蔬谱以称珍，绕槿篱而可掇。熊蹯拾取，宛如韭剪庾郎；马面题时，应笑菜名诸葛。陆务观连畦小摘，烟穗纷披；范石湖踏地频挑，雪花重拨。想同苜蓿，照初日于盘中；不类芙蓉，感凉风于木末。

俄萤冷兮霜皋，更蛩吟兮露畹。木落空山，苔荒小苑。紫花漠漠，低遮秋草之原；绿叶垂垂，远被秋兰之坂。气备四时，菜铺万本。雅宜北上携归，而尚带烟华；恰值西风采取，而劝加餐饭。不待冰壶作传，味领宵分；还疑玉糁名羹，杯传岁晚。

于是筠篮积翠，芋火分红。九英并美，七菜兼充。白衣送酒之天，食单重检；黄叶打门之地，吴味偏丰。茹其芳则甘教蕨逊，详其义则名与松同。数到家珍，补羔豚于社后；尝来野趣，饱猿鹤于山中。是何必英芳冷节，莼忆秋风。即看蔬笋厨开，每偕蜀箸；已觉烟霞供好，较胜春菘。

是盖志寄窥园，情关学圃。耽蔬食以弥佳，数瓜期而罔误。偶然小嚼，冰霜之响犹寒；邈矣孤踪，泉石之怀已锢。不是鸣驺催去，列鬈争讥；尚思抱瓮灌来，御冬有具。彼小草其何知，讵幽芳之足慕。孰若菜根可咬，雅操能持；饘粥自娱，远猷已裕。好坚晚节，对花吟韩相之诗；漫寄秋怀，采药续陆生之赋。

射己之鹄赋 以"射以观德，反求诸身"为韵

古帝王兰锜销锋，芹宫布化。诏司马以张侯，进群臣而肄射。弓既坚而矢既钧，揖同升而饮同下。爵祈有的，既审固之弥勤；鹄失无争，亦反求而不暇。惟功常励乎迈征，故训先昭乎绎舍。

则尝稽夔相之遗规，考曲台之奥旨。观比礼比乐之为昭，知序宾序贤之有以。智不先人，学惟责己。将修身以为弓，亦矫思而为矢。非尔力也，惟中者得为诸侯；不出正兮，知射有似乎君子。

夫以射也者，栖皮有制，中目为难。矢将舍而如破，括必省其所安。宛鹜缨乎缴坠，恍鹄待乎珠弹。倘教失以毫厘，千里益

形其差谬；敢徒矜乎巧力，六钧见重于传观。

况制重乎三侯，期行严乎六德。将正己以率属，克简帝心；亦修己以安人，式和民则。既膺朱绂，同歌采蘩采蘋；漫诮素餐，空赋悬貆悬特。使克开未著于百为，即命中难夸其一得。

故当正志维严，会心独远。观揖让以雍雍，慎威仪而反反。如涉冥鸿之慕，用意先纷；恐蒙刻鹄之讥，盖愆已晚。惟一身必峻其防，斯五射务求其本。此亦犹周行如矢，已惟慎乎歧趋；天道张弓，已常防乎招损。

射原有志，己益交修。其己之失也，似饮先扬之觯；其己之得也，似张如树之镞。其责己之严也，钦止凛张机之释；其推己以及也，纳房严束矢之搜。盖悬的为招，即是人纲人纪；而循声以发，不嫌予取予求。

是知德修之罔觉，亦犹矢发而无虚。举旄倛旄，宛奏君臣之乐；司射诱射，如披孝友之书。彼反求而得者，岂不发而跃如。惟鹄也式，昭其中正；惟己也度，极其安舒。从教比耦登场，自力严其修省；讵谓射候终日，可玩忽乎居诸。

我皇上布昭圣武，广被酾仁。既垂裳而恭己，亦熙绩而抚辰。兴贤集朱绂之班，鹿苹式燕；阅射启紫光之阁，凫藻熙春。固宜多士勤修，咸切近光之愿；群侯谨度，勉为藏恕之身。

麦壮于卯赋 以“麦生于亥，其壮在卯”为韵

晨气蒙蒙，春阴脉脉。草长四青，雪消三白。辰旂已载东郊，戊社又喧南陌。释菜上丁之候，碧藻宜人；出耕小卯之初，绿杨送客。纷开花月之花，方壮麦秋之麦。

犹忆夫龙鳞隰远，鸦觜锄横。漂曾经雨，种复宜晴。一犁土润，十亩烟轻。获记从辛，元气尚含玉粒；蒔虽若子，秾华未挺金茎。纵丑腊初过，早卜六花之瑞；而寅春始至，只先百谷而生。

而欲花花雪散，叶叶霞舒。黄金穗重，白雪香徐。邑条风而
旖旎，铺绣壤以萧疏。则方经榆荚飞时，晓寒尚勒；未到海棠开
后，芳信仍虚。嫩影依依，远逊洲前之杜若；柔条冉冉，难齐露
下之林于。

俄杏雨兮频催，忽麦天之顿改。斗指卯而杓已中绳，风开甲
而物皆破蕾。莺恰恰以啼烟，雉翩翩而振采。春色二分，生机百
倍。拟树人于树谷，壮已成丁；祝美麦于美禾，耕曾用亥。

其方壮也，鸦青隐隐，螺黛垂垂。冻苏翠薄，露浣苗低。似
抱壮心，雨无声而酝酿；如占壮趾，春有脚以迷离。青分陇首之
云，浡然兴矣；绿缀枝头之玉，色亦温其。

已而绣野吹香，风畦卷浪。玉叶纷抽，琼花竞放。秀五穗于
图中，歌两歧于陌上。江南草长，带戊雨以争翘；塞北天寒，趁
庚晴而益畅。朽曾化蝶，恰荣扑蝶之期；候正鸣鸠，先绘噎鸠之
状。时将受乎厥明，物乃受之以壮。

是盖节近中和，春融寰海。惟卯以冒为义，象著棣通；亦卯
以茂为文，机呈荃宰。花照夜而问夜何其，气迎秋而有秋亦乃。
阳调卯律，句芒之序平分；德王卯金，福习之神宛在。

圣朝瑞纪嘉禾，教敷采苕。豳风入告，念轸农桑；景福来崇，
雅歌醉饱。蠲赋而惜及脂膏，挟纩则欢腾牙爪。应更续风诗于唐
殿，露湛壬寅；岂惟纪雨麦于苏亭，霖书丁卯。

四月清和雨乍晴赋 以题为韵

宿雾横空，新岚涌地。浪浅拖蓝，林空滴翠。轻寒轻暖之韶光，
忽淡忽浓之画意。境当畅适，招来旧雨两三；节正清和，数遍番
风廿四。偶尔闲吟，脩然无事。记洛下之闲吟，羡温公之高致。

当其独乐名园，探幽扶筇。时邀田父，或课雨而量晴；亦遣
墨卿，常吟风而弄月。近对南山，远怀北阙。情殷捧日，当湛露

之未晞；志在作霖，沛恩膏于不竭。

时或一雨初降，六合自清。响垂檐溜，润扑帘旌。何处分秧，一罫之浓青水满；有人泛艇，半篙之新绿波平。茅屋话迎梅之候，竹窗闻解箨之声。

既而鳞鳞云散，习习风过。旭日钲挂，澄霄镜磨。歇花栏之蜡屐，卸荻港之渔蓑。望来山色水光，晴空正朗；绘出衣香扇影，天气微和。

夫以节候之各殊也，寒乍减于春三，炎渐蒸于夏五。溽暑伏庚，沉阴积午。孰若是之庭户清明，园林和煦。草腻蝶酣，花疏莺乳。红催樱序，恰逢薄霭新晴；黄遍菜畦，常有澹云微雨。

婪尾余春，遨头数夏。花气闲阶，茶烟曲榭。晴兼雨而火伞未张，雨送晴而银丝徐下。自是暄妍之绮序，寒燠皆宜；漫疑离合之神光，阴阳亦乍。

公乃拈佳什，寄闲情。青蒲簟展，白袷衣轻。社近枌榆，麦将收而浪卷；村经桑柘，茧乍煮而烟横。庆金瓯之化治，调玉烛而岁成。亭名喜雨，帖展时晴。能勿关怀于赤县，而系念于苍生。

圣天子继照钦明，湛恩布濩。平泰阶而瑞应玉衡，清乾絡而洪延宝祚。课耕每降温纶，省稼时勤銮辂。云兴四岳，八埏溥傅说之霖；日耀重光，五色奏李程之赋。

试院煎茶赋 以"坡公试院，煎茶赋诗"为韵

槐厅日永，棘院风和。月团浅瀹，雪碗轻波。蚕声未寂，蟹眼初过。听瓶笙之隐沸，扣铜钵以微哦。宛如轻扬茶烟，诗留禅榻；恰好同酣茗战，人是銮坡。

盖昔苏内翰之典试也，才量玉尺，名重纱笼。待摩诗垒，先萃文雄。古战场过，遄订一经于陆羽；新花样好，漫评七碗于卢仝。六艺漱芳，诗瓢积素；三条给烛，篝火添红。固宜座春风而

笑谈亦韵，神秋水而衡鉴皆公。

然使未订茶盟，徒耽墨戏。团饼无龙，奔泉有骥。金仙露好，吸液惟劳；玉女洞遥，分符不易。只研松使以抒情，莫遣酪奴而却睡。则志和归去，无与疏兰；司马渴时，凭谁涤器。曷羡雅人茗碗，雪里曾烹；请留学士诗牌，雨前小试。

尔乃活火炊残，新瓷瀹遍。雪水一瓯，云腴几片。堨松叶以团烟，汲井花而散霰。舌似雀以初舒，眼如鱼而乍眩。玉滴流芳，心香入咽。一丝烟袅，味逾旧社旗枪；两腋风生，人坐斜阳庭院。

玉碗初传，清香馣然。肠枯亦润，吻燥仍涎。湔渴尘以万斛，搜文字之五千。酌入红螺，似餐甜雪；飞来白凤，欲赋甘泉。触推敲之逸兴，结瓶钵之新缘。恰听雅颂之音，莲花朗照；大有烟霞之趣，槐火初煎。

于是杯持鹦鹉，笔走龙蛇。脾才沁润，口欲生花。泻罗胸之锦绣，绘蒙顶之云霞。较花猪而味胜，拟诗虎而才赊。回思月上紫薇，曾荷玉堂之赐；又值天分绛节，仍颁顾渚之茶。

徒观其检点隐囊，安排茶具。漱玉携泉，截金作句。盛石乳之一瓶，销兰薰之半炷。讵知选佛登场，梯云得路。怀清而泾渭无淆，辨味而淄渑弗误。龙安虽远，能搜骑火之珍；兔管方拈，不减凌云之赋。

圣天子赐露台之佳宴，被薇省以荣施。雪碗盛来，分排绮席；银瓶瀹出，欣拜彤墀。翘楚皆登俊选，菁莪幸际熙时。应同玉局坡仙，彻金莲而归院；岂仅平台杜老，啜香茗以成诗也哉！

云兴四岳赋 以“零雨自天，云兴四岳”为韵

峰高捧日，泽下从星。润分河汉，锐走风霆。天无穷而晕碧，山未了而垂青。惟九垓之布闿，借四岳以钟灵。遥连蓬岛之阴，卿云在望；方税桑田之驾，子雨先零。

维岳降神，无山与伍。拔地千寻，去天尺五。其南则岣嵝祝融，其东则云亭梁父。北恒峍岅而连杓，西华崚嶒而耸柱。洞壑回环，烟霞吞吐。犹记怀柔于望秩，辑瑞升香；自储广大之精神，兴云降雨。

故当其遥接浮岚，未蒸泾翠。龙虎气沉，蜼蜼类异。金绳玉检，漫夸封禅之书；石窦珠崖，谁补名山之记。方触石以无由，欲望云而奚自。

俄而影澹银汉，烟蒸玉田。杳蔼青吐，玲珑碧穿。看擘絮于琼霄，衣披玉女；讶挹桨于斗宿，盘捧铜仙。便借雷行，忽送千峰之雨；何须石补，全弥一线之天。

既蔼蔼兮多态，更飘飘兮轶群。石栈天梯，各辟岩峣之境；霞关贝阙，都成纠缦之文。覆神渊而幂历，界穹宇以缤纷。直疑咳落九天，风生珠玉；莫是笔摇五岳，纸落烟云。

由是声来淅沥，势挟飞腾。簇金枝而作阵，立银竹以如绳。翔翥何来，舞出三霄鸾凤；扶摇直上，护将万里鸥鹏。岂出岫以无心，凭虚而造；实分章之自手，有待而兴。

况乎崧降钟灵，云从辅治。郁雨殊勋，傅岩远志。举头日近，梯青联鸂鹭之班；触手春生，飞白映蛟螭之字。拟效华封而进祝，虎拜称三；并依章步以披图，鳌维奠四。

我皇上闿惠庞洪，酿仁优渥。瑞表山呼，文昭汉倬。非烟作颂百灵，共效嘉祥；宛委探书千古，长昭绝学。固当轶汉京之著作，歌纪汾云；岂惟夸吏部之文章，障开衡岳也哉！

湘灵鼓瑟赋 以"曲终人杳，江上峰青"为韵

飒飒乎逸响铿金，清声戛玉。鸾弦静张，雁柱低促。乍有若无，欲断仍续。江月忽黄，湘水微绿。若有人兮湘皋，邈无俦兮芳躅。平沙浩浩，谱来落雁之声；木叶萧萧，写出栖乌之曲。

客有挐舟而听者曰：此真天籁，抑岂神工。音调别鹤，响送飞鸿。环佩疑远，筝琶欲空。识曲为谁，廿五弦弹从夜月；赏心似此，八百里荡入江风。如怨如诉，亦商亦宫。丝抽独茧，轸捩枯桐。其殆古皇英之二女，谱瑶瑟于三终者乎！

第见浩渺无垠，复不见人。沙净如雪，涛翻若银。秋媚红蓼，烟吹白蘋。俄一阕兮盈耳，更三叹兮入神。朱弦落落而指歇，渌水泠泠而响频。无声亦妙，有曲皆真。抱古调以独弹，绝殊郢客；共深情于一往，除是灵均。

铩铩玎玎，弥弥渺渺。鱼听波噞，鸟惊树绕。铿长鲸兮水中，翔元鹤于云表。似韶箾技奏于瞽蒙，似解阜情关乎亿兆。似鸣球而羽舞翩跹，似被衫而琴挥缥缈。遂使露冷苍梧，雨匀翠筱。步履珊珊，目波眇眇。望丹野而灵扬，讵黄陵兮人杳。

俄而繁声渐隐，细韵遥撞。节殊北鄙，调轶南邦。天冥冥兮橘浦，风袅袅兮兰矼。秋深月皎，夜静波降。烟迷水佩，雾暗仙幢。芦苇岸边，盼断千重白练；木兰舟上，凭残四面红窗。渺云和之三尺，剩寒涨于半江。

因想夫龙窟冥迷，鲛宫混瀁。几缕鲲弦，千寻鲤浪。响答渔讴，拍翻菱唱。卅六湾如许清泠，千余岁尚传悲壮。纵如梦而如烟，亦忽坠而忽抗。艳雪争飞，响泉轻漾。合共赤松调拨，邈矣同工；较诸黄竹歌谣，复乎更上。

然而一水溶溶，伊人莫逢。沉寥空浦，窈杳遗踪。舞徒盼乎文鹢，吟空咽乎水龙。轸急弦幺，时怜美梓；情长水远，孰采芙蓉。为忆夫姜芽敛手，裂帛当胸。冯夷忭舞，素女春容。令我情移，是燕赵无双之谱；凭人指点，在湘山第一之峰。

迄今汀兰散馥，岸芷流馨。华年谁忆，逸韵难听。文螭驾杳，白虎弦停。尚得寻诗江驿，卜梦空舲。采遗芳于石濑，探丽藻于湖亭。桂栋营时，恍横疏越；荃桡泛处，如写珑玲。能勿使沈家令徘徊云白，钱仲文想像峰青也哉！

知养恬斋赋钞　卷二

居廉让之间赋 以"臣所居在廉让之间"为韵

　　昔宋明帝，雅善知人。有梁州使，足备咨询。谓里之择也以智，而宅之安也以仁。不有佳境，曷称德邻。奏流水以何惭一则，愿逢明主；酌贪泉而觉爽一则，幸获良臣。

　　曰汝柏年，于时处处。将矢扶摇之志，如鹏沸波；将摅仪羽之才，如鸿遵渚。何以不贪为宝，瀹灵府以澄莹；何以不竞为心，象中流之容与。缨濯泉清，舟藏壑巨。斯足以奠厥攸居，而爰得我所也。

　　柏年进而称曰：华阳之野，臣有敝庐。白云绕屋，碧水分渠。泽宜雉啄，溪容鹭渔。以矢贞廉，可饮仲山之马；以明退让，可悬羊续之鱼。伤廉非所以盟心，扬清可激；闻让或从而洗耳，枕善堪居。

　　臣闻逢圣世而后清者惟河，拟圣量之善涵者惟海。泉宜正出，防利孔之营求；水以柔全，类虚衷之访采。语其廉则一尘不侵，言其让则万流共汇。珠还合浦，孟尝之洁堪思；渔不争隈，雷泽之风尚在。

　　岂不以情宜耿介，志贵安恬。溪壑之盈务戒，川泽之纳何嫌。处涸辙以犹欢，泉遑饮盗；触虚舟而不怒，水自流谦。以此洗心，应许柳名交让；无难照影，尽教船泛孝廉。

　　爰构庭楹，爰招梓匠。地僻心闲，境幽怀畅。车马时来空谷，多是名流；鹅鸭休恼比邻，自饶放浪。风月招寻，江山跌宕。十室岂无忠信，何难举孝兴廉；八家共笃和亲，遂以型仁讲让。

是盖学先有守，礼常自卑。道能大适，途岂纷歧。廉善廉能，六事以廉为本；让路让畔，一国之让交推。径绝蝇营之迹，室无鹅傲之私。请看似水门闾，不仁远矣；用集如云冠盖，君子居之。

况复海流频沼，春满瀛寰。金闺珥笔，玉署联班。酌水励清，惕冰衔而志洁；闻风兴慕，柔玉色而仪娴。臣尚清廉，自归澄叙；俗能礼让，尽化疏顽。固宜百志惟熙，幸天子化行海内；岂仅一乡称善，谓小臣来自田间。

听莺赋以“俗耳针砭，诗肠鼓吹”为韵

杏雨才红，柳烟微绿。花妥亭低，草铺路曲。双柑缓携，六桂轻促。时随牧肩，亦耸樵足。睍睆数声，偶然越俗。

为尔小坐闲中，双飞忙里。烟啼更佳，月话弥喜。长亭短亭，十里五里。梭向东风掷斜，侣从南陌呼起。歌回紫云，曲咽渌水。荡冰雪胸，洗筝琶耳。

试延睇乎烟浔，更怡情于茂林。诗成与韩杜抗手，酒熟惟阮陶赓心。树密云密，山深水深。浓薛滑屐，疏花洒襟。不弦不管，亦石亦金。嗓歌楼而罢扇，惊绣阁而停针。

于是三雅筹添，双螯手拈。浅碧泼瓮，丛青挂帘。行行而绵羽如织，去去而艳歌愈纤。掠兰风兮黄小，刷花露兮红尖。无尘入眙，有俗皆砭。

可对枯棋，可编艳诗。金醮千翼，烟揉万丝。一重一掩之径，三眠三起之枝。和白雪以铿尔，梯青云而上之。唱有殊致，听无尽时。

曾亦有百啭于柔桑，曾亦有双飞于建章。衣凭公子乞与，笛倩羌儿撅将。恰恰眉语，交交絮商。楚咻半涩，吴歙百忙。固已韵李供奉之绣口，回宋广平之石肠。

况复市咽钑箫，村喧粥鼓。针森绿秧，铃缀红树。风遍花风，

雨余谷雨。醒春梦兮玉楼，停踏歌兮金缕。争荣上苑乔迁，省识湖亭久住。

似此耳盈，何如心醉。翎轻愈鲜，语软尤媚。归随暮雨催归，至逐朝阳送至。又何待小白裁笺，幺红制字。春引春驹，花探花使。始足助韶景之暄妍，佐休明之鼓吹也哉！

大开耳目赋 以"大开耳目，求访贤才"为韵

自昔风云作睹之期，日月重光之会。庆协同升，运隆交泰。聪达无遗，照临罔外。去私惟奉以三无，惩弊必严乎四太。故耳称三漏，神禹以是如神；而目纪四明，大舜乃尤有大。

则尝溯唐宗之制治，期仕路以宏开。谓荷钧衡之任，宜收杞梓之材。欲求主圣臣贤，歌赓喜起；尚恐房谋杜断，识愧兼赅。曰汝听，曰汝明，辅治贵迨乎尧舜；为君耳，为君目，许身敢逊乎伊莱。

夫以耳目之为用也，论采风谣，鉴澄水止。求以声同，相非貌似。听鸟鸣于伐木，雅重求贤；顾象罔以求珠，务严相士。兼收乎夔拊龙言，并采乎凤观虎视。惟欲勿疑勿贰，见其面如见其心；要当思明思聪，谋以目亦谋以耳。

使其难许知音，不明作服。箴弗进于丹屏，才或遗诸白屋。善旌而莫采嘉谟，明镜而倦披荐牍。纵欲熊罴士进，臣罔二心；已惭鹓鹭班虚，罗张一目。何以佐主德之明明，何以法宰衡之穆穆。

粤稽先哲，允升大猷。平持玉尺，慎卜金瓯。谓选举非异人之任，斯赞襄惟同德之求。空谷匪遥，耳属而玉金勿阒；奇文共赏，目看而锦绮争投。要惟作哲作谋，贤是尊而能是使；岂遇善言善行，视仍反而听仍收。

始焉日赞忠勤，风仪想望。握发相须，中心是觊。闻其名而

耳熟，钓渭堪师；审其象而目游，筑岩可相。鹤鸣符縻爵之占，鸿渐卜为仪之状。是虽禹未拜而皋未赓，已觉虞必咨而畴必访。

迨至士伸知己，野无遗贤。有容乃大，有开必先。耳聆九德之歌，明扬侧陋；目想重瞳之治，师济中天。可以宣磬窦之民隐，可以辨黼黻于班联。固知庶狱庶言，兼营易杂；惟兹群策群力，任用宜坚也。

我圣朝珠囊纪治，珊网甄才。士勤夏屋，民洽春台。建事多闻德化，远周乎出日；重华继照皇仁，遍被于无雷。所由极劢相之勤，风声克树；而纪兴贤之盛，云汉昭回。

投签赋 以"投签阶石，响彻室庭"为韵

陈文帝躬膺宝篆，手奠金瓯。惜阴缵禹，待旦师周。整宵衣兮凤阁，听更柝于龙楼。念南朝荒宴成风，石城甫定；记北阙殷勤问夜，铜箭频投。

想夫璇宫籁静，宝鼎香添。华灯照壁，皎月窥帘。星低而已转玉绳，鲸钟阒寂；风动而屡听金钥，鹤籥清严。九衢嚣远，一枕神恬。谁更脱簪，永巷进盈朝之戒；漫劳索烛，中宵题记事之签。

况复据江山之半壁，调风雨于三阶。狼烟息警，燕寝澄怀。书何心而烛举，漏何事而莲排。将卧游兮钟阜，更梦度于秦淮。慨几年戎马之场，曾无暖席；报五夜鸣鼍之鼓，遑数更牌。

曷为乎宿火犹青，晨曦未白。到耳蓬蓬，关心脉脉。廿五声秋点遥传，十二叶漏签初掷。且叫黄扉，声喧绛帻。夕犹必惕，应防颠倒衣裳；夜尚未央，忽讶铿锵金石。

相戒夙兴，无忘昧爽。宝扇云移，玉珂风想。预怀鹭序，从容待漏之心；用戒鸡人，郑重挈壶之掌。几度端详，数声清朗。虫飞搅窗，蝶化归幌。惊回吉梦，恍投苍水之符；聆向初醒，宛

续钧天之响。

是盖朝昃未遑，寝兴有节。气奋风云，神清冰雪。夕枕心惊，日绳手掣。戈似投于汉主，讲艺情殷；醪拟投于越王，卧薪志切。每当碧玉签抽，翠云裘设。沉沉刻漏，恰同马镫敲残；耿耿曙光，不待鸡声唱彻。

然而百战匡时，三分梦日。铜虬之箭方催，金犊之轮已出。纵砖花影过，旰兼宵而缔造维艰；奈玉树歌来，画作夜而贻谋无术。更促蛙喧，磨旋蚁疾。未闻瑞席乎萝图，空复签投于蒿室。

孰有如玑悬尧陛，镜握轩庭。日复旦兮成颂，日又日以书铭。夜不敢康，星言而诏陈缥轭；天行以健，岁省则箴勒丹屏。烛龙衔兮晓筹报，班鹄立而官鼓听。岂待借六朝之遗事，始足树百代之芳型也哉！

沈休文读书台赋 以"风雅还如八咏楼"为韵

东阳词伯，西邸文雄。万卷胸贮，千秋目空。筑层台而隼庾，抱断简之蚕丛。问当年剩水残山，六朝如梦；对此地寒烟落照，一径遥通。试过江城，闲访善卷之故里；至今父老，犹传沈令之流风。

想其作客郢中，依人宇下。迹类飘蓬，芘惭广厦。蔡兴宗引作参军，竟陵王邀同吟社。笑薄技于雕虫，慨书生之戎马。亦复囊砚情孤，题桥兴寡。诗卷频携，酒杯空把。何暇台营千尺，作招隐之小山；更无谱订四声，冀扶轮于大雅。

况复迢迢朗水，落落梁山。桃花洞古，橘树洲闲。郭亮之屡烦羽檄，王镇恶始唱刀环。即思坐拥百城，手驱蟫蠹；只恐图开八阵，角斗蜗蛮。底事文坛，尚据一州之胜；尽游书窟，纵观百代而还。

而斯台也，超然越俗，卓尔凌虚。磴列蜗篆，阶留鹤书。朗若瑶圃，高逾石渠。想事舌耕，了了之心花肆照；未嫌腰瘦，便便之腹笥先储。恍登千仞峰头，高也明也；恰在万书堆里，奥如旷如。

盖自身历干戈，情耽笔札。银釭夜诵，慈母听而心劳；铜钵晨敲，贤王看而目刮。著谥例以星明，期迹言之洞察。字必琼雕，声同玉戛。访武陵之仙境，一卷书摊；拟文选之高楼，千寻俗拔。纵他日指陈栗典，不妨事少两三；幸于斯掌淬芸编，尚许才升二八。

试东望以迢遥，数南朝之究竟。石城之袁粲何存，记室之范云谁聘。徒令剑梦增奇，带移善病。抱丹悃而见疑，奉赤章而请命。野怀偶赋郊居，宫女怕呼家令。问曩时所读何书，奈仓卒许身非正。岂仅闲谈风月，愧徐勉之清严；啸傲烟霞，让通明之歌咏。

惟兹胜迹，颇耐雅游。荡波光于鼎口，点山翠于壶头。唐张颠浣笔之区，墨痕尚洉；汉武侯临池之地，碑字仍留。共斯台以不朽，记佳境之弥幽。恍如福地甘泉，得莱公而署姓；认取萧梁片土，感王粲之登楼。

轻燕受风斜赋 以题为韵

花天过雨，絮雪烘晴。栏开放鸭，树暗闻莺。散梨香而云薄，催栋信而风清。一竿翔台上之乌，将斜复整；双翼送帘前之燕，似重还轻。

不见夫杨柳长堤，酝酿小院。花韵春阑，日长人倦。乌衣认今日之巢，红缕记去年之线。可能对语，凭画槛以喃喃；便解差池，携新雏而恋恋。盖寻芳者已返黄鹂，而学舞则初飞紫燕。

俄细雨兮飘萍，复疏风兮擘柳。凉送鸥波，退回鹢首。数廿四番之将遍，芍药晴初；讶百五日之忽过，海棠开后。拍蝶板于墙头，戛鸢筝于谷口。几阵花铃响处，袅袅犹轻；一双玉剪飞来，翩翩善受。

音随下上，翼任西东。睇回领紫，影掠襟红。扇去则微和习习，吹回而弱翅匆匆。舞低昂兮不定，势欹侧以弥工。直疑轩号飞云，忽来异地；不到梁间落月，尚逐轻风。

十里五里，天涯水涯。梳翎蹴浪，絮语穿花。扑处无声，逐香尘而往返；舞偏有态，绕茂树以周遮。衔泥何处，贺厦谁家。偿随乾雀以栖衡，身难较重；恰似饥鹰之侧翅，势每多斜。

况当节候恬熙，阳和布濩。锦鸠唤雨，频催匝野之耕；威凤揽辉，并集上林之树。莫不云应鹏抟，风占鸿遇。愿承鸒命，长依鸳鹭之班；敢有遐思，漫托鷾鸸之赋。

元夜张宴夺昆仑关赋以 "张宴夺关，兵贵神速" 为韵

银花影放，铁骑威张。九霄剑气，万帐镫光。令下如山，夜半而已平蛮触；春深似海，军中则犹唱伊凉。天真玉汝于成，蝥弧竟拔；节值金吾不禁，漏箭方长。此狄武襄之遗事，独决胜于戎行者也。

当夫西夏未除，宾州决战。惟汾水之英，受尹洙之荐。壮士铁衣，将军铜面。喜奉羽书，来参武宴。赐垂拱殿前之酒，雨露恩深；望昆仑关外之旗，风云色变。待操霹雳之弓，并发天山之箭。

然而兵不出奇，帅何可夺。聚笑蚁屯，惊防兔脱。犒罢营前牛酒，箸贵能筹；堠将塞上狼烟，帜非易拔。倘仅流连风月，曲顾周郎；安能迅走雷霆，屯烧诸葛。

时则春风十里，皓魄一弯。柑传座上，荔撒庭间。拔戟争看妙舞，挥杯共劝酡颜。此夜星桥，未彻阵前火树；何时铙吹，群歌陌上刀环。第知镫驾鳌山，初开绮席；谁信子探虎穴，早夺

雄关。

既而觞政肃，酒枪横。低鹤焰，转鼍更。北斗横天，绿蚁之醪再泛；西营落月，红螺之盏犹倾。忽惊捷奏，顿解余酲。刀铤星影，丝管军声。天上飞来，一穴之荆榛尽剪；行间突出，八公之草木皆兵。

贼办从容，才真果毅。酒里兵权，镫前战气。刚四座兮杯停，俄百蛮兮鼎沸。惊心烽火，画角吹余；纵目繁星，旄头落未。驱除猿鹤，能扼要以争奇；装点鱼龙，亦难能而可贵。

是盖异才不偶，妙算通神。逾暇逾整，亦幻亦真。折节读书，当日黄昏之镫火；出奇制胜，此番紫塞之烟尘。兵挥九地九天，功旌北阙；名继一韩一范，胆破西人。

皇上圣武布昭，德威严肃。感通如桴鼓之神，绥靖拟置邮之速。囊弓而雪海安恬，传箭而冰山慑服。固宜凤城春早，欢腾于宝马香车；岂惟鳌禁镫明，彩焕于烛龙橅木也哉！

地受时以为万物原赋以"受天之时，以产万物"为韵

高揭乾维，宏张坤纽。浩浩八弦，芸芸万有。惟两戒之河山，实百昌之户牖。以时为柄，泰阶平化宇之三；在地成形，德产遍齐州之九。故握其原，则物自风兴；而资之始，则命由天受。

想夫鸿蒙乍剖，蚁磨初旋。芦灰水外，笠影云边。万里金瓯，望扶舆而邈矣；四时玉烛，叩混沌以茫然。借非断鳌，足纪龙躔。纲维八柱，吞吐百川。则赤县无从而育物，黄舆曷足以承天。

乃调玉律，乃按铜仪。生机郁勃，元气淋漓。时寒时燠，时赐时随。物换皂，物荄物，丛物物，与时宜。土牛椎而句芒毕达，野马息而阳和自吹。彼物物者，谁为为之。

则尝验柔祇之广厚，悉富媪所专司。界原有截，载本无私。山川蒸为清淑，草木发其华滋。转地轴于四游，故地名为底；钟

地灵于五土，故地主夫施。惟成物乃为物祖，实后天而奉天时。

地既成之，物其有矣。藻绘江山，菜铺云水。庭花春放，岂因羯鼓催将；谷黍阳回，讵借候筒吹起。时阅时而环生，物与物相栉比。是有所受，寒来暑往以交推；若逢其原，右有左宜之谓以。

徒观其咸若呈麻，隙然示简。交泰有占，华离无限。岂阜物按苍灵之罄，包以灵囊；抑授时从紫帝之庭，书诸帝版。何以煦姤无心，芳华满眼。胪其物，而九州皆华实之脒；溯其原，而万汇尽阴阳之产。

是惟地道能柔，天行愈健。井野星分，斗杓月建。绣错者聿阐其珍，棣通者若操其券。能生物，能成物，物具化机；不先时，不后时，时颁定宪。故壤仅则之以三，而物则号之有万。

我皇上化洽垓埏，命宣纶綍。夏甸星从，虞琴风拂。金船银瓮，方舆时献祯祥；厨荤阶黄，朵殿亦昭葱郁。凡夫鳞集羽归，龙伸蝼屈。莫不被如春之闿泽，揭北斗以斟元；岂惟靖函夏之边尘，借南箕而鼓物也哉！

夏雨生众绿赋 以"黄梅时节，青草池塘"为韵

韦苏州诗坛兴逸，精舍情长。墨花洒润，笔藻流芳。驻宦辙而软红漠漠，触离怀而新绿茫茫。云物生色，山川送凉。寻春忆南浦之波，闲吟草碧；赏夏听北窗之雨，恰值梅黄。

始其铜钲日挂，火伞天开。楝风已过，樱序频催。何处招云，触石之浓青涌出；更谁闻瀑，漫空之湿翠飞来。关心于新雨旧雨，屈指于迎梅送梅。尚迟众绿，高低铺成画稿；只见落红，疏密点遍层台。

忽潇潇兮撒菽，更蔼蔼兮濯枝。灌夏畦而泽渥，清夏暑而飙驰。惠本无私，齐相两人之愿；兴看有滂，周田两我之诗。莫不

阴森银笛，影散冰丝。抛将白点数番，生之者众；望到绿情一片，化有如时。

第见雨意初酣，山光可悦。柳密衙深，松疏钗缀。藤碧悬岩，苔苍补碣。岚烟匝地，沃泰岳之甘霖；黛影参天，洗峨嵋之积雪。山添翠而忽发清晖，雨送青而恰知时节。

至若笠欹别浦，帆湿前汀。萍泛新叶，兰浮远馨。浴双飞之翡翠，掠四翼兮蜻蜓。空欲生寒，六月波平草阁；净无可唾，三篙翠涌江亭。油然雨过，湛若渊渟。则又泛鸭头而倍绿，映螺髻而皆青。

他如霡霂近郊，霏微远道。浪晕荷圆，泥苏韭早。茗园浥露，一筐之绿雪分携；莎径迎风，满坞之绿云未埽。绿沉之园笋初肥，绿字则编蒲恰好。岂仅披蓑农至，翠罽分秧；渐看响屐人来，青袍似草。

由是买春茅屋，消夏林池。生机悉炀，众卉方滋。响彻蕉窗，记坐绿天隐隐；溜垂藻井，更添绿浪差差。人如出岫之云，怀乡有意；天惠随车之雨，润物何慈。能勿对群芳之秀发，而念闿惠之旁施。

况复时调玉烛，岁兆金穰。帝泽覃敷，沛三时之甘澍；皇诚默感，祝一瓣之神香。遂使菜铺瑞麦，荫布甘棠。朱草扬华于绣壤，丹菓骈实于银塘。已征材裕傅岩，克副作霖之望；喜见膏流郇黍，再赓阴雨之章。

芭蕉叶大支子肥赋以题为韵

凉云庭院，疏雨窗纱。绿天补遍，素雪飞斜。字堪题叶，笑欲拈花。有闲僧兮古寺，延倦客于天涯。人岂蕉迷小住，而暂依芋火；地真香界繁英，则宛拂桐芭。

爰有清才吏部，偶访禅寮。新月将上，寒烟未消。佛何心而肯佽，隐有意以相招。时流连于景物，喜远隔乎尘嚣。讵将檐卜之香，漫参白业；非种零陵之纸，艳说红蕉。

第见心卷疑蒫，阴摇似菫。雨过声喧，风翻翠接。半笼之蜡初烧，一卷之书乍折。莫是文成沈约，修竹频弹；抑因画到王维，雪花重叠。何来万本之甘蕉，已放满庭之新叶。况素蕊兮娟娟，更清芬兮蔼蔼。

号丹木而名芳，荫白云而树大。解通禅意，原居十友之中；妙证同心，并出群芳以外。偶看支子之芳菲，益觉林阴之蔚荟。

韩公于是到门延伫，倚槛沉思。叶荫半亩，花肥万枝。望到绿阴，别有眠琴之地；瞻来黄气，兼呈出世之姿。好依吟客窗前，绿浮宝墨；何必华林苑里，红抹胭支。

时则鹿梦未圆，蝠飞不已。虫语半庭，蟾光万里。摘蕉叶于石幢，玩林兰于棐几。黛色低垂，瑶林矗起。得不拈香草而寄幽怀，折芳馨而思公子。

迨至疏钟达晓，山径言归。甫离静境，回忆林霏。绿叶成丛，凤尾定酣朝露；素荣着树，禽声竞噪晴晖。讶山红兮涧碧，觉地僻而人稀。何时芳讯传来，闲云可赠；除是落花流去，玉水生肥。

然此惟偶涤尘襟，时耽野趣。林泉适惬幽怀，山石新题杰句。孰有如淑景清和，湛恩布濩。数来赏叶，添尧阶益寿之枝；开到桐花，即舜陛恒春之树。幸逢治日之方长，用效凌云而献赋。

潇湘春晓赋 以"春和景明，波澜不惊"为韵

竹露犹滴，兰烟未匀。鸡声远岸，橹唱前津。红旭蒸曙，碧波皱鳞。空翠四合，江光一新。流花月以送夜，剪条风而向晨。盈盈一水，处处皆春。

第见宿雾微拖，晓氛乍过。山远屏列，潭空镜磨。浦绿围橘，峰青荫萝。楚水半篙浅涨，湘天一纸新摩。荡锦帆而日出，歇宝

琴于云和。

犹忆夫茆屋宵清，篷窗夜永。凉月一眉，雪波万顷。寺钟罢撞，街柝犹警。梨云梦兮客归，艾炷销而人静。龙吠无喧，蚌镫有影。忽来一片春声，唱出半江晓景。

岚光送迎，炊烟乍明。粉衣梦蝶，簧舌调莺。勾起水乡画意，逗将江店诗情。浪净尘净，风清韵清。柳依依以缲线，梅骚骚而落英。具有新态，如回宿醒。

制清吟兮踏莎，记旧曲兮回波。尊斟浊酒，座有狂歌。露腻双桨，云堆一蓑。转卅六而湾远，数廿四而风多。刺船竟上，击钵微哦。人来镜里，其乐如何。

时或曜吐金丸，春回碧滩。浪縠如洗，冰轮尚残。鹭净拳雪，鸥轻浴澜。网晒初照，汲冲晓寒。趁亥墟而唤兰棹，催卯饮而荐椒盘。

至若雨色溟蒙，湘流曲屈。九疑岫迷，八景台郁。林滴微敲，黄烟浅拂。箬笠青欹，蕉衫绿甀。水墨模糊，云蓝彷佛。掠将双剪意而，啼起一声夫不。

况复墨藻晨润，笔花梦惊。胸中锦灿，膝上琴横。写燕九之韶景，听秋千之笑声。草薰万里，桃涨一泓。杜若洲前香散，梅花笛里春生。赏心此地，得意平生。又何减乎杜老之船乘天上，韩翃之花赋春城。

望杏开田赋 以"于耜举趾，毋或失时"为韵

绿波一罨，红雨千株。花韵春盦，泥香冻苏。告协风于太史，有徂隰之农夫。才过见杏之期，耕斯泽泽；试望垂杨之陇，来者于于。盖风景渐臻于和煦，而田功特治乎膏腴。

犹忆夫风飐梅边，云寒竹里。雪乍白以三番，花未红于十里。不到播琴之候，草有待乎春抽；尚迟布谷之声，禾难占乎土美。

是虽挟五维勤耕，三足恃要；未可与赋大田，歌良耜也。

阳律初调，农功时举。方宣于乃理乃疆，候别于咨寒咨暑。物乐由庚之化，春远蓬蓬；耕催小卯之时，茨抽楚楚。将欲聚比舍之蒲茅，播连畦之稷黍。出五亩树桑之舍，未许宽闲；望半村文杏之花，尚劳延伫。

时则社鼓喧晴，饧箫满市。柳弱黄原，萍新泛沚。花开绮陌，渐催叱犊之声；草长芳郊，待布祥麟之趾。想碎锦曲江之宴，名士偕来；正沾春细雨之天，牧童遥指。

既看花兮远陇，旋纬末兮平芜。桑扈频啼，破红泥而滑泆；乌犍缓策，界碧水以平铺。宛大开小开之告用，合上地下地以勤敷。歌至喜于春田，喜云胡不；望既同于秋稼，同亦将毋。

徒观其户富禾廛，人依花国。晏晏勤倕载之功，欣欣表向荣之色。榆荚晓风之路，饁遍皋东；柳丝烟雨之辰，歌喧陇北。亦既共劭农功，浑忘帝力。只进咨茹之保介，厘尔如何；不闻怨詈于小人，告之厥或。

讵知开于丽者，民之依；望如岁者，民之质。惟六府之孔修，乃三时之不失。声听田水，壤铺绣以重重；意闹春风，枝出墙而一一。野鲜辍耕之地，鳷趣何劳；花看得意之天，马归亦疾。固已验鳞隰之宣勤，而识风筒之协律。

况逢我皇上亲耕帝耤，敬授人时。惠周于相生相养，德遍于不识不知。溥膏雨于春畴，池畔挺丹蕖之叶；豳仁风于胶序，日边翘红杏之枝。又何疑挹雅足超乎隋志，而采风可补乎豳诗。

五凤齐飞赋 以“五凤齐飞入翰林”为韵

鸿笔舒文，鹓班接武。日近蓬山，星联奎府。惟中秘之清华，集群仙而翔舞。仪羽一庭，云霄万古。始羡翩翩佳士，鱼佩垂双；是真蔼蔼吉人，凤楼造五。

有宋雍熙，厚培梁栋。琼林之宴肇兴，珍席之盘递贡。贤疏夹袋，吕文穆之知人；书著等身，贾舍人之轶众。宋白持衡南省，尺木为阶；李至抽秘西清，瑶编屡讽。经扈蒙加以品题，谓易简实相伯仲。曾连海上之鳌，均是人中之凤。

夫其丹穴初出，青云与齐。舞轶朱鹭，才殊碧鸡。偶鸣鸾而戾止，讵凡鸟之轻题。纵教紫玉箫吹，难逢对舞；漫谓碧梧枝好，易卜同栖。倘退飞之类鹢，或濡味而成鹕。则有未丰之毛羽，能无相忆于云泥。

而此五人者，联翩紫闼，励翼彤闱。翔千仞以霞举，润九苞而露晞。影踏五砖，凤纶共掌；笺裁五色，凤诏同挥。犹复搴凤旗于文阵，彻凤烛之恩晖。即看凤阁来初，千官共集；恍听凤笙吹去，六翮争飞。

自许鸾翔，浑殊鹄立。中早叠双，得由拔十。合分鹤俸，偕五雄以齐名；如纪鸟官，共五鸠而齐级。衡直等诸雀栖，林不同于鸷集。朝阳鸣处，晓听漏箭而趋；阿阁巢时，夕捧天书而入。

迨后金鼎分调，冰衔屡换。苏与宋同参枢密，座隔云屏；贾与李共掌钧衡，班崇香案。至考蒙正之元勋，尤属欧阳所嘉叹。抡才于凤味堂前，赞化于凤毛池畔。此则傅天奋翼，合朝野以扬庥；不徒贺世谐声，侍君王而染翰者也。

我圣朝瑞征鸣鸟，贡却珍禽。共縻鹤爵，并化鸮音。人赋莺迁，似将飞之得羽；堂闻鹊噪，快所愿以齐心。当夫彤墀珥笔，丹宸陈箴。固当咏萋菶于高冈，鸣凤在树；岂仅摛文章之丽藻，翔凤为林。

经明行修赋 以"士先器识，而后文艺"为韵

石室英华，纱笼姓字。案灿丹黄，队萦朱紫。轴检青箱，轨闲素履。时术蚁勤，清标鹄峙。简悉编蒲，材征斫梓。表铜行以

崇儒，刊石经而召士。

聿自汉庭吁俊，制诏求贤。园花赠杏，殿炬分莲。笥夸挂腹，墙羞及肩。习勤百日，树资十年。无脂韦态，有翰墨缘。基勿弃其有后，岸诞登而贵先。

蔚彼经生，卓然壮志。壁火分光，船珠剖义。舌勤代耕，心癖如醉。检柿肆书，借梅点易。藜吹异青，芸撷古翠。壁闻丝竹新声，人是庙廊伟器。

况复行细必矜，患小犹惩。为仪籩鸿，尚德称骥。孔矩从心，文琴会意。归惩放豚，出免追驷。教肆司徒之三，道求君子以四。泃自励乎楷模，不仅多其闻识。

始焉城拥万卷，林巢一枝。缥缃目眯，圭璧躬持。铭绎朱墨，染防素丝。芳漱三昧，廉盟四知。演棉蕝以习礼，吐宫商而诵诗。志可告诸来者，道何叹乎远而。

继乃品陋士前，文高王后。书集牛腰，德充龙首。梦许生花，性无戕柳。手编六签，胸贮八斗。绪等蕉抽，节非株守。狂何诮乎茅鸱，贱岂嗤乎乌狗。

兰膏夕焚，薇露朝芬。犀照求隐，鹤矫出群。式有金玉，伐无斧斤。一编白雪，万里青云。侍中之席夺几，太尉之阴惜分。信士林之翘楚，足负荷乎斯文。

是盖玉许在攻，金堪作砺。江锦能裁，由瓠弗系。兰台则百万陈编，壁水则三千侈袂。谊小鸡廉，辞嗤獭祭。萍鹿偕鸣，云龙合契。固宜绩奏乎九功九歌，选备乎六德六艺。

舞干羽于两阶赋 以"帝乃诞敷文德"为韵

在昔歌风解愠之年，益地呈图之世。被九野以文明，彻六师之武卫。苗顽无俟拊循，圣治早宏康济。树羽彤墀，总干玉砌。玑镜澄光，金戈偃锐。方进两阶之舞，德已动天；用胪万国之欢，则皆顺帝。

始其振旅徒劳，负隅弗改。难输万里之忱，莫奏三旬之凯。若月而驰白羽，震慑何能；如山而立朱干，归怀有待。惟益赞之谆详，襄禹功而亮采。请更加之鼓舞，轩乎襲乎；何须靖以军容，锻乃砺乃。

帝曰俞哉，师诚可缓。神感于诚，损招自满。上弗示以柔能，下谁摅其悃款。张我薰琴，吹我玉琯。方将万舞，饰以羽干；爰夹两阶，奏之箫管。俪凤筒于嶰谷，韵共谐和；操牛尾于葛天，论非荒诞。

维时弓囊肃慎，尊酬康衢。拊击则一夔已足，赓歌则八伯同趋。龙盾合时，映卿云兮纠缦；鹭翿执处，游冶日以欢娱。干橹不必陈于境，羽书不必戒于途。盖舞自应八风之节，而文已瞻四海之敷。

遂使鲸封不筑，蚁慕成群。咸知耀德，遑赋从军。当日戎威，已庆七旬之格；异时韶舞，犹欣三月之闻。螳臂之余氛绥靖，螭头之列仗缤纷。故恭已正南，帝自乃神乃圣；而迁苗分北，民皆同轨同文也。

我皇上圣武布昭，宸猷渊塞。逵鸿则仪羽扬华，罝兔则干城宣力。总章律协，音调南雅之和；远徼尘清，叙庆西戎之即。方见松云瑞应，拟虞廷之乐奏九成；岂徒兰锜兵销，类周世之武兼七德也哉！

南苑铁狮子赋以题为韵

地依斗北，天近城南。豹韬列队，虎旅停骖。有狻猊之蹲踞，宛仗马兮趁趖。土花蚀雨，铁绣堆岚。讵因穆满携归，曾驰雪塞；抑自慈恩画后，重扫云蓝。貌白泽之四蹄，形摹俱古；瞰红门之九达，跳荡犹酣。

夫以禁苑之设也，五海波平，百廛地远。团凤汪洋，沙龙蜒蜿。池名饮鹿，俨食野而呦呦；台号晾鹰，疑脱鞲兮宛宛。每当雪聚花浓，风和草偃。铁骊蹴踏，驻小队于郊坰；铜狄摩挲，问前朝之原巇。恐汉武鲸池之浪，莫辨劫灰；岂郭家狮子之花，犹存画苑。

此乃钩爪泥蟠，锯牙苔啮。毛拂露垂，目悬电掣。未搏兔而力全，亦怖熊而威烈。英姿飒爽，宛冲雁塞之烟；逸气纵横，恍踏狼河之雪。居环千六百户，时共抚摹；影照七十二泉，倍形峻洁。不同赝鼎，空销九牧之金；为问洪炉，孰铸六州之铁。

爰稽其制，爰考其时。延祐初年所监制，安阳旧邑所留遗。祛邪铭古，镇宅形奇。亦复代殊地异，物换星移。卧棘里之铜驼，秋风瑟瑟；跧林间之石马，斜日迟迟。飞放泊存，前规递改；仁虞苑古，陈迹堪思。将台或走姑苏之鹿，而图谁传安息之狮。

我圣朝化美驺虞，德敷麟趾。绮陌迎春之候，万众腾欢；华林习射之期，六飞戾止。搜同石鼓，西京则趱趋兼书；选备干城，南国则犰狳并纪。凤凰羽翔，侍从者蔼蔼吉人；貔虎威宣，奋发者桓桓君子。

而后特诏儒臣，旁搜掌故。惟古迹之常存，何前徽之足慕。非秦时金狄之遗，非汉代铜仙之铸。非式标金马之奇，非漏听铜龙之注。即此陶从大冶，小物同勤；何殊贡自遐方，群情共附。盛世象来致福，用绥禹甸以鸿禧；小臣蛾术因时，愿续虞公之狮赋。

夏山如滴赋 以"雨后山光满郭青"为韵

万仞霞关，千秋墨谱。磴碧横岚，石青涌乳。崖腹泉飞，峰腰溜吐。澹畏日之伏庚，驻浓阴于卓午。环宗少文之吟榻，四壁云山；写王摩诘之辋川，半庄烟雨。

客在拄笏莺前，携尊雁后。心契林峦，自营岩薮。望峨嵋于六月，积雪初融；耸岱岳于半天，归云更厚。湿翠荡平南荣，浓青泻兮北牖。谷断烟霏，林空雾走。盖直疑为滴沥之夏山，而竟忘其出于画手也。

想夫巧凭意匠，慧夺荆关。皴蓝尚待，泼墨犹悭。丘壑自谓过人，兴殊勃勃；炎凉岂能溷我，意极闲闲。何必来薰有阁，消夏名湾。贮向胸中，亦华亦崧之景；奔来腕下，欲晴欲雨之山。

忽墨华兮湛湛，涌岩岫兮苍苍。千重萝薜，一径松篁。洞邃忘暑，峰回送凉。露涓涓而花妥，水汩汩而苔荒。螺研设色，麝吮流香。听去无声，不是三商之漏点；扪来欲湿，别成九夏之烟光。

夏时自清，烦襟顿浣。沬溅藤笺，黛垂筠管。如眠琴山涧，滴响铜瓶；如瀑布山崖，滴飞银碗。如滴垂梧井而音疏，如滴荫蕉窗而韵缓。貌出陶村谢宅，凉雨过才；沾将吴带曹衣，冷云堆满。

遂使面对青梯，神游碧落。远岫高闲，炎空寥廓。逼似倪迂脱稿，淡墨萧疏；合教坡老题图，飞泉绎络。空堂风雨，别开赏夏之轩；满纸云霞，不负看山之约。固无异著粉本于黄叶秋林，索笑意于绿杨山郭。

方今敷文遍于艺苑，作绘重于帝廷。雨沛傅岩，佐乾坤之润色；云生尧牖，钟山岳之英灵。沃匜宇以醍醐，均沾酖泽；合呼嵩之颂祷，同祝曼龄。又何羡绘林之苍翠，谓足夸神妙于丹青也哉！

民生在勤赋 以"民生在勤，勤则不匮"为韵

堂陈时夏，台庆登春。苍生事业，黄屋经纶。毕箕象协星从，户编令甲；耕凿歌兴日出，业极勤辛。惟力瘁小人，计周于介我

谷我；斯心劳君子，志切于鸠民扈民。

则尝溯遗箴于荆楚，稽令典于方城。记山林之甫启，历栉沐以兼营。克勤于邦，念蚡冒若敖之遗绪；旧劳于外，恢筚路蓝缕之先声。之纪之纲，惟我王尚其勉勉；乃逸乃谚，尔小民敢勿生生。

夫以事之宜勤也，易惕乾乾，书陈采采。有翼有严，无荒无怠。日月勤于临照，而光被垓埏；乾坤勤于转旋，而春敷瀛海。极九陛勤施之意，元首明哉；励百工勤慎之忱，攸司钦乃。惟兹人事之交修，用副帝心之简在。

矧夫青郊戴月，绿野锄云。未忘举趾，敢息劳筋。廿四番风信匆匆，芳畴未秉；卅五日机声轧轧，永巷灯分。惟壤击衢歌，亦克用劝；故夙兴夜寐，罔或不勤。

至若持筹者利是计，居肆者志不纷。或侪六职之中，楛良异致；或列四民之首，翰墨扬芬。生也有涯，敢少宽乎岁月；生而不息，惟无玩乎朝曛。盖念民生之不易，益知业广之惟勤。

傥或不勤，必多旷职。自强莫法乎天行，不暇未形于日昃。亏九仞于为山，掷千金于片刻。业每多荒，力难自克。未获斯征斯迈，艰难常念民依；何由不识不知，日用无违帝则。

是惟矢志皇然，程功密勿。式先王之训，其勤王家；法良弼之谟，克勤小物。溜尝滴而石穿，镜不疲而尘拂。术共蛾时，神存蠖屈。见其进也，盈科之不舍如斯；习而安焉，异物之思迁必不。

我皇上切念本图，弗忘民事。无逸陈谟，太康警志。化光轩镜，已登四海于恬熙；财阜舜琴，犹轸万方之耕织。所由殿开勤政，若性即以绥猷；岂惟诏下劝农，防俭并思图匮也哉！

砚田赋 以"东壁图书，西园翰墨"为韵

一席蕉花之雨，半窗芸叶之风。就经畬兮卜壤，盼墨稼以占

丰。试将韵事，代课农功。米廪安存，庠合游乎上下；砚田尚在，亩何异乎南东。

始其艺圃将开，修途未历。蛾术闲闲，蜗庐寂寂。客松使以谁招，侯石乡而难觅。若农有畔，犹输陆氏之一庄；惟士无田，空守长卿之四壁。

而欲穀贻君子，庆比农夫。康年迄用，恶岁全无。租收石户，汁染金壶。则磨待将穿，谁信铁耕之易；而业遑舍旧，或讥墨守之愚。纵使生花而握管，尚难点翰以成图。

惟兹古砚，似辟新畲。史犹可酌，经亦堪锄。烟云满纸，风雨吾庐。剪别径之榛芜，未原有笔；问此中之蓄积，食合名书。

爰有心勤耘耔，志切居稽。更阑警鹤，晓起问鸡。非绿野之堪隐，幸青云其可梯。胸无畦町，手有锄犁。田勿芸人，敢坐荒于砚北；稿难舍我，俨有事于畴西。

由是文堪作社，稼可名轩。紫云一片，黄绢千言。信高低之成熟，取左右以逢原。乃亦有秋，丰词条于绮序；且以永日，苗意叶于晴暄。故守砚无殊于望岁，而下帷不暇于窥园。

乃知珍席非虚，石田可灌。傲方寄乎南窗，志宛舒乎东观。洗右军之风字，池尚堪传；借米老之砚山，宅犹可换。蒲编偶拓，如瞻秉末之蒲；汗简亲披，恍滴锄禾之汗。何劳负郭以求田，只自操觚而染翰。

况乎搢笏书思，簪毫供职。玉署荣依，金坡入直。理吴中业，惟古训为菑畬；从田间来，悉民依于稼穑。幸得赐荣青铁，词垣雠虎观之书；钦惟彩焕丹函，天藻耀龙宾之墨。

笔非秋而垂露赋 以题为韵

昔赵王剖竹分藩，珥彤扈跸。极韵语之专精，被湛恩之洋溢。每署佳篇，闲拈不律。纸落情长，毫挥调逸。念旧雨兮迢迢，封朵云兮密密。寄将夏课，真成繁露之辞；绘出秋容，妙得补天之笔。

庾兰成受而读之曰：此真人巧，别具天机。落叶如埽，寒花竞飞。目迷烟雾，腕走珠玑。掷兔颖以横案，照萤囊而晃衣。朗润堪比，清光未晞。直疑下地成文，染来泥泥；不独掞天发藻，想入非非。

方其手持寸管，胸有千秋。浣蔷薇兮红泻，拂蕉叶兮绿浮。翠湿疑泼，岚轻欲流。金石言言，夏商声而韵远；风霜字字，涤凡艳而神遒。非屈非宋，亦曹亦刘。何词条之瑟瑟，泛墨浪以油油。

迨至开缄撷秀，把卷搜奇。如疏花兮点染，如倒薤兮纷披。如润浥金茎之色，如斑匀宝相之枝。如气横江而警鹤，如光在水而探骊。定知花管怀中，沾余五色；何止彩囊林畔，盛取三危。下笔原非苟且，谈诗乃竞乎而。

是何待秋高献赋，秋兴成诗。秋风策策，秋雨丝丝。即金壶之染翰，涵玉液以抽思。便欲凌云，浣濯借铜仙之掌；未妨镂月，高寒填玉局之词。香涵点点，珠贯累累。并待斟神浆于北斗，而注甘雨于东垂。

似此清华，何难挹注。漱润成文，饮香得句。滴应钵韵催将，痕借墨华留住。每当砚北云寒，江南日暮。光湿半床秋叶，意叶成丛；冷摇满屋秋花，心花着树。曷禁携谢句而问天，读韩文而盟露。

况夫白雪甄词，青云得路。竞玉署之心声，考金门之掌故。幸逢寿寓，开宝瓮以流甘；敬诵天题，染银毫而学步。凡被涵濡，尽臻和煦。壬寅露降，喜载赓丰草之诗；甲乙函披，请更奏长杨之赋。

蛾子时术赋以“喻积学而成大道”为韵

贯虱长材，承蜩妙悟。字蚀皆仙，纸钻非故。照书则乙夜囊萤，开卷则寅窗走蠹。挥兔毫而紫蚓争萦，腾骥足而青蝇愿附。正尺蠖之将伸，防隙驹之易度。时哉弗失，道诚可作蝼蚁观；术亦孔多，事不妨以部娄喻。

则有松磴微暄，花阴向夕。几队迷离，一群络绎。柏蚀丛岩，篆萦薜壁。香国无边，荔墙有隙。马盘王济之庭，槊舞桓谦之席。蜗涎嗅处，苔浅碧以留痕；鼠壤衔来，尘软红而灭迹。徐度雕栏几曲，莫是珠穿；若教饭颗重逢，居然玉积。

其始也，岁将暮而潜藏，户尽坏而渊邈。忘虮虱之风硗，溷蜉蝣之晦朔。巢蚊两眉，踞蜗一角。斜阳古寺，宫依二尺以玲珑；细雨长堤，斗谢千场之搀捔。根偎朱草，漠漠烟寒；枝倚绿槐，悠悠梦觉。定有征人归去，争听鸣鹳之声；纵教赋手寻来，难问雕虫之学。

已而春盎盎，日迟迟。雷鸣而蛰虫启户，雨霁而鸣蛙在池。一弓半弓之地，三尺五尺之篱。乍蝉联而若线，忽猬集以盈枝。有时屋角纷拏，罥蛛丝而宛转；几度墙头往返，衔蝶粉以参差。星星之余粒驮来，亦惊亦喜；点点之残花觅得，如骤如驰。想课功于审雨堂前，慎斯术也；傥寂处于槐安国里，不其馁而。

小圃初辟，花封乍成。蚁宫类族，蚁阵排兵。甫裁蚁结，旋构蚁城。谁家夜阁灯阑，上花毡而涉猎；何处午衙帘卷，斗草砌以纵横。也曾虎旅同占，六十步排从西魏；不信鳌头乍涌，数百里望到东瀛。

亦君亦臣，无小无大。芦荻桥边，栏锜石外。始则尘封，继如沙汰。化巨象于荒郊，困长鲸于浅濑。呼为绿蚁，常添酒国之波澜；唤作元驹，亦应黍民之征会。漏山阿而微或宜防，撼大树而狂无乃大。此足拟人事之精勤，而不仅物情之狡狯者也。

方今圣天子术妙甄陶，时臻熙皥。尧箴跻垄，世尽登春；舜行慕膻，民皆在抱。豳风蟋蟀，常悬黼座之图；尔雅蠛虹，并入兰台之考。又岂仅蚁封得水，邀齐相以谈兵；蚁穴窥天，进尧夫而论道也哉！

蛾子时术赋 以"喻积学而成大道"为韵

尔乃蚕尾裁篇，蝇头觅注。一念专攻，千秋共喻。蠹蚀欲仙，蜂钻非故。四术宜精，三时是务。义奚消乎蚁同，情独殷乎膻慕。

试观乎攘攘悠悠，淫淫奕奕。吏尽紫衣，人皆赤帻。月地无声，花砖有迹。木啮为粮，沙含补隙。须褪花黄，额涂蕉碧。雨将集而户封，雷乍闻而穴辟。巍二尺以宫开，赢一坏之土积。

乃度廊腰，徐缘屋角。衙闳蜂房，庐分蜗壳。殿候雨以宏延，台凌云而高卓。壤分碧草青苔，径傍苍松红药。当可亦见其因时，无术堪箴乎不学。

小圃疏篱，金鸦影移。乍来乍往，倏即倏离。泥松草脚，露腻松脂。粒戴一星白小，花拖几瓣红欹。衔春驹之坠粉，纴蟏子之新丝。紫石潭边网罟，绿槐国里城池。教何需于服不，智何逊于意而。

则有养柑树老，编竹桥平。讼庭草长，梵宇花明。牛惊夜斗，鹳喜晨鸣。盈一拳而境窄，径五步以楼横。胶制九真而翠滴，金偎十锭而寒生。少许多许，一成再成。

然且础爱攻坚，树思撼大。阴雨绸缪，岁寒藏盖。畦拓新菭，根盘古桧。麇眼篱边，虾须帘外。聚玉悄其半坳，划银沙之一带。信虫王之亦有君臣，号蛇虎而心轻尘壒。

是知蚓亦知书，蚁能证道。识水通灵，含香入抱。铁等身而可擎，金垂翅而逾好。矧乎理析鼠肝，赋成虮脑。巢睫知蚊，探怀悟蚤。莫不借萤案之搜求，备螭坳之探讨。又何羡乎欧公四壁之声，孔氏一庭之草也哉！

闰月定四时赋 以"履端举正归余"为韵

圣天子玉烛调阳，铜仪协纪。春满民檐，令颁帝里。四时遂极其和，七政亦循其轨。阴不伏而阳不愆，余可归而端可履。考分余于三岁，论岂无征；定再闰于五年，义诚有以。

原夫天开六幕，曜涌双丸。望舒穆穆，羲驭漫漫。鸿钧运而道难合辙，蚁磨转而迹未周盘。相荡相摩，占星非易；或差或过，测晷尤难。蓂苗绿而春早，葭飞白而冬残。气盈朔虚，未察璇图于古史；岁成时定，曷调玉琯于天官。

乃验苞符，载推寒暑。归奇有象，再仍揲蓍；举正于中，候筒累黍。考汉代大备小备之言，宗邵子六阴六阳之语。数余一十二日，岁有奇零；序按三百六旬，侯赢少许。序罔愆而民罔忒，化有由昭；绩以熙而工以厘，事无不举。

尔其制定前朝，论稽先正。定以中气，象著浑天；指于两辰，辉瞻斗柄。节益藕而香浓，叶添梧而秀竞。数茎之朱草争芳，一寸之黄杨尚劲。民夷民燠，时曾授自虞廷；中旦中昏，法亦符于月令。

况复时当艳丽，节正芳菲。不负花朝，此会过而重续；多情春色，今番澹似忘归。偶展农书，几讶前期恍惚；闲翻褉帖，先疑风景依稀。增来九十春光，尧天再旦；添得浃旬淑气，舜日重辉。挹阳和于不尽，欣气候以无违。

要惟我皇上，心存钦若，时授几余。景风徐扇，瑞日长舒。治出明堂，扉左阖而默循天纪；诏由太史，门中立而共仰宸居。岂惟占日月于龙躔，足表熙朝之瑞；应见协雨旸于凤籥，胪为皇极之书。

海日照三神山赋以"辉耀相烛,珠庭粲然"为韵

超然峙于虚无缥缈间者,神山也,鲸波涵而濒洞,蜃市蠹兮崔巍。天空浪阔,石触云飞。四望无际,百灵是依。贝阙岩峣,引神风而得路;海门轩豁,迎初日以增辉。

方其夜色冥蒙,星辰隐耀。赤掩霞关,白迷月峤。沉若木之九光,韬琪花于四照。羽仙不至,苍茫森百怪之图;龙伯未来,浩瀚阻六鳌之钓。

忽蛟雾兮四散,望乌踆兮远扬。湍激花白,秋澄橘黄。铜钲树挂,铁网珊张。月兔低而穆穆,天鸡唱兮琅琅。练影云影,山光水光。落天外之三峰,波平浪净;浴日华之五色,璃采金相。

涛既翻银,山真浮玉。低映波心,高撑鼎足。冠青冥于岭脊,下穷石栈天梯;秘翠窦于峰腰,中有琼签窦篆。药谁采乎十洲,槎难穷乎九曲。倒漾浮岚,遥升初旭。焰流金虎之金,彩耀烛龙之烛。

夫其吸呿百谷,照烂三壶。炎轮高揭,雪练平铺。烟蒸析木之津,华腾日驭;响送冯夷之鼓,舞起天吴。固宜两珥光登,朗映鲛宫之水;一丸影灿,辉涵海客之珠。

于是阳冰煜烁,阴火晶荧。鸾骖霞举,鹤盖云停。台是金银,荡天风而隐现;韵流璇琯,铿岛屿以珑玲。望杏种日边而未远,记桑生海上以曾经。惟仙馆之栖于异境,宛仙乐之张于洞庭。

已而青字光寒,白榆影粲。返日回戈,横天倬汉。只见方壶员峤,西望苍茫;似忘火伞炎轮,东升璀璨。犀镫既逊其清明,蚌采亦输其照烂。待随诘旦之霞光,再览澄辉于日观。

圣朝治昭玑镜,瑞协珠躔。测海水而来同,译通八极;效山呼而晋祝,嘏笃万年。惟就日之忱,远孚出日;故普天之下,仁颂如天。岂仅庆安澜于海若,铭远略于燕然已哉!

378

白虎观议五经同异赋以题为韵

汉章帝兵戢戎亭，仁敷光宅。学海搜奇，经畲探赜。酌沥液于群言，备笙簧于六籍。考甘露二年之旧典，石渠则简尽横青；缅同风三代之隆规，金殿则麻方草白。

盖自断简坏于秦灰，遗编轶于故府。瓠史未成，壁经已古。京房易学，立始孝宣；戴胜礼经，上从建武。圜桥有联袂之臣，讲艺有投戈之主。而后道义日星，经纶雷雨。岁将纪乎黄龙，观乃临乎白虎。

夫以经之有异同也，真伪分歧，信疑居半。颐待解于匡鼎，诗可与言；爻未饮于虞翻，占犹难玩。虽衮钺之义具存，棉蕞之仪可按。口授者书不失诬，心醉者理能独断。恐尚难媲美于西京，而摛华于东观。

帝乃戒礼官，命车骑。临讲帷，启经笥。旁收百代典章，借益一人神智。乙览频年，庚陈此地。圣为天口，大哉共凛乎王言；经本说邪，允矣兼赅乎众议。

爰有佽袂方闻，垂绅硕辅。寝馈书林，优游德圃。坐戴席以深谈，据曹仓而忭舞。意绪分疏，心花竞吐。鸿都甫到，字摹碑体之三；豹管能窥，学备巾箱之五。

乃登秘府，乃校遗经。芸香拥碧，藜火萦青。疑网收余，春日泮冰于曲沼；词条摘候，秋风埽叶于闲庭。固已抉六经之阃奥，而存千圣之仪型。

由是理观其合，事取其同。借一鸥而谬订，折五鹿以词穷。何以不廉，人尽少年朱异；曾窥未见，士皆江夏黄童。逸访酉阳，知俗学从兹悉正；文高甲观，即汉京自我而宏。

至若务去陈言，特标新意。玉案觚篇，珠船剩义。奥探琼笈之藏，人是玉皇之史。溯前徽于隆准，纵薄诗书；奉遗训于显宗，务勤睹记。此折衷之论，自不苟为同；而议奏之书，非故求其异也。

　　圣天子德懋日新，学勤时务。绿图敬绍乎心传，丹宬常咨乎掌故。仰天题于太学，云汉昭回；钦日讲于经筵，丝纶共布。方庆璇题宝轴，化成观北阙之文；岂惟玉润金声，咏蹈拟东都之赋也哉！

知养恬斋赋钞　卷三

政在顺民心赋 以"政之所兴，在顺民心"为韵

古帝王藏心于渊，用心如镜。顺天之道以绥猷，顺水之流而布令。以是理万几，以是康百姓。丹宸励乃躬修，白屋庐为腹咏。迎机而导，心用天下之心；协气所孚，政即风行之政。

谁谓百为易理，四事难施。彼民者萌也，在政以正之。九扈扈而五鸠鸠，物因物付；春风风而夏雨雨，人以人治。倘教民各有心，事多违众；安得王犹反手，政足匡时。

观我生先观民生，求天与必求民与。达民情于告苦告甘，恤民隐于咨寒咨暑。将鞠人而谋人，惧怨汝而詈汝。三八政克施有政，措乃咸宜；亿万心各自为心，勤而无所。

惟顺以动，亦勃然兴。贤君相专劳擘画，愚夫妇亦与知能。轨顺则六闲率骥，风顺则万里抟鹏。顺理以成章，如锦之制；顺辰以通烛，如月之恒。化溥由庚，想鱼跃顺流之候；治昭荼己，即象成顺气之征。

徒观其民乐熙熙，政赓采采。之纪之纲，无荒无怠。则臣心亦效赞襄，即帝心亦殷简在。法息金科之讼，民气胥恬；时调玉烛之和，民风渐改。自足颁政典于万方，播政声于四海。

讵知惟明顺乃能守危，惟思顺始能履信。民愚不可以势驱，民贱不容以威震。推一心以洽众心，效六顺而兼百顺。顺理则裕，出政者若网在纲；顺事以施，观政者如泥从印。

盖达顺者在当宁，斯效顺者在编氓。好所好而恶所恶，长其长而亲其亲。顺天之时，化国之雨旸自若；顺帝之则，康衢之歌

咏常新。故百志惟熙，朝有雎麟之政；而四达不悖，野皆尧舜之民。

圣天子恩宣子惠，庆洽壬林。苍生锡福，丹宬垂箴。已瞻偃草之风施，五声听政；犹凛载舟于水监，百姓为心。固宜顺德之行，合寰区而遵道遵路；民和所播，钦皇度之式玉式金。

万宝告成赋以"三时不害，百谷用成"为韵

紧凉秋之节届，庆时夏之恩罩。耕早停乎苍牸，税旋毕乎红蚕。偶绘豳图，写瓜壶而入咏；爰稽禹范，征稼穑之作甘。方地不爱宝之余，功成物万；正史纪有年之候，望慰农三。

夫以穑事之为宝也，金穰兆岁，玉烛调时。掷将珠米，种作琼枝。白粲盛来，落轻钗而八碓；青精煮后，滑香雪以翻匙。想逢宝路之开，余三有庆；待入宝书之册，绥万赓诗。

然而事贵有成，性期无拂。取材者必俟其成材，生物者必觇其成物。白藏将届，谷乃咸登；黄茂未丰，草犹空苇。傥缺十千之取，红粟相仍；曷歌三百之困，素餐必不。

故方其未成也，既占旸雨之和，更卜阴阳之会。洒湛露于春畴，凉暑风于夏浍。田如种玉，防宅草之堪虞；锄似挥金，免揠苗而又害。安得人有其宝，所宝不贪；只求天玉于成，其成永赖。良由谷入之告丰，必待蓘收之司兑。

俄焉陇云渐黄，宵露逾白。香吹穮稑之塍，响送篝车之陌。粟看入廪，封玉府以多藏；稻或载舟，讶珠船之实获。使其成之弗集，蕭曷升三；问为宝也几何，室将盈百。

由是实积万箱，香蒸万斛。享万石以名官，锡万钟而诏禄。万家秋雨，人浮竹叶之尊；万灶晨烟，户煮桃花之粥。盖有成自我，丈人之号称农；而所宝惟贤，君子之贻有谷。

是知品物之咸享，要本康年之迄用。金炊玉爨以同珍，稷翼

黍与而并颂。即今流火，看宝树之将荣；忆昔耕云，异石田之莫种。此积丰年之玉，不删典宝于成周；而登美土之禾，尤纪乐章于有宋也。

方今圣天子政先农事，田治人情。民劳则思，奉慈俭以为宝；皇省惟岁，调寒暑而时成。已看贡玉论珠，朝登吉士；尤幸取禾纳稼，野降嘉生。所由永宝祚于万年，咸乐和亲之俗；谱成功于九奏，用谐雅颂之声。

过书举烛赋以“举烛求明，郢书燕说”为韵

昔燕相之虚怀，得郢人而寄语。一则手秉钧衡，一则情殷缟纻。只劝加餐努力，异地怀人；何期吐哺关怀，昌言师汝。幸旁烛以无遗，遂群材之备举。

稽其初署手缄，自陈心曲。纸叠硬黄，蜡摇寒绿。念道远兮情长，听更阑兮漏促。炬已销银，钉难借玉。是不明也，莫裁五朵之云；有其举之，为剪三条之烛。

目方营乎玉照，腕已落乎银钩。笔随意到，墨共声流。写焉成马，误画为牛。非子山对烛之赋，非谪仙秉烛之游。题尺素以匆匆，缄诸鱼腹；借暖红之隐隐，带入蝇头。谓深情其若揭，何疑义之难求。

郢门迢递，燕树纵横。梅花寄使，兰讯通情。展来意惬，读去神惊。满月思君，幸清辉其未减；瑶华惠我，觉壮彩之环生。非关白雪歌成，高常寡和；似勖黄金台筑，公益生明。

燕相于是穆然深思，瞿然猛省。谓兹举烛之言，更胜投签之警。云霞契合，期郢治以蒸蒸；日月荣依，岂小明之耿耿。宜慰觐光之愿，庭燎燔齐；非劳凿壁之偷，风斤运郢。

智灯朗若，慧炬辉如。文明乍启，障翳全除。岂惟刻烛题诗，光生阆苑；亦非索烛记事，彩焕宸居。祗神周于炯鉴，自识异于

拘墟。宛彻金莲，励丹忱而荐士；应殊藜杖，照绿字以雠书。

迨后廷多硕彦，野乏遗贤。应征书而就日，然官烛以朝天。重以明扬，既若星之有烂；傥能充扩，亦若火之始然。信解铃其敏妙，遂铸错以完全。当时字系雁书，喜传湘郢；此日辉生龙烛，遍照幽燕。

是知理可旁通，辞非泛设。葭在水而结想苍苍，旌在郊而寄怀子子。矧依舜陛龙光，共赞尧阶鸿烈。烛八表以非遥，书十辉而并列。载咏缉熙典学，钦继照于离明；岂如牵义拘文，让解颐于鼎说也哉！

谦受益赋 以"天道亏盈而益谦"为韵

圣惟德让，君作恭先。不满法东南之地，太空视西北之天。以虚受人而量乃大，无竞于物而动罔愆。勤思集益之方，山期仰止；近取流谦之妙，水以柔全。

昔夏王采益赞之言，靖苗顽之讨。谓抱蜀者帝无言，而张弓者天有道。泰自包荒，临惟容保。咸能受而中虚，坎不盈而流浩。经编山海，臣愚何补于涓埃；象取风雷，圣德自符乎苍昊。

夫以谦也者，为德之柄，亦道之基。检如不及，牧先自卑。执虚入虚凛其意，周旋拆旋肃其仪。既焰然而自视，亦俨若而有思。纵教镜仰万流，尚类百川之学；敢谓山成九仞，无虞一篑之亏。

而其受益也，录兼小善，集厥大成。处己以让，感人以诚。朝设听言之鼓，野瞻告善之旌。有大能谦，问弗措而辨弗措；无方取益，功莫争而能莫争。盖求则得之，无异菲葑之采；而归斯受矣，亦殊沟浍之盈。

使其矜骄未改，盛满难持。忘取善以成善，强不知以为知。将令难量之器，亦成无当之卮。岂若上德不德，多师是师。怀虚若谷，衷牖如筵。六爻之吉惟谦，彼有取尔；三友之交尽益，庶其企而。

惟恭己以临人，忘作威之惟辟。搜片善于草莱，倾群言之沥液。不矜不伐以维严，问泰问骄而罔致。始知不物于物，奉三无而执以冲；亦犹太虚非虚，含万有而浑其迹。此卑不可逾者惟谦，斯损而不已者必益也。

圣天子恭思铭带，勤凛投签。事防满假，克尚沉潜。跻垤跻山，九陛每怀乎冲挹；式金式玉，万方共庆乎安恬。岂惟益地披图，拓禹甸而恩周井井；尤仰受天笃祜，垂舜裳而德懋谦谦。

凌烟阁赋 以"丹青映日，杰阁凌烟"为韵

勋铭贞观，盛纪长安。芝栭刻凤，松楹翔鸾。远萃才薮，雄标将坛。生面特辟，荣名不刊。经妙手一番绘素，识壮心千载摅丹。

在昔唐代英灵，旁罗德星。天山挂箭，瀚海扬舲。师律时雨，军威迅霆。狼燧息野，貂冠集廷。十七载金瓯永奠，廿四人铁券堪铭。房公杜公所谋断，褒国鄂国之典型。具有建白，宜标汗青。

太宗乃朵殿胪欢，松扉志庆。绣绘平原，衣冠优孟。羡李勣贤堪当城，谓魏徵人可为镜。咨立本兮写图，首长孙兮膺命。嘉待漏兮绩勤，建凌烟兮业盛。杰构霞蒸，清标月映。

爰仰构乎琼楼，更俯营兮璇室。巧倩风斤运将，奇从月斧修出。花疏压檐，云密铺硕。帘蒜横丁，窗纱屈戌。亚字栏周，回文格密。姹紫涂楹，软红驻跸。可侪落星，可夸捧日。

想其度地灵，表人杰。序鹓班，溯鸿烈。将军之面如铜，壮士之心是铁。翼国公屡奏元勋，赵郡王尤多奇节。莫不汗血辛勤，烟云变灭。麾鹅鹳军，扫狐兔穴。天许柱擎，国看栋列。绮阁遥凭，寸心如结。

况复近眺江村，远瞻山郭。一旅一成，几丘几壑。东瞻海舶兮云沉，西瞰辽城兮绣错。亡隋靖而绪新，突厥围而基廓。地经龙虎踞蟠，阵记鸟蛇出没。怅山高兮水长，徒凭吊乎斯阁。

第观其蛎墙百尺，鸳瓦千层。玉龙桥跨，铁马檐嶒。藻井旁列，花梯曲登。南轩雪涤，东壁霞升。固已较凤楼而并美，偕麟阁以同称。规模则贝阙堪拟，笑傲则沧洲可凌。

然而陵谷变迁，蔓草寒烟。楼台一瞬，金粉千年。星零薛础，雨冷花砖。孰若我圣朝，骈罗武库，荟萃文渊。肃韬钤队，结翰墨缘。场经选佛，路接梯仙。要当酿酝化而阁先巢凤，岂仅广教思而堂早飞鳣。

风过箫赋 以"无为斯化，有感潜应"为韵

陶唐氏恩覃九有，德懋三无。光天化洽，就日诚孚。击壤者歌于野，设尊者酌于衢。圣人作睹于风云，化成有道；群氓输忱于箫勺，儆戒无虞。此平水聿昭其郅治，而淮南特纪为元模者也。

夫其风声自树，风教相维。令行风动，俗化风移。仁扬婴脯之和，恩从北至；愠解薰琴之奏，泽溥南为。天机默鼓，人籁相随。是调元者不言而喻，即造物之以息相吹。

有箫焉象井细琢，凤翼低垂。竹编长短，玉品参差。听政既殊乎钟鼓，牖民亦异乎埙篪。一片承平，想巘谷裁筒以后；九歌谐畅，记中天奏琯之时。纵教向月而吹，嘤其鸣矣；不等随风而偃，蓼彼萧斯。

谁假之鸣，所过者化。清浊交相，合离亦乍。送逸响于云扉，度新声于月榭。若自口出，感人意之协和；宛与耳谋，写物情之清暇。岂是云和之瑟，弹到三叹；亦非霜降之钟，奏成九夏。

惟箫也乐出于虚，惟风也机乘于偶。感之者非设成心，应之者何劳借手。无为而为，不有如有。傥合大章之乐，箫可谐韶；

要宣众志之和，风方吹垢。即兹一气之均调，先系五声之枢纽。

维时太音正希，沉灾久澹。偕苇籥以吹嘘，入冀阶之听览。奏公何假乎逢逢，鼓我漫言乎坎坎。箫者肃也，以节为宣；风以动之，有舒无惨。青蘋传信，莫非声教之通；黄屋何心，别有和平之感。

是司橐籥，不待摩渐。钧奏同乐，衢歌共恬。大为笙而小为言，同律者化敷堂陛；鼖乎鼓而轩乎舞，谐声者和播间阎。宜其如日方中，德教更神于桴鼓；任天而动，化机并洽于飞潜。

圣天子乐谱笙簧，声宣鼗磬。箫奏九成之候，共亮天功；风歌八伯之期，不忘民听。太和洋溢以无涯，盛德形容而莫罄。所由调凤律于一十二管，式昭雅奏之清明；报乌铜于七十二番，并验寰区之徯应。

虞歌鲁颂赋 以"从臣才艺咸第一"为韵

班孟坚艺圃翱翔，兰台征用。考古义于诗书，奏承平之雅颂。目极两都形胜，旧制逾恢；胸罗三代文章，雄篇可诵。龙言并采，恍帝廷共效赓扬；燕喜载歌，惟臣职实居侍从。

爰乃启陈编之奥衍，絜丽藻以纷纶。谟诰俱古，管弦日新。十六族传自高阳，迈种尤推才子；三百篇正诸宗国，閟宫尚有诗人。是何待芝房宝鼎，赤雁白麟。龙兴东洛，虎视西秦。始足效心歌于盛代，而胪掌故于词臣。

稽古皋陶之佐虞也，既明刑于朝宁，遂布化于埏垓。陈九德以日孜，赞襄共勉；庆四方之风动，奔走偕来。嘉乃慭乃，喜哉起哉！民尽洽心，咸被好生之德；臣欣拜手，益宏著作之才。

至若溯元子之崇封，俪奚斯之巨制。朱英绿縢耀其兵，白牡骍刚纪其祭。选烝徒者三万人，介眉寿于万千岁。岂谓鲁廷淑问献囚，亦有皋陶；实缘后稷发祥媲美，要惟虞帝。故斋皇足殿乎周诗，而赋咏遂开乎班艺。

是皆骏采同炳，鸿才不凡。宣上德而摅圣藻，通下情而顾民岩。玉瑄薰琴，并协元音之谐畅；徕松甫柏，同归雅什以雕劖。鸣豫等葛天之奏，搜奇如宛委之函。所由兽舞凤仪，特纪中天之赓和；龟蒙凫绎，亦成乐府之韶咸。

嗣后腹咏争传，心声递继。宏彼汉京，陈诸盛世。发幽情于往昔，才岂患多；考旧式于先臣，事原非细。亦犹古大臣之职尽揄扬，佳公子之词陈绮丽。献纳为昭，典型勿替。乃知颂声未寝，阅周秦而尚有遗音；迄乎文选成楼，超扬马而遂登上第。

我圣朝化溥麟鸣，瑄谐凤律。极后舞前歌之盛，咸披愫而吐情；集形雅成颂之才，快珥彤而扈跸。天章倬汉，兼收采采之言；帝所居辰，不数枚枚之室。小臣泳思乐之流风，际重光于治日。近侍蟫坳，远摹鸿笔。能勿称华祝之三，而仰皇心之一也哉！

经正民兴赋以"经正则庶民兴"为韵

古帝王道参天地，言炳日星。猷绥赤县，箴勒丹屏。是训是行，万国皆兴仁让；无偏无党，一身先正朝廷。免民兴胥渐之虞，咸遵圣化；致予正罔干之效，共戴皇灵。盖总师者正惟众正，而立本者经其大经。

夫人为万物之灵，民异五方之性。则顺于不识不知，政敷于不绿不竞。淳然兴矣，胥百世而闻风；就而正焉，若万流之仰镜。天下归仁，海隅知圣。惟咸和致治，万世有不易之经；斯不忒修仪，四国乃咸归于正。

使其野鲜秀良，俗多邪慝。既非狷而非狂，将归杨而归墨。古人莫与抗言，乡愿徒讥累德。未见星从，空劳日昃。岂降助苗之雨，难慰芸生；即承偃草之风，亦虞茅塞。欲绥九有之师，安必四方维则。

爱有经焉，确乎可据。行表言坊，德车乐御。临下敷宽，喻人藏恕。经之言，为径必履之而后安；经之义，为常亦行之而益著。以明经者修行，贞之以恒；以守经者达权，动焉惟豫。欢胪九德歌中，诏下五云深处。同我太平，惟兹臣庶。

由是俗无染旧，命与维新。常陈时夏，泽溥如春。惟生正以立中，停浇激薄；知反正之为乏，背伪归真。兴贤能而鹿鸣昭德，兴孝弟而麟趾观仁。有云兴四岳之机，光天被泽；有风兴万物之象，率土皆臣。是世即羲皇之世，而民皆怀葛之民。

乃知事宜勤于率作，教不外乎劝惩。我皇上抚临亿兆，迪简疑丞。九两斯系，二八咸升。君子表正人伦，品坚铜行；至诚经纶天下，瑞纪金绳。德树风声，拟古圣之无思不服；恩周日出，慰凡民之有待而兴。

潭帖赋 以"阁帖重摹，潭州尤胜"为韵

渺渺乎湘水银铺，轸维绣错。地萃风骚，天开云壑。墨藻横飞，笔花乱落。石青贡奇，字绿成锷。有古帖之一缄，灿英光于台阁。

昔之两晋藏珍，三唐摽牒。碑版琅琅，烟云叠叠。螺沁心香，虫镂意叶。紫虬尾垂，黑蚊眉接。是称淳化之遗，未数长沙之帖。

自宋祚兮时雍，诏颁刻而必恭。风雅惟相国是主，笔札则僧寮共供。管城春烂，橘浦花浓。一镂一刻，几横几纵。画透山骨，芒寒剑锋。贞石一片，宝光万重。

乃有玉局髯苏，选胜名都。桐花碧蘸，蕉叶青涂。笺披玉版，翰染金壶。麝煤湛湛霞起，蝌篆棱棱雪铺。浣露心醉，梯云手摹。

岂不以玉串珠探，英华阻含。擘窠蹲虎，小楷眠蚕。响拓窥白，轻钩透蓝。凤诺才敏，羊裙趣耽。有跳龙象，无爱鹜惭。开别派于萧本蜀本，噀古香于昭潭屈潭。

是有心画，咸供目游。僧楼就赠，枕秘谁偷。门三十年而裹铁，笔十六瓮以成丘。莫不欲奥衍蝇脚，豪挥雁头。郇札书朵，庾戈补钩。追硬黄于晋刻，寿希白于神州。

未几云黯敌楼，兵起蚩尤。黄沙古堞，白草荒洲。橄铁衣将，毁石乡侯。连珠霆震，碎玉烟愁。蚓蛇灰烬，猿鹤尘浮。建炎一劫，贻憾千秋。

然而剑气不磨，珠光自莹。棐几目迷，兰舟手赠。本从私第传将，石或刻工仿定。莲燧烧残，苔花洗剩。姜芽让能，柿叶舒兴。固当摹数万本，同韩碑斗奇；不仅宝十三行，与洛神擅胜。

青藜照读赋 以"卯金博学，下而观焉"为韵

墨藻通灵，心花角巧。莲漏宵沉，兰钉风搅。惟奎垣特重文词，喜蠹屋不耽温饱。字照蝇头，迹留鸿爪。一枝杖赠，看蠹简之陈庚；五夜经横，忘鸡声之唱卯。

在昔更生学富，早岁功深。天禄专司校勘，夜阑不倦披吟。搜剔秦灰，劫红羊而已换；表章汉学，观白虎以曾临。照无车武之囊，明输四壁；光待匡衡之凿，刻值千金。

忽焉影晃青蛇，焰腾紫鹤。秋月同圆，春星不落。龙未化而烛衔，鸠方扶而采错。霞灿书帷，烟笼秘阁。莫是邓林偶到，杖凭夸父之投；抑因福地才经，物羡张华之博。

盖有神人，风标卓荦。紫府初来，青藜在握。通骨珊珊，高冠岳岳。客胡为者，偏工佳士之品题；天何言哉，乃重斯民之先觉。掷月里堪游之杖，别有清光；出人间未见之书，迥殊俗学。

是岂庚星，何来乙夜。地与俱仙，机真入化。袖底之竹书探得，削竹偏勤；座中之莲炬携归，乘莲偶暇。道犹龙也，讵同爝火之明；人似凤兮，恰览德辉而下。

爰是凝神晤对，絮语周咨。藜吹灿灿，杖植迟迟。非官赐清

明之火，非神移灵寿之枝。非九华之灯晕，非四照之花披。惟汝多才，通帝谓而祷之久矣；自他有耀，望仙垣而光亦远而。

既而铜街柝歇，珠斗光寒。室将生白，篆宛吞丹。天上人归，开户视之而不见；枕中秘在，焚香读罢以弥欢。奇逢不偶，妙悟无端。他时洪范五行，拟献彤廷之格论；此日素书一卷，请留黄石之奇观。

圣朝书罗四库，光被八埏。词遴红杏，才重青莲。凤蜡影摇，试新裁于朵殿；鹤炉烟蔼，聆御论于经筵。幸得依日月之光，高也明也；岂仅游文章之府，藏焉息焉。

所宝惟贤赋 以"所宝惟贤，则迩人安"为韵

洪惟我圣朝，仕路宏开，官方澄叙。咏有斐于璧圭，奏于论于钟虡。奉璋则左右攸宜，陈宝则东西列序。惟大器之凤成，偕群贤而备举。他山借石，既常与善人居；儒席称珍，咸曰自天子所。

爰乃稽作贡于成周，考良箴于太保。癸陈而西旅方宾，雉献而南车已造。五瑞来庭，八蛮通道。焜耀爻闾，辉煌冕璪。此即论珠贡玉，无非有用之材；何须抵璧捐金，特重不贪之宝。

然而玩人有戒，主善堪师。德惟防其狎侮，物遑蓄乎珍奇。披褐而怀，雅有握瑜之硕彦；瞻山以识，犹钦蕴玉之光仪。畧不侪诸象齿，品自重乎鸡彝。岂虞瓦釜争鸣，金人罔有；尤幸圭璋特达，吉士其惟。

诚以贤也者，才生以地，玉成自天。质璠玙而共美，心金石以同坚。征聘未登诸廊庙，精神已见于山川。惟群臣之是体，极好货之不肩。每怀蓄宝希声，其人甚远；始信求沽待价，惟汝之贤。

方其秋水溯洄，风尘物色。璞采荆南，金悬燕北。欲获蓝田

之璧，喜而不忘；恐沉赤水之珠，求而莫得。武夫犹虑混真，君子庶堪比德。兴歌瑟彼，降福禄其孔皆；言念温其，慕柔嘉之维则。

有美于斯，亦既见止。兴共财成，无难器使。庆负鼎于莘墟，景钓璜于渭涘。所幸琳琅满目，如锡百朋；尚防金玉遐心，或遗一士。子大夫万镒足珍，我王国五都列市。故人有其宝，既刮垢以磨光；而来献其琛，亦莫远而具迹。

是盖货非其吉，品自有真。惟白圭之无玷，斯苍璧以同珍。如遇丰年，庶嘉生之可荫；若非明月，将照乘以无因。于以辑五瑞，于以羞百神。故重等连城，委任必期诸国士；亦质同抱璞，雕琢犹需乎玉人。

然而知人则哲，古帝犹难。不假琢磨，谁则珍乎璜琥；未加拂拭，或空负乎琅玕。要惟皇贞百度，廷聚千官。言文治则维桢济济，缵武功而厥士桓桓。固宜颂得贤臣，协枚卜金瓯之兆；遂以赞襄宝祚，裕寰区磐石之安。

天地为万物郭赋 以"大哉天地，为万物郭"为韵

坤纽覆槃，乾维倚盖。寒暑往来，河山砺带。简矣易矣，分呈鳌极之中；享之育之，孰测鸿钧以外。才有三则，赞可以参；物有万则，并而不害。称名曰郭，要自妙乎包藏；为易之门，究莫窥其广大。

昔法言之论天地也，谓泰鸿之调畅，随乾象以昭回。辟地舆之浩浩，张天网兮恢恢。凡有照临，城皆不夜；何分畛域，境接无雷。故受之以为万物，原惟其时矣；亦合之而为万物，郭欲并生哉。

想夫重阛启宇，百雉凌烟。红尘远合，绛阙遥连。面城作屋，负郭营田。地既为民所止，境皆与物为缘。三里七里，一廛百廛。

门即洞开，曷足语大千之界；州如斗大，只堪为小有之天。

使其窥六幕之无痕，览十洲之有记。乘龙则健想天行，牝马则顺符地类。疑开铁瓮，日星之彩常悬；宛固金汤；河岳之灵并萃。九点分烟，双轮按辔。中通鹏路，九万里方许问天；远拓鸿图，十五城何须割地。

而乃势争玉垒，巧协铜仪。门赅众妙，壤廓丕基。高列紫垣，树雄关而特峻；低环赤县，分雉堞以偏奇。其东郭则讫乎日出，其南郭则尽乎火维。其西郭则冰轮所亏蔽，其北郭则雪海之逶迤。盖止之于其所止，抑为之而莫之为。

惟郭也气象自宏，惟物也菁英毕献。或勃然而风兴，或纷然而云蔓。或灿若星罗，或迅如泉喷。灰曾止水，遂编列绣之区；石可补天，竟作弹丸之建。望溟蒙于郭外，关宛排双；听腾沸于郭中，籁常吹万。

第观其九野芒芒，八垠郁郁。一气弥纶，百昌轧茀。张弓倚杵，莫罄形容；铺锦列棋，只存仿佛。岂知大造之浑浑，无异高墉之屹屹。天枢默运，原不息于四游；地轴周环，用兼包乎五物。

要惟帝德含宏，圣怀溥博。俯阐坤珍，上恢乾络。奠神京而象协会归，敷元化而功参橐籥。妙合自然，物昭咸若。凡在四民生计，胥关黄屋之经纶；遂教万户春声，传遍绿杨之城郭。

落叶赋以"树犹如此人何堪"为韵

满地金风，一天玉露。翠点空山，黄飘古渡。报桐叶以先秋，攀柳条而向暮。乌啼落月，寒惊昨夜之霜；鸦背斜阳，冷到半江之树。

始其峰腰绿簇，屋角青稠。叶疑玉刻，树似簪抽。何处听莺，接新巢而影暗；有人系马，倚丛翠而烟流。方且搴柔条之旖旎，问芳讯以夷犹。只惜繁花之似锦，谁观落叶以为舟。

俄焉渚莲房冷，岸蓼花疏。声听策策，影坠徐徐。风剪裁来，迹飘蓬而宛若；月镰磨去，势埽箒以纷如。杂雨意之泠泠，尚萦林杪；逗秋光之瑟瑟，渐逼庭除。

重湖始波，寥天如水。光漏星稀，响随潮起。偶裁桐而点笔，杜老荒村；闲肆柿以成书，郑虔故里。供补缀以奚如，湛清华兮若此。写来晚景，如游落帽山前；画出萧晨，不似落梅笛里。

况蝉吟兮远树，更鹤唳兮遥津。散处萧萧，望长江而不尽；吹余袅袅，激爽籁以方新。拾翠无限，涂丹未匀。亦似盼落絮以迎夏，感落花而送春。徐下石边，倚棹有倒听之客；纷敲庭畔，捡书催照读之人。

于是徘徊曲径，仰企岩阿。摘叶而字题筠管，埽叶而翠踏烟萝。岂惟爱晚停车，二月之丛花比艳；方幸登高作赋，九秋之丽藻偏多。庾子山枯树吟成，深情若此；陶彭泽庭柯漫抚，清兴如何。固已综词条之丰蔚，萃意叶以骈罗。

然而物每嫌乎薄殖，景遑计乎遐探。饱晚节之风霜，滋培必厚；沐圣朝之雨露，报称何堪。方今蓬壶春永，瀛海恩覃。无易叶而改柯，窃慕芳标于竹柏；冀取材而落实，共搜嘉植于楩楠。

心正则笔正赋 以题为韵

柳诚悬深宫召对，秘殿联吟。笔精独擅，墨妙堪寻。两晋烟云，不数黄庭之迹；三唐柱石，特陈丹宸之箴。就六书而辨体，向九陛以输忱。不律何奇，漫诩手挥而应手；无为至正，须知心画之从心。

夫以人主之用心也，静握璇枢，朗悬金镜。无党无偏，不绿不竞。官分正字，非矜藻翰之长；职设正言，只达綍纶之命。是何待书尽入神，草堪称圣。舞剑法奇，补戈势劲。始信德成者艺亦成，而知己正者物皆正。

然使荡越准绳，浪飞烟墨。感集百端，技矜一得。旌逐心摇，茅随心塞。试观灵府，纷意绪以千条；漫握管城，夸笔花之五色。铁画纵横，银毫欹侧。简自陈青，神难守黑。安得章分云汉，克扬一代之华；遂教度中矩规，堪作四方之则。

惟掣肘兮是防，务洗心于至密。管未下双，式先抱一。虑澹芸窗，邪闲蒿室。如正身而搢笏，獬触何严；如正志以持弓，鹄悬罔失。如轨正之能范驰驱，如师正之不违纪律。斯运虚灵于不昧，象宛从绳；即补造化而无功，谏惟用笔。

由是握椠临摹，裁笺讽咏。颖竖露垂，翰挥云净。俾六文各奏其能，似百体皆从其令。字里金生，行间玉映。记当日诗成三步，宫衣曾和天题；喜自今要扼片言，圣藻皆归日敬。此唐宗之游艺，已极乎官止神行，而良弼之陈谟，尤勗以意诚心正也。

皇上日敕万幾，时贞百度。正位垂裳，化民遵路。盘盂铭勒，一人自凛乎心传；珠玉毫挥，百职咸知乎掌故。仰见文敷翠蕴，诗同倬汉而赓；欣当笔珥彤墀，句继来薰而赋。

四十贤人赋 以"着一个屠沽儿不得"为韵

刘得仁韵语专精，吟怀洒落。抽虎仆于艺林，延龙宾于灯幕。五言城好，到来即是贤关；四韵诗佳，构就必称杰作。类我友之邛须，视得朋为奚若。偶呼月影三人，或可相邀；尽得风流一字，何嫌不着。

夫以诗之重其人也，一代正声，千秋椽笔。才夸江夏无双，子羡建安有七。不是浣花溪上，几见少陵；投诸古锦囊中，除非长吉。遴屈宋为衙官，得曹刘如良弼。群贤毕至，尽教径辟三三；只字或穷，安得珠穿一一。

而欲选句维严，摘词无憾。应必同声，高常寡和。四十字岂尽无疵，一二言或时见过。纵称诗圣，不皆八伯同歌；雅号诗王，尚待四方来贺。往往钵击吟窗，笺裁广座。雕镂文笔，只听丹凤一鸣；鼓吹诗肠，尚借黄鹂几个。

惟逸才兮有偶，更清兴兮不孤。树诗坛之旗鼓，剪贤路之榛芜。文高四杰，献过十夫。想或从天，契云霞而自合；声堪掷地，交金石以无殊。盖才已克追乎虎绣，而技原无取乎龙屠。

至若典难树骨，辞每多肤。友非其友，吾岂真吾。因四美之难具，觉寸心之未孚。拟诸枚速马迟，失之远矣；比以郊寒岛瘦，若是班乎。宛如谱订金兰，金或无端而跃冶；何事班联玉笋，玉偏有玷以难沽。

故其列以四十也，某贤于某，师益多师。江花互映，诜桂连枝。山号八公，伍以五而适符成数；图传五老，俪以八而不见差池。傥如学士瀛洲，或诮敬宗不类；高贤莲社，反教陶令先辞。则未可称为知己，岂徒见谤于群儿。

乃知语贵无瑕，言期有物。惟李白始号诗仙，非贾岛漫推诗佛。西昆之三十六体，未许颉颃；兰亭之四十二人，差堪仿佛。欲尔和而予倡，同我佩而了毾。梦小谢池头之草，必待友于；非玉溪集里之花，难歌鄂不。

然此犹力剪芜词，功同楮刻。孰若日耀九英，云呈五色。花砖学步，幸聆帝陛之赓歌；芸馆簪毫，快睹蓬山之翰墨。莫不含咀英华，遵循典则。龙言夔拊，亦既谐律吕于九成；壤击衢歌，敢勿献刍荛之一得。

铸剑戟为农器赋 以题为韵

古王者义气秋清，仁风春煦。榆岭橐弓，葱河撤戍。天生五材，民不废令肃天威；农用八政，食为先谱详农具。看荷锸兮云成，快洗兵而雨注。请饬三千铁骑，共事刀耕；迥殊十二金人，漫劳鼓铸。

在昔颜氏之言志也，谓角胜于戎行，或争雄于坛坫。将使稼事多荒，农功罔念。雨笠忘耕，月镰罢敛。陇畔之绿波碧草，空负韶光；阵前之紫电青霜，转增气焰。岂知弓鸣霹雳，不能时雨之师；戟列星辰，徒拔倚天之剑。

试与谈力稼之宜勤，念阻兵之无益。伯偃灵台，烽销古驿。戈投而寰海风清，甲洗而天河水碧。韬匕首于霜晨，落旄头于月夕。兰锜将封，芳阡欲辟。则虎贲剑脱三单，尽放以归田；雁塞戈回一队，无劳于拔戟。

而后悉收鐏刃，并付炉锤。芙蓉叠落，棘竹纷披。萍青艳发，玉白烟吹。乍看秋水铓寒，鹤头顿换；又见沉沙铁折，鸦觜偏奇。埽除荆棘，点检镃基。绛霄之日月重光，尽销兵气；紫陌之雨旸时若，载锡春祺。凡四野农夫之有庆，实一人恭己而无为。

斯时也，马归牛放，鲸剪鲵封。米殊矛渐，黍谢戈舂。村村之菖叶杏花，自饶野趣；处处之长杨细柳，尽戢军容。复何事手提三尺，陛列百重。旌旗在眼，兵甲罗胸。即战与耕之互易，觉勇与辨之无庸。故当年殷拜孔之情，人犹可铸；此日纪揗颜之地，山尚称农也。

是知劝农先验农祥，偃武仍修武备。却马粪田，梦鱼协瑞。遂使红莲稻种，犹疑剑锷之花；黄茂菜铺，恍缀戟枝之穗。将成功而力不贪天，民务本而货无弃地。凡龟蒙耒耜之经，刘秩止戈之记。龚渤海卖剑之谋，齐子奇销兵之议。皆足昭万世之戎经，简三时之稼器。

圣朝七校肃清，八纮景附。风采星轺，威宣露布。忆昨西戎即叙，冰天凯彻以胪欢；即今南亩绥丰，玉烛均调而含哺。迎銮跸而典举藉田，载干戈而兵藏武库。水耕火耨，无烦修黄帝之书，镜清砥平，窃愿续裴公之赋。

胸有成竹赋 以 "与可作画，成竹在胸" 为韵

文与可逸兴飙驰，豪情霞举。吮墨松窗，解衣花屿。吞渭川之千亩，尽化烟云；写空谷之一图，偶携毫楮。奔来腕下，不闻借手而成；贮向胸中，乃若取怀相与。

苏内翰见而叹曰：似此扶疏，迥殊堆垛。露滴青垂，烟深绿锁。信妙画之通神，乃题笺而属我。是岂槎枒吐出，不惯肠枯；抑曾蔬笋餐来，屡供颐朵。胡万竿写就以非难，觉一日无之而不可。

夫使节节分描，枝枝散附。貌似多岐，心摹易误。到眼而猫头未肖，化讵成龙；添毫而凤尾全非，形偏类鹜。则凝思已觉失真，即解事何能强作。

乃半晌兮沉吟，复寸衷兮愉快。似筊簜已列为图，似苍筤毕陈诸卦。似风枝之隐绘烟姿，似雨叶之别开墨派。心花放出，恍抽雷后之芽；腹稿成时，顿贮天然之画。

犹复经营惨淡，苦为分明。毫欲挥而顿止，意相拒而仍迎。君子观之而有斐，野王貌出以无声。穿胁将出，洞胸欲生。纵教埽尽俗氛，凌云直上；只是浇诸垒块，不日而成。

手任纵横，意随起伏。冰雪为心，烟霞满目。凡诸蝟腹蛇蚹，漫假龙宾虎仆。尽他多节，无妨芥蒂之胸；即我虚怀，浑若贫窭之谷。故笔端则五色生花，而咒处已一心成竹。

遂使老干横披，旧规顿改。兔起鹘落以传神，凤翥鸾翔而振采。挥洒都成绿雪，纸落如云；峥嵘欲上青霄，春深似海。盖脱手兮如生，尚扪胸而宛在。

然而技呈藻绘，势写葱茏。指虽入化，臂亦徒封。孰若贮甲兵兮洞廓，吞云梦兮鸿溶。意叶舒荣，晋兰台而讲习；词条缀秀，语华殿以从容。又岂徒橡笛采来，向柯亭而倾耳；墨花飞去，惊韩篆之罗胸也哉！

广厦千万间赋 以"广厦千万，寒士欢颜"为韵

云构高骞，霞关宏敞。望眼峥嵘，游心清朗。九州四海，共与栖迟；诸子百家，时相来往。无旁风上雨之虞，有席地幕天之想。入安宅而皆安，信广居之独广。

惟昔少陵，共推大雅。赋浣花溪上之闲居，结濯锦江边之吟社。秋风一夕，茅龙有攫去之衣；夜雨千行，铜雀无击残之瓦。容膝不安，抒心自写。顾此昂藏七尺，蜗寄需庐；安能突兀万间，燕来贺厦。

而欲崇杰构，聚群贤。烟萝日往，栋宇云连。芳流藻井，荫接花砖。胜王维之辋水，傲德裕之平泉。则种秫种粳，元亮亩难置百；买邻买宅，僧珍价曷论千。

然而马磨虽穷，凤楼许建。高辟闳闳，广征文献。园居独乐而非偏，裘盖洛阳而有愿。借手经营，同心缱绻。曹仓构就，拟藏文字五千；杜库功成，应贮甲兵十万。

犹复横安琴榻，对列诗坛。药房蜂簇，松径龙蟠。非一弓半弓之路，非十步五步之栏。直疑金谷间林，目游匪易；恰似建章门户，指数良难。即今月地云阶，尽堪栖托；除是琼楼玉宇，同此高寒。

地势崇深，天涯尺咫。治事斋分，翘材馆起。直教满室满堂，悉入我园我里。合千万人而并集，室是芝兰；招二三子以偕来，门皆桃李。而后能座收乎赤县之英，梯引乎青云之士。

回忆风号破屋，雨冷江干。鹪巢何小，蛙坎忘宽。仲蔚之蒿三径，元卿之竹千竿。孰若此文窗窈窕，曲槛盘桓。薮招麟凤，庭集鹓鸾。不同落叶半床，萧闲寄兴；合植琪花万本，晨夕追欢。

况乎簪毫芸馆，染翰蓬山。居依尺五之天，金莲彻炬；光近九重之日，玉笋联班。庐殊人境，地是仙寰。固宜多士奋兴，望宫墙而拜孔；岂虑遗贤岑寂，屈陋巷以居颜。

广寒宫修月赋以题为韵

水镜秋澄，冰壶夜朗。影漾湖心，光澄露掌。合璧则时阙时盈，跳丸则忽来忽往。招从今夕，月本多情；修到几生，天开非想。斗谁贯而浮槎，云孰梯而掷杖。只道金波穆穆，高不胜寒；何知玉屑霏霏，恢而弥广。

盖有广寒宫者，万花绕座，百宝为栏。装成金瓟，捧出银盘。桥横驾鹊，墙对栖鸾。杵捣药以偏灵，室常生白；树交香而不断，楹类涂丹。然而示冲或偶，持满为难。傥有阙以补之，谅非人巧；问何修而得此，无碍天宽。惨澹经营，玉斧漫将桂伐；凭空结撰，瑶台不怕霜寒。

乃城开兮不夜，忽斤运兮成风。续清辉而未减，补造化以偏工。缺防偃瓦，圆肖张弓。才镂出以因心，印心了了；恍掬来而在手，妙手空空。天若有情，填半珪而恰好；月如无憾，照千里以皆同。遂以应仙冀于尧砌，而腾宝鉴于轩宫。

爰有嵩山逸客，蓬岛名流。一则花影满身，眠云未醒；一则松阴驻足，踏月来游。耳清谈兮抗手，指颢景兮当头。曾记大罗，几曲霓裳之咏；不无小补，二分明月之秋。襆被何来，宛其赍乎磨镜；斧柯或假，愿枚卜于金瓯。当三五二八之期，容光必照；有八万四千余户，勉作无休。知蟾魄欲臻于美满，似凤楼不惮于重修。

如此鸠工，俨营兔窟。点缀皆佳，弥缝罔缺。幻烟云于腕底，构就云关；踏荇藻于水中，添成藻棁。炼得补天之石，别有匠心；擎来照夜之珠，开张仙骨。宫同少广之清虚，辔按纤阿之出没。芦灰铺处，圆晕重围；桂子落时，清光不竭。自此望从遥夜，人工可代天工；漫疑悟出前身，今月不如古月。

然此犹技擅雕琼，彩标连璐。榆白星分，橘黄秋铸。况逢我圣朝瑞纪重轮，恩敷湛露。惟天为大，万方慰就日之忱；如月之恒，八伯动歌风之慕。所由春满璇宫，欢腾宝路。当此诗陈乙览，将驰四牡于星轺；何妨逸访酉阳，更续六朝之月赋。

槐夏午阴清赋以题为韵

天澄火伞，土润铜街。古翠盈屋，疏花坠阶。展却暑之壬席，迓新凉于午牌。爱夏方长，眠对先生之柳；惜阴以寸，清依宰相之槐。

则有赵学士者，腕妙生春，情怡赏夏。冰衔则久署龙图，雪壁则自题蜗舍。绿阴几许，栽盈桃李之门；红雨连番，吹落荼蘼之架。续重三之好梦，槐火侵晨；话六一之诗盟，笔花照夜。盖将纪绮序于清和，而写玉堂之闲暇。

不见夫丹霞满空，红日当户。焰发烛龙，气腾金虎。迟秋景于伏庚，正尧天之近午。垂杨送客，难寻消夏之湾；丛桂留人，孰是广寒之府。心镇瓜而虑烦，头戴笠而吟苦。看到猫睛一线，花影方高；覆来鼠耳千重，槐阴自古。

炎景逾灼，凉云忽深。皴黛千尺，霏烟半林。翠疑张幄，绿许眠琴。雨收而露滴犹响，风度而氛坎未侵。那见尘敲，梦扰槐安之国；除非热恼，花忙举子之心。醒午倦而声报邻鸡，影摇薤簟；阁午炊而光浮野马，润挹冰襟。宛送秋山之爽，是为夏日之阴。

时则蝶粉争晒，蝉琴细鸣。门无剥啄，树有音声。苔綦砌以沾湿，花亚栏而韵晴。披拂清风，叶接鸾栖之影；扶持清梦，柯围蚁战之城。白太傅芳荫曾叨，故园增感；殷仲文风流自赏，赋树钟情。高不胜寒，红挂铜钲而未觉；净无可唾，绿摇书幌以弥清。

客有煅灶依林，书巢结树。暑浣茶瓜，闲消巾屦。仰翠盖以高搴，任炎轮之久驻。绿槐夹道，赐茶承九陛之恩；红杏倚云，簪笔试八砖之步。恰拟咏来薰于朵殿，瑞箑生凉；岂徒盼斜日于画墙，长杨奏赋也哉！

人情以为田赋 以"人情者，圣王之田"为韵

古帝王恩周函夏，泽溥阳春。道之议也自己，情可见者惟民。礼为坊而仍旧，德有产以谋新。统九州之腹咏心歌，稼宜同我；萃一念之性禾善米，田岂芸人。

夫以情之为用也，极德基之广厚，拓泰宇以宽平。苗从心而日吐，叶随意以天成。安土能敦，尽人性兼尽物性；灵台朗照，观民生即观我生。为圣人氓，初何有乎帝力；遵王者道，要必本乎人情。

是有田焉，谁欤耕者。易其田则相养相生，舍其田则患贫患寡。因民所利而利，力穑有秋；用天下心为心，陈常时夏。使有菽粟，皆君子之谷焉；尽化町畦，是圣王之田也。

盖受一廛之业者氓，而类万物之情者圣。栽培欲遍乎群材，率育直通乎帝命。拟树人于树谷，何殊百亩之耕；比望岁如望君，实赖一人之庆。故暑寒咨之井野，总祈物兆金穰；风雨调于泰阶，遂若化光玉镜。

是岂小人之怀土，要惟圣主之当阳。耕以礼则有不越之畔，种以义则为不涸之仓。耨以学则务锄乎非种，聚以仁则用宣乎多藏。更播之于弦管，咸颂美于茨梁。匡济已遍寰区，大公无我；好恶能同率土，归往曰王。

况志孚于成都成聚，实则顺于不识不知。合万方宛同一井，修五教若务三时。联上下而情通似谷，人之足于画；达远迩而情洽似雨，我之及其私。颖睾异亩之禾，圣与我同类者；佃戒甫田之莠，仁亦在乎熟之。

圣天子惠敷闾里，德洽垓埏。珠囊纪瑞，石廪占年。凡诸鄙

黍里禾，擢英华于舜日；不独瞻蒲望杏，安作息于尧天。惟近人情以为治，遂普民力以无偏。继自今教稼明农，用锡庶民之福；又何怪歌衢击壤，乐耕天子之田也哉！

天骥呈才赋 以"汉道亨而天骥呈才"为韵

骏业安刘，龙兴祚汉。路阙青云，奇搜朱汗。维武帝之英明，得文臣之协赞。选俊品兮不羁，轶凡材而独冠。地接乌孙之国，渥水光腾；天呈骥子之才，房星影灿。

试观夫万里蚕丛，一鞭鸟道。色照桃花，驿连芳草。滚尘而图里红生，振鬣则林间绿埽。任重如轻，识途岂老。此才未易，宜侪赭白之伦；有德斯称，乃服飞黄之皂。

盖骥之以才见也，枥难久伏，衢贵常亨。霞红日喷，电紫腰横。始饮穷边，尚订野鸥之约；旋登乐府，早传天马之名。使其盐车徒困，栈豆空争。怅九方之未遇，泥千里而难行。亦复自惭驽弱，莫骋龙城。

忽开张乎天骨，遂奋迅于天逵。腾天闲兮翼翼，振天策兮骙骙。瞳双镜挟，蹄四风追。驰来沛艾，貌出权奇。蒙谢虎皮，早许威宣服不；号称龙种，何须鳞刻之而。

时则大宛略地，元鼎书年。功收汗血，力埽烽烟。霍剽姚心雄百战，李广利威镇三边。治夸马上，名勒燕然。池畔石鲸，肆武激昆明之水；阵前铁骑，冲锋开蛮徼之天。

而斯马也，紫燕争奇，绿蛇表异。有命自天，无疆行地。玉花照耀以多姿。金勒腾骧而献瑞。鞭挥祖逖，顿增起舞之心；顾遇孙阳，定诩空群之骑。爰知八尺为龙，不藉一毛见骥。

物因时而乃出，才间世而后生。惟雄姿之倜傥，标骏骨于升平。依向北风，随六龙而按辔；来从西极，噤万马以无声。岂仅弸云逐队，塞月连营。耳披竹健，鬣剪花明。傥到燕关，台黄金而许筑；如游河渚，图绿错以堪呈。

圣朝文敷出日，武靖无雷。冰天捷奏，玉署英培。越雉旅鼙，集宸垣而致福；每牛虽马，图王会以偕来。犹复旁求骐友，广采龙媒。欣逢寿寓澄清，车惟以德；更仰皇衷渊塞，马咏斯才。

射蟒台赋以“陶公射蟒，为民除害”为韵

南湘雄镇，东晋人豪。胆寒蛟鳄，气慑鲸鳌。妖氛夜埽，卿月秋高。惊一弓之霹雳，陨双炬于烟皋。事往而驼埋荆棘，台空而鸟下蓬蒿。望层城落照之间，英光凛凛；想铃阁垂橐以后，乐意陶陶。

昔陶桓公之督荆湘也，才抽手版，早奏肤公。陈敏已除，鸮音自辑；杜弢就戮，鼠技终穷。靖苏峻而河堪饮马，诛郭默而幕早飞熊。陋八王之逐鹿，冀六合以庇鸿。尽教或鹳或鹅，行师如雨；肯许维蛇维虺，嘘气成虹。

乃有巨蟒屈蟠，妖星幻化。瘴雾横吹，腥风冷射。古洞深潜，荒江独跨。腹剑何铦，舌桥不下。忽瞠目于天门，时攫人于清夜。千寻鳞甲，方肆志于并吞；一箭鸥鹠，畴定威于叱咤。骨未断乎巴丘，眏日流诸民舍。

桓公于是仗交蛇，袍绣蟒。引星弧，张天网。技擅屠龙，势摧天象。似孝侯之刃握河桥，似高帝之剑挥芒砀。似子羽力战乎颓波，似叔敖手夷乎榛莽。妖兴有焰，本深山大泽而生；命请于民，操毒矢强弓以往。

始则凉月满江，清霜匝地。云里楼台，空中歌吹。人尽如狂，天胡此醉。忽鸣镝以风飞，散余腥而雨坠。赫曦山下，跃去狼牙；德润门前，歼将螳臂。斗无虞郑国之妖，捕不入柳州之记。仗吾力之犹能，非斯民而谁为。

往迹都陈，亭台日新。鹤楼肩雨，虎铢成尘。枕江城之半角，

瞰烟月于三春。鲜瓷之清芬尚在，龙梭之变幻无因。鳄亦能驱，本精诚之及物；虎犹可渡，留功德于斯民。寿斯台以不朽，讵宦迹之终沦。

因想夫中原多事，洛下已墟。持螯者谈任达，挥麈者尚清虚。陆机则不闻鹤唳，张翰则徒忆鲈鱼。群雄蜂起，百怪鲸呿。非公之惜阴燕寝，运甓蜗庐。督八州而长蛇阵列，高两晋而哮虎威摅。曷足挽狂澜之潏潏，而奋神武以驱除。

客有抚遗迹之长存，缅英风其未艾。荒草独寻，夕阳无赖。址蔓寒藤，磴盘古桧。访口碑于虚碧山前，觅断镞于抱黄洞外。庵剩孤杉，井沉清濑。能不慨峻嶒百尺，市楼之鹤不还乡；保障一隅，司牧之马能去害也哉！

秧马赋以"才了蚕桑又插田"为韵

昔苏公武昌小住，井野徘徊。望绿波兮如画，讶朱汗以何来。漫疑食藿之驹，彼驹谁絷；恰有束秧之马，我马斯才。胡为泥中，挥一鞭而踏遍；薄言驷者，载五叶以分才。

不见夫梅雨徐收，茗烟微晓。村远鸡鸣，天空鹭矫。跃一骑兮风中，貌五花于尘表。马合呼泥，骖应号筱。行行且止，半畦之新绿初描；去去如飞，十里而浓青未了。

惟新秧之画罨，似浅草之浮岚。针刺水而攒碧，叶凌波而染蓝。佝偻探从绮陌，摩挲载入筠篮。宛彼牵牛，欲求刍而不易；岂无服马，将旋泞以何堪。借非图摹骏八，鬣剪花三。则偶尔搴芳，巧逊衔禾之雀；纷然拾翠，劳如食叶之蚕。

乃临碧水，宛策红阳。形殊赭白，相异骊黄。削风斤以鹊跃，度水涘而龙骧。背健楸桐，顾何须乎鞍据；腹轻榆枣，及何待乎鞭长。十步五步，千行万行。驹悦秣之，饲谢谷人之谷，骖当絓处，系诸桑者之桑。

无金勒兮横陈，只浪纹兮低皱。竹耳披斜，兰筋削瘦。却许粪田，乘非在厩。掀难出淖红泥，滑滑之时；饮不投钱白水，溶溶之候。虽托足于场苗，实无心于栈豆。岂鉴惰农之覆辙，冈有越其；爰询保介于前途，何求亦又。

是秧也，质本芃芃；是马也，姿偏业业。程遥看翠罽之平，叶密俨绣鞍之压。骑合披蓑，驱当荷锸。障想泥涂，瞳无镜夹。辔萦杨柳，图呈白鼻之骝；色点桃花，浪逐绿头之鸭。原非铜马拂来，而朱鬣无形；似出土牛望去，而青旗已插。

遂令驰驱绣壤，蹴踏花天。秧歌处处，秧雨年年。惟圣主依知稼穑，德洽垓埏。佩犊之浇风息矣，辍耕而生意油然。固宜寿宇宏开，长御时龙于松栋；春台熙洽，无烦袜驷于芝田。

杨柳风和乳燕飞赋以题为韵

飞花风景，落絮池塘。水静逾碧，烟疏半黄。莺巢暗而难觅，燕羽戢而将翔。翠黛垂来，莫是琅琊之树；香泥衔处，谁家玳瑁之梁。时则风犹未动也，而第观乎缕缕之垂杨。

俄草偃兮原头，复林斜兮谷口。萍约绿分，花敧红剖。鸟随竿动，时疾时徐；莺响筝来，乍无乍有。合教邵子，闲吟吹面之风；傥遇陶潜，应笑折腰之柳。

则有颔低刷紫，襟腻裁红。雏携舍北，侣逐墙东。频来则上下无定，学舞则低昂未工。偶尔栖烟，静对溶溶之月；又看点水，轻随淡淡之风。

犹忆白门秋早，紫塞寒多。半堤月柳，一带烟萝。西风黄叶之村，旅怀若此；斜日乌衣之巷，别绪如何。方不胜其摇落，能无恋于阳和。

此乃澹扑黎云，横吹花雨。玉绿缫丝，金黄刻缕。半寒半暖，时过祓禊之辰；三起三眠，殿启灵和之宇。似曾相识以飞来，恰值新雏之免乳。

丁字疏帘，辛夷小院。红日三竿，绿阴一片。羌对景而关心，讶不寒而拂面。乍抛玉剪，喃喃之语当窗；忽坠银云，点点之花入砚。闲展赫蹄，吟成飞燕。

又有锦缆徐引，轻帆忽飞。黛横蟹舍，雾散渔矶。倏来往于樯间，小红系缕；更回翔于岸侧，新绿成围。虚籁吹将，坐沙棠而泛泛；云轩送去，望杨柳以依依。燕真如客，人亦忘机。

方今上苑迁莺，西雍振鹭。采繁迟日，兵归细柳之营；啜茗春风，士奏长杨之赋。凡被吹嘘，尽增和煦。舜琴薰拂，喜寰区共际阜康；尧阶桐生，想温室尤多嘉树。

知养恬斋赋钞　卷四

太液春晓赋以"镜池波太液"为韵

西苑风和,东华日映。殿启悦心,楼颜得性。承光郁起以岩峣,太液低环而沿泳。天霁云收,波明水净。碧草茵柔,红兰箭劲。藏舟浦外,瞻凤舸以遥临;垂钓亭前,快龙章之叠咏。正十雨五风之候,春满蓬壶;望三亭九岛之间,波澄玉镜。

维时苍龙凤驾,翠凤搴旗。谷雨丝散,花风阵吹。剪双飞以睇燕,簧百啭而听鹂。岭泻玉泉,照螺青之画幨;桥横金水,铺鸭绿于琉璃。秋光已过,芙蓉又逢春泛;烟景未稀,杨柳早罢冰嬉。何必颂歌鹭振,雅奏鱼丽。固已漾晴光于凤沼,而开胜景于龙池。

况值疏星棋布,斜月镰磨。宵柝将歇,曙钟渐多。漏响则滴残铜箭,水纹则织出银梭。遥闻呼旦鸡人,筹传绛帻;不似栖岩渔父,梦稳青蓑。棹送春声,荡浅红而日出;树低人宇,带浓绿而烟拖。律转风笙,数半暖半寒之序;欢腾鱼藻,续一游一豫之歌。盖水无春而不晓,亦春无水而不波。

是惟鳌禁清虚,麟洲映带。地近日边,花明仗外。樹金露以瀼瀼,峰琼华而霭霭。黛横水际乔松,翠耸岸边古桧。协风徐泛,识镜清寰海之祥;湛露已晞,是琛献当阳之会。皇上俯银涛,停玉轪。诗进嘉鱼,图呈斫鲙。恩波远汇,轶镐京而居则有那;宸翰亲题,凛殷鉴于康无已太。

小臣待漏蓬山,簪毫仙掖。甘泉逊吐凤之才,瀛海愧钓鳌之客。第见桑圃丛青,蕉园澄碧。玉水溶溶,柔波脉脉。二分韶景,花雨霏红；一抹曙光，松云吐白。莫绘熙台之象，瑞蔼华林；仰惟问夜之勤，签投阶石。瑶池春永，喜近瞻乎云影天光；辟雍海流，更远播乎经膏史液。

知人安民赋 以"知人则哲，安民则惠"为韵

在昔八伯歌云之会，万方就日之时。人则嘉乃懋乃，民则辅之翼之。灼知者百工之绩，乂安者九有之师。登庸有愿，帱戴无私。好生洽于十二州，惟尧舜能施而济；名世钟于五百载，惟禹皋则见而知。

夫其谟陈帝陛，职尽臣邻。欲九德各恭尔事，求万民咸与维新。光天被化，率土称臣。元首明哉，黄屋重宅心之选；不仁远矣，苍生皆革面之人。

使谓人代天工，民心帝力。不旌别而已靖顽谗，不劝威而自安作息。特恐不才之子，时有违心；无教之民，空劳励翼。何以善隐扬，何以加匡直。何以无荒无怠，而人尽亮功；何以不识不知，而民皆顺则。

乃知朝庆明良，野增服悦。龙鸟之纪宜详，鸠扈之官宜设。赓歌载睹，何忧乎令色巧言；耕凿相安，无扰以穷奇饕餮。盖续则考之于帝，百志惟熙；而中以用之于民，一人迪哲。

故其言知人也，求民之莫，惟帝其难。询诸四岳，命以九官。不得即为己忧，明扬倍切；克谐则惟汝往，黜陟无宽。斯人以亲贤而能爱，亦民由修己而能安。

至若安全庶类，总制群伦。万物之情，达诸民视民听；五方之性，顺诸民析民因。临则以简，帅则以仁。将象拟覆盂，世是雍熙之世；亦欢腾击壤，民皆浑噩之民。

遂令史纪成功，俗知振德。言底绩而可行，教敷宽而自得。揖让一堂，翕和万国。所由人皆知勉，赞赞者日有思；而民无能

名，荡荡者天为则也。

圣天子知妙激扬，恩宏匡济。光澄轩镜，人皆勿贰勿疑；愠解虞琴，民非小康小憩。允谐者在四邻，永赖者及万世。又何羡乎中天枚卜之臣，上古衢尊之惠也哉！

山鸡舞镜赋 以"态有余妍，貌无遗趣"为韵

翡翠帘开，芙蓉槛对。花密传红，林疏点黛。有宝镜兮冰纹，耀清光于金背。记自江中，铸就碧水青铜；何期天外，飞来绣襟丹喙。一番拂拭，顿增倚凤之辉；几度回翔，别有惊鸿之态。

爱有山鸡，来从林薮。职异司晨，文辉吐绶。翠刻为翎，朱涂贲首。栖依锦树，英姿直拟于祥鸾；斗向雕笼，珍玩亦殊于走狗。疑是仙丹舐后，天上曾鸣；即随星使携归，人皆未有。

忽轩轩兮霞举，更灿灿兮云舒。晃明星于满室，照秋水之盈渠。青都入晕，白更生虚。似应花奴之节鼓，似搴彩队之华裾。似锦阵合围于蝇虎，似羽衣朗照于蟾蜍。是舞对菱花之候，而啄残香稻之余。

故方其未舞也，空山择木，远岫栖烟。迎鸠山陇，送鹤芝田。不露文章，踏落花而寂寂；自丰毛羽，宿芳草以年年。每看镜月圆时，空中照写；或向镜潭飞去，象外神传。徒顾影而自爱，亦尽态而极妍。

一自识拔风尘，涤清泥淖。白地锦铺，碧纱笼罩。一鸣许侪威凤，不类冥鸿；片羽尚惜吉光，况窥全豹。偶向日兮翩跹，或乘风兮腾踔。元颖子识能照胆，觌面忘形；容成侯信可知心，取神遗貌。

试临玉鉴，如映冰壶。一轮雪展，五色花铺。时进时止，亦娴亦都。昂锦臆以云烂，振花冠而翠扶。金距撑兮有偶，星眸揭兮不孤。回风而舞按柘枝，是真是幻；对月而舞低杨柳，疑有

疑无。

遂令山经纪异,越志标奇。冕犹听鹜,冠或称巂。宛栖梧而振采,似渐陆以修仪。轩窗乍敞之初,风神栩栩;巾拂俱停之会,逸态傲傲。看锦翼之鲜妍,相依得所;幸紫珍之洞彻,朗照无遗。

况夫颂福禄于鸳鸯,厕班联于鸂鹭。铜虬漏滴,同听鸡筹;轩鹤晴骞,待鸣鸡树。共庆光皇玉镜,洽仁寿于寰瀛;并瞻羽舞瑶阶,祝平康于宝祚。又何俟旁搜珍异之图,博涉烟霞之趣也哉!

东观读未见书赋以“天禄石渠,典籍之府”为韵

黄文疆初登仕版,适值英年。学原是海,砚可为田。孝子而名播九龄,父书曾读;才人而望隆一代,往籍重编。盖其功积之以日,而其慧界之自天。

时则有东观者,栋宇崇深,规模整肃。汗简一庭,牙签万轴。压重牛腰之字,什袭而藏;含来鸡舌之香,从容以读。书多未见,如张华欲借之琅嬛;秘不轻窥,似刘向曾居之天禄。

肃宗乃召儒臣,选词伯。积缣细,校方策。谓此黄童,无惭墨客。职堪典乎雠书,恩何妨于逾格。搜羽陵之蠹,我将载以瑶华;摘奎府之文,汝则播之金石。

夫以读书之难也,目耕易倦,腹笥多虚。仙常蚀蠹,鲁或讹鱼。抄莫尽八千之纸,藏难穷五万之储。傥拾前贤之糟粕,将荒往训之菑畲。谁更探怀,照青藜而持赠;何能抚掌,吞丹篆以轩渠。

乃欲绿字徐披,丹函细展。解颐而匡鼎能谈,折角则朱云善辩。见之若日丽星辉,读之若澜翻雪卷。经有纷纶之目,五称何至五穷;才储渊博之胸,万中无遗万选。凡诸未觏之奇,悉是不刊之典。

惟才士兮无双,快书城之拥百。玉署初登,珠船适获。笈时

启乎龙威，佩常鸣于鸾掖。往日清风拂枕，寻至乐于庭闱；斯时明月入怀，究陈言于简册。将博物可以继乎侨，而数典不见讥于籍。

是知入官必先服古，积学乃足匡时。未见者若弗克见，未知者务必求知。惟大汉之文章，至元和而特盛；兼词臣之凤慧，如江夏而尤奇。一时宠遇，亿载隆规。上稽千圣百王，治亦侗乎远矣；能读三坟五典，臣惟敏以求之。

况圣世之崇文，集英流而稽古。或重辂轩之采，使奉碧鸡；或订经义之疑，观临白虎。莫不寝食艺林，翔游德圃。快说礼敦诗之彦，举扬递进于天家；凡形雅成颂之才，制作当成诸乐府。

麦气迎秋赋以"日至之时皆熟矣"为韵

十里绿云，半村红日。秧水才肥，茗烟更密。送梅而雨自依旬，迎麦则风刚入律。绘出几多秀色，晨气蒙蒙；招来一味新凉，秋容瑟瑟。

夫以麦之有秋也，瑞兆两歧，祥征九穗。时务以三，月临乎四。率育则命自天，肥硗岂异其地。纵丰年之尚小，春色初归；宛佳日之孔多，秋光已至。

然而来薰犹未，荐爽仍迟。迓宾鸿兮何在，饯客燕兮何之。偶写枇杷之帖，孰吟饼饵之诗。那得秋云，铺麦天之渺渺；尚非秋水，泛麦浪以差差。

于是有气焉，如横水影，如袅晴丝。如岚拂树，如雾笼枝。如兰气之被长坡，如荷气之蒸曲池。半空舒卷，十亩游移。雏雉声声，细草微风之路；啼鸠处处，樱桃斜日之时。

第见秋阳未暴，秋气先佳。轻花细落，密叶纷排。铺绿罗于不尽，泛翠涨以无涯。爰劭农功，喜康年之迄用；欣承帝命，乐降福之孔皆。能勿寄吟秋之兴，而愈殷望岁之怀。

惟时序之送迎，随气机为往复。节过养花，候临祈谷。似共迎凉之草，爽挹虚窗；似同迎岁之梅，香闻空谷。拟榑桑之迎日，红映童童；类杨柳之迎风，绿摇簌簌。恢台将届于青郊，福习早祠于白屋。人忙莎径，云垂而已助麦凉；客话笋厨，日至而恰逢麦熟。

况有年卜自农家，而协气蒸于帝里。长养风生，来牟颂起。适逢恩榜，含桃之宴初开；并验祥符，瑞麦之图可纪。好共上林乔木，栽者培之；还同北里嘉禾，浡然兴矣。

413

经神赋 以"识洞精微，学臻幾奥"为韵

昔郑康成，学皆心得。从张恭祖以游，侍马扶风之侧。薄应劭之恃才，异何休之守墨。自注遗经，实怀明德。嗜而成癖，弥坚慕圣之心；尊以为神，别具过人之识。

想其极意研穷，殚心吟讽。耄且益勤，贱先殊众。发书而无可乞灵，吞篆而何由入梦。拜从庚日，犹虞坠绪之微茫；访向酉山，莫罄我怀之空洞。

励志逾笃，澄思独精。心如月朗，论若风生。句从天外飞来，疑城尽破；义岂人间觅得，讲席谁争。千秋业古，一室灯明。信神斤其独运，匪经库乏徒营。

夫以五经有笥，众议成围。管窥易谬，聚讼多非。折角空争于虎观，洞胸谁悉乎龙威。碌碌者莫探奥突，冥冥中安所凭依。惟尔有神，七十载倍劳研索；多师益我，百千年如晤渊微。

维时乡号郑公，民推先觉。通德之门已高，尘垢之囊尽濯。眺北海兮迢遥，望东莱兮悠邈。惟斯神之所游，幸遗泽其犹渥。故宋儒继起六经，皆本郑笺；而秦燧已微百代，必宗汉学。

江河不匮，日月常新。仙从蠹化，客召龙宾。羹墙者如或见圣，枕胙者直欲通神。尚克相予，端有助于文战；用能觉世，庶

无误于迷津。传羲画与妙文，斯人不朽；纵董醇而贾茂，此诣谁臻。

岂不以旨能扼要，妙极知幾。说郛独廓，椽笔频挥。兴至而全芟俗说，情来而别具天机。讵陆羽之茶神，许同位置；即张颠之草圣，莫共芳徽。德其盛乎，宛英灵之可接；寿之久矣，期贤圣以同归。

皇上学懋缉熙，言垂兴诰。萃庠序之英才，敦诗书之宿好。列石经于太学，士皆怀饼而抄；披带草于虚窗，师待瓣香而祷。岂仅稽后汉之楷模，谓足发前贤之阃奥也哉！

行不由径赋 以"处心行道，有如此焉"为韵

澹台氏卓尔不群，萧然独处。节凛冰兢，仪昭霞举。忘捷径之可争，任独行而寡侣。宰斯邑者为谁，问得人焉惟汝。自卜幽人之吉，足不轻投；偏为长吏所知，心先相许。

彼其常循矩步，净涤尘襟。道原若砥，辔且如琴。始息肩于德圃，旋掉臂于儒林。方将独往独来，坦坦而明素履；何至且前且却，迟迟而有违心。

乃若道其所道，行不当行。步因曲而易窘，势益陂而不平。十里五里，山程水程。钩衣树密，碍帽藤横。原殊正路之由，蚕丛莫辟；漫斗仕途之捷，马首先迎。

于是有行之者，谓守正之多迂，何见机之弗早。来者可追，往将不保。骋杂途之便利，塞待开茅；弃旧辙之倭迟，鞠仍为草。逝将去汝，孰防遵彼微行；援而止之，谁更偕之大道。

灭明乃失足为虞，贞心自守。车必鉴前，尘遑步后。园荒曲径之三，轨历经途之九。谓户原出而必由，抑墙自循而可走。岂守从来之故步，步反难安；方寻前路以多歧，歧偏又有。

其志既定，其神益舒。孤踪踽踽，芳躅徐徐。道为小人所视，

德实君子之舆。岂类王尊折坂，都教叱驭；亦非墨子朝歌，始解回车。虑托足之失所，敢纵情以自如。

遂使武城，交推仁里。优游于道德林中，来往于弦歌声里。动必以正，不期然而然；闲罔或踰，可以止则止。或偶尔之直寻枉尺，小节如斯；想平时之折矩周规，大都类此。

是知域惟造圣，关必亲贤。推详于路也门也，防检于游焉息焉。学道爱人，何取割鸡之治；周行示我，用赓鸣鹿之篇。快金门之得侍，励铜行以弥坚。履蹈中和，钦仰宸修于松栋；论思朝夕，愿常翔步于花砖。

六事廉为本赋以题为韵

在昔士升以三，官分为六。官先事而计典严，事尚廉而官常肃。节凛铮铮，欲防逐逐。心原似水，何疑素履之端方；德自可风，用受黄流之福禄。得其本则事皆理，行贵能芳；正其本而源自清，货期不黩。

盖自元公之设官也，诏诸小宰之司，责以大人之事。求悃愊而无华，先澹泊以明志。有守乃能有为，不求而兼不忮。傥羔裘式度，秉钧既有良臣；而象齿焚身，分职转多俗吏。节不能坚，物皆为累。算及锱铢，谓贻佩璲。其何以循有幅之箴，而溥不言之利。

于是有八成而邦治正，有六事而邦治严。其善也，草待仁风之偃；其能也，黍蒙阴雨之沾。其敬也，缶示有孚之象；其正也，鼎无折足之嫌。语其法，则定金科以按律；言其辨，则莹宝鉴以开奁。故惟断乃成，其事必要以弊；而不贪为宝，其本不外乎廉。

诚以廉也者，介原不易，念本无私。志由己洁，清畏人知。非好货之不肩，物交易诱；非守分以知足，器满难持。故饕餮穷奇上世，亦有不才之子；而整纷剔蠹后人，当以主善为师。冰澄心而不滓，铜励行以无疵。凛虎饱之当戒，笑绳营之共嗤。惟无欲其所不欲，斯不为而可有为也。

使不能廉，是为无本。善非廉，而欲岂不贪；能非廉，而益犹有损。敬正非廉，而明道或且计功；法辨非廉，而爱养难归节撙。微矢志以兢兢，讵匪躬而蹇蹇。惟属餍鉴小人之腹，罔有越思；亦坚贞砺君子之心，常摅忠悃。而后事皆不涉于私，节自克全于晚。

圣朝澄叙官方，广开贤路。共凛四知，咸贞百度。士砺廉隅之行，雅操弥坚；臣居廉让之间，暗修是务。头衔则清拟条冰，品望则荣□湛露。莫不慎激扬，严举错。务纯明，敦俭素。自天授简，愈殷就日之心；酌水励清，拟奏甘泉之赋。

樱笋厨赋 以"堂厨百司，通谓樱笋"为韵

森森宝树，簌簌风篁。冰红蒂结，玉绿枝长。摘去则云霞共色，劚来则雨露皆香。莫是右丞，赋朱樱于禁苑；直疑与可，餐绿笋于山堂。此韵事传之九夏，而良庖纪自三唐者也。

想其鸣钟列鼎，馔玉开厨。脯营千里，莼采五湖。倘相报以赤心，实应剥枣；或有怀于白水，米待烹菰。岂惟啖到红霞，文会设樱桃之宴；拾来紫箨，诗情耽蔬笋之腴。

至若龙颔垂丹，猫头耸碧。实锭金丸，根涵琼液。莺声枝上，甘分摘艳之人；麂眼篱边，翠拾踏青之客。不过味列山殽，菜铺香积。讵若沾春而价备十千，啖荔而数逾三百。

然而六街风物，四月芳时。秧风一剪，梅雨千丝。乍报寝园，羞黍设含桃之荐；又夸秘法，闭门成食笋之诗。传来铜马芳名，岭霞的的；锡得箨龙雅号，香雪枝枝。得不标园官之异产，而为膳宰所专司。

故方其未入厨也，琼枝高缀，竹径斜通。红酣滴雨，绿折因

风。芳含百果之先，咏传梁帝；兴寄一心之咒，句忆涪翁。圆润如珠，未玩明珠于掌上；平安报竹，谁储成竹于胸中。

已而箬笼同携，釜鬵并溉。颁遍廷臣，餐分官贵。结山水绿，得烟霞气。瑛盘增上苑之恩荣，玉版参名山之禅味。知白傅赋醍醐之美，未免有情；即放翁吟玳瑁之簪，亦非无谓。

由是登诸绮席，佐以和羹。馨同麦荐，蕨比蒲清。宛摅向日之忱，智珠在握；似吐凌云之气，劲节初生。消融尘壒，含咀菁英。故拈一串之珊瑚，则樱若更珍于笋；而采万枝之翡翠，则笋当较胜于樱也。

圣朝尧荳生厨，舜薰拂荐。调燮鼎者，上佐一人；戒代庖者，克谐庶尹。芳常采乎蘋蘩，材兼收乎芝菌。固宜珍夸席上，拜恩特纪乎珠樱；秀拔班联，清望允标乎玉笋。

笔生花赋 以"征诸吉梦，藻思日新"为韵

异才天授，壮采霞蒸。兔毫未试，凤藻先腾。词条披兮锦簇，意叶发而香凝。非玳瑁簪于逸少，非珊瑚架自徐陵。银管一枝，恰相贻于吉梦；琪花五色，乃特告以麻征。

则有才推仙李，名重石渠。花随论粲，锦自心舒。学士青莲，饮香名而已早；如来金粟，证慧业以非虚。固知秀句惊人，不类操觚率尔；岂待文章假我，尚思韫椟藏诸。

何邀月兮举杯，更凌云而振笔。旨缛星稠，翰挥云密。古锦盈囊，奇芬满室。方管下以双双，宛珠穿而一一。诗寄百花潭上，思本不群；梦回七宝床边，卜云其吉。

时则镫烬兰窗，月斜绮栋。鹿共云迷，蝶随风送。黑甜倚枕，聊与栖迟；青镂探怀，借供吟弄。异因误以成牛，宛高翔而鸣凤。吐出新花璀璨，文通合许知心；望疑春草芊绵，灵运雅堪同梦。

尔其为花也，仰缀丹跗，低垂翠葆。墨浪横飞，霜毫迅埽。

都是性情花放，李下偏多；漫夸富贵花开，唐家更好。绘将烟景，此时宛灿乎春华；谱就清平，他日代撼乎天藻。

乃援笔而生情，更拈花而寄志。镂叶成诗，吟香选字。记自长庚入梦，久夸彩笔干云；况经天子传呼，曾对名花拜赐。信贶我以瑶华，能益人之神智。借问管城春色，笔健能扛；允扬艺圃清芬，花新与思。

是惟才气纵横，情波洋溢。染大笔以淋漓，吐奇花而艳逸。漫谓骑鲸人去，花事阑珊；须知倚马才多，笔机迅疾。傥教一瓣拈来，定有群芳放出。好凭寸管，闲耕笔末之云；拟对九英，翔步花砖之日。

况复毫簪朵殿，简授枫宸。笺裁列绣，管握生春。玉笋班联，喜共撷为丽藻；金莲炬彻，欣叠拜乎温纶。又岂徒夸手笔之轶伦，登高能赋；侈心花之焕发，与古为新也哉！

文章为德行弟赋 以"德行为兄，语征抱朴"为韵

稽百代以同文，考六经而校德。德先慎以修身，文兼资于华国。人伦之冠冕攸昭，后进则楷模共式。原相伯仲，初何判于重轻；微有后先，要皆关乎物则。

爰有抱朴名言，特详文行。谓才皆降之自天，而道实率之于性。准诸四教，期贤圣以同归；拟彼二难，若兄弟之笃庆。棠棣自联花萼，文苑扬芳；葛藟先庇本根，德基务正。

夫以弟之于兄也，齿惟贵让，肩亦相随。苇期勿践，篪合同吹。鹡鸰原上，鸿雁天涯。使弟或先兄，早有乖于既翕；惟兄能及弟，乃无愧于连枝。此知敬者，皆情所不自已；而徐行者，非人所不能为。

至若文之于德也，本诸心得，发为心声。德修为业，文生以情。剪来唐叔之桐，德期日敬；梦到谢家之草，文亦天成。胡杍

轴于予怀，宛若孔怀之弟；而道求于在迩，竟为具迩之兄。

岂不以德辀如毛，民鲜克举。戴仁以行，抱义而处。恐能致福，用符主圈之占；和以兆祥，克协吹埙之序。优许侪于龙凤，非矜一日之长；庆将衍乎雎麟，或可同年而语。

惟文章之载道，非藻绘以呈能。事虽缘于后起，岸相引以光登。变化从心，即是因心之友；卷舒一报，胜招同气之朋。文则吾莫犹人，志惟宜逊；德则子将事我，语岂无征。

自是德圃恬游，文园却埽。志切检绳，心殷探讨。山分大小，勖膻行以交修；屋列东西，拟凤楼之并造。信有本而有文，无相犹而相好。培心花之烂漫，联以性情；储善米而充盈，取诸怀抱。

圣天子化洽菁莪，材勤朴斫。德懋日新，文同汉倬。士昭铜行，由小成入大成；质美金相，俾后觉从先觉。又何疑俗敦亲睦，戒子弟之淫华；极建中和，进闾阎于淳朴也哉！

无逸图赋 以"严恭寅畏，天命自度"为韵

宋广平德隆公辅，诚感堂廉。每怀謇谔，特进箴砭。恐警惕疏于殿陛，将恩膏难及闾阎。对扬天子之麻，愿无忘乎民隐；时式周公之训，端有望于宸严。

在昔无逸之陈书也，冲子方将莅政，元公未暇明农。咏豳风之七月，赐乘石于九重。元首明哉一卷，务勤观省；民情见矣三时，亦戒疏慵。盖意主于无荒无怠，而道赅于作孚作恭。

宋公乃直撼藿悃，仰望枫宸。抽毫图写，拜手敷陈。谓治几于风动，贵德懋于日新。宵旰则职勤宫寝，规箴则责在臣邻。彼时人丕则有愆，占忘先甲；惟君子所其无逸，念矢惟寅。

况夫抚四海之遥，居万乘之贵。赖克慎以小心，用旁流乎协气。傥稼穑艰难之业，万民未敢安居；乃宫庭佚乐之缘，一举辄多糜费。置古训而不遵，念舆情其曷慰。故君之圣，则曰虽休勿

休；而臣之愚，惟防弗畏入畏。

明皇于是披图省览，展卷流连。幾余自厉，座右常悬。知予一人之懈赖，赖尔百职之多贤。我貌虽癯，敢忘丹屏之警；尔肠若石，庶几赤舃之篇。毋淫于观于游，曰惟省岁；不敢自暇自逸，即以祈天。

维时治懋开元，上恩勤政。珠囊宣四序之和，金鉴表千秋之盛。谀诞则鉴诸小人，抑畏则师诸往圣。下自克忠，上无弗敬。九陛之璇图捧出，用纳讦谟；一枝之金箸赐来，早承宠命。

是知欲布宏猷，务惩逸志。天位维艰，人心易肆。况臣制梅花之赋，久怀燮鼎调元；而君成棣萼之楼，早冀明伦致治。固不待图列功名，图呈耕织。而后见干戈能省厥躬，衣食勿忘所自。

圣天子健法天行，敏惟时务。瑞席萝图，庆延宝祚。庐欢匝宇，亿万姓共载尧仁；晋祝曼龄，五十载弥廑舜慕。岂仅追维周诰，钦迪哲于四人；景仰唐贤，凛惟贞于百度也哉！

丰年玉赋 以"言念君子，温其如玉"为韵

庾文康功深追琢，品重瑶琨。瑾怀比德，珍聘承恩。两晋才华，堪拟稚恭之谷；一时声价，如登卞氏之门。良由玉蕴含辉，异才生而非偶；遂以金穰表瑞，美利普而无言。

试观其外著菁英，内臻博瞻。玉山朗朗，度自能优；玉屑霏霏，言皆不厌。鸣玉佩而声和，登玉堂而藻掞。自信不贪为宝，德或堪昭；敢云待价而沽，圣犹克念。

然使苔华之名虽著，嘉谷之庇无闻。烟吐蓝田之璧，稼空绿野之云。则束帛以加，徒辑尧封之瑞；而阜财未裕，难歌虞陛之薰。或且等玩人于玩物，谁复以望岁者望君。

即使书美敷菑，诗歌良耜。茂豫皆同，绥丰足恃。而获中田之红稻，能取盈焉；至问上国之白珩，未闻有此。将五珏难锡于

康侯，双环孰售于韩子。

而是玉也，山先识璞，冈合名昆。英光璀璨，异彩纷缊。除王氏之珠林，差堪并美；非谢家之宝树，漫许同论。即此连城，真有芒兮作作；讵因被褐，诮无试以温温。

况怀异宝，更际良时。禾登再熟，稻种重思。囷定称瑶，玉粒及秋风而敛；田非耕石，玉粳随春雨而滋。既臻康阜，载采珍奇。贵等璠玙，想君子得无类是；艺斯黍稷，岂惰农罔有越其。

是不必笑璞之混鼠，是不必待梦之占鱼。积何须乎墉栉，赠何取乎琼琚。借学修为磨琢，奉经训为菑畬。无瑕或掩，有玷皆除。所由美福禄之同，攒称瑟彼；而验赫喧之象，弁亦星如也。

我皇上大冶所陶，片长必录。切磨者品尽琼瑶，拜献者言皆菽粟。喜珪璋之特达，朝有醇儒；观仓庾之既盈，野无浇俗。固宜人知懋勉，宛农功之是蓑是穮；民乐恬熙，颂皇度之式金式玉。

夏雨雨人赋 以"须臾慰满三农望"为韵

懿夫泽流寰海，惠洽康衢。因云洒润，蒸液成腴。忘夏日之可畏，载春风而与俱。公田膏雨我之章，情殷颂祷；政府霖雨人之念，术岂欢虞。此化被八纮而既渥，亦望隆万井以相须者也。

溯遗闻于简子，征名论于夷吾。谓舆情之共戴，宜阊惠之旁敷。德未及人，旧雨之三千易散；仁难慰彼，番风之廿四曾无。岂若消尘壒，灌醒醐。三时不害，万物皆苏。滴玉声声，嘉谷已蕃于陇亩；跳珠点点，流丸宛止于瓯臾。

吾想夫溽暑方蒸，炎歊共畏。火伞张初，风琴理未。轮腾鸟彩，古云则柱础仍干；畦坼龟纹，拜井则清泉莫沸。使无撒菽雨声，竟负送梅天气。则响断竹楼之瓦，凉意犹悭；买迟茅屋之春，吟情莫慰。

俄而瀑溅铜街，光浮雪碗。银竹纵横，冰丝长短。客欹青笠，恍来消夏之湾；农荷绿蓑，如入招凉之馆。引和扬惟草之风，布润解有菰之暵。无咨夏暑，七八月沟浍皆盈；预庆秋成，三百廛篝车定满。

由是思民依之可念，贵我泽之遐罩。情自深于望岁，愿更切于祈甘。雨好非私，毕见而星同共北；夏畦何虑，薰来而风已歌南。自非治励向明，离照咸钦作两；奚由爱能遍物，泰阶早验乎三。

夫惟仁昭汪濊，化洽醇酽。沛郁黍之膏，煦煦非惠；布召棠之荫，生生是庸。泽已下民，流水悉遵号令；材惟用汝，作霖自庆遭逢。溥西郊之大泽，沃东海之提封。固不仅润周于上尺下尺，而美备于山农泽农者矣。

然而势局于霸图，策成于良相。孰有如圣泽宏敷，皇猷普畅。序何分于春夏，庆玉烛以均调；瑞常应于雨风，兆珠囊之灵贶。喜见云生尧牗，聿兴八伯之歌；岂徒雨降傅岩，足慰万民之望。

九月九日马射赋 以"秋令司金，讲武习射"为韵

古王者德威远播，闿泽旁流。时调玉烛，宇奠金瓯。万骑龙骧，务肃清乎蛮徼；六军凫藻，咸拱卫乎皇州。犹复肆武事，懋嘉猷。仗前之红叶黄花，欢腾佳日；阵后之青霜紫电，气肃清秋。

原夫马射之行于秋也，制自汉而相沿，事至齐而始盛。弯弧则宝月同圆，括羽则金风共劲。瓜期早戒于虎贲，谷旦先差乎马政。选七校七萃之士，黄幄诘戎；定九月九日之期，白藏司令。

时则茱萸紫系，橘柚黄垂。霜清画戟，风卷牙旗。或经戏马之台，障泥欲湿；或试射雕之技，雨血纷披。尘离鹰隼，队肃熊罴。然此或偶然之肄习，事尚未有专司也。

至若循令节，奉纶音。聚骁骑，诏羽林。浮云连影，的晕栖禽。长扬竞赋，细柳平临。有绎考盛王之典，无争昭君子之心。

遴骏足于九方，花蹄踏铁；控燕弧之五石，羽镝鸣金。

玉勒沸兮红尘，铜街环兮赤棒。猿窜影于林园，雁惊鸣于荻港。阗阗鼓振，若海岛之鸣鼍；队队珠联，似冯夷之剖蚌。行间则勇说孙吴，马上则功夸刘项。惟射仪典有必详，故农隙事无不讲。

既而觯饮泽宫，筵开相圃。司马张赏获之旐，太史听论功之鼓。枪回而影散银虬，剑脱则气腾金虎。莫不仪羽鸿骞，威容鸾舞。神若秋清，气同春煦。咸崇尚德之风，共识止戈之武。

迨至日下枫林，露寒松粒。熊侯偃兮弦管阒，骍友归兮兵戈戢。金埒霞明，银鞍雾湿。于是降温纶，晋勋级。惩怠荒，勤补缉。兵可百年不用，狼燧皆销；备无一日或忘，豹韬宜习。

圣朝台庆熙春，尘清函夏。雪岭宣威，冰天向化。阅武启紫光之阁，虎侣胥和；修文详白矢之仪，銮舆凤驾。所由百职靖共，六军整暇。又何羡瑶台元圃之游，狸首驺虞之射也哉！

洞庭秋月赋 以"洞庭秋月生湖心"为韵

地涌晶球，天开银瓮。鲤浪澄鲜，鲸波颒洞。岸远烟销，潮平风送。三千界近蓬瀛，八九胸吞云梦。何处布帆斜挂，竹箭初平；有人铁笛遥横，梅花缓弄。

月明海峤，秋满洞庭。君山缭碧，鄂渚围青。雪消巴蜀，水接沧溟。阵云鸦散，仙乐螽听。芷香别浦，兰韵回汀。仙橘黄酣，井窥柳毅；苍梧碧霭，瑟杳湘灵。荡青螺于天际，散绿鸭以星零。

方月之未上也，木叶微脱，闲云欲流。烟波万里，暝色一楼。红醉蓼花之渚，白分芦絮之洲。暮雨催归，数声旅雁；落霞轻飐，几点沙鸥。映山光与江濑，界楚尾而吴头。低涵潋潋之天，蔚蓝入画；净洗峨嵋之水，空碧澄秋。

少焉雾脚初收，涛头顿歇。雪浪沦涟，金波出没。凉生珠蚌之胎，寒逼银蟾之窟。人间金管玉箫，天上琼楼贝阙。片帆徐荡，影碎珠玑；匹练微拖，光生林樾。揩净一奁明镜，大地皆秋；铺平万顷琉璃，重湖贮月。

天心未到，海角初生。二分窈窕，三五澄清。看池羽鹤飞来，漫空雾气；听到水龙吟罢，满地秋声。月凌波而穆穆，波浴月以盈盈。于此登楼把酒，合邀庾亮；有谁泛渚移篷，好约袁宏。

酒与诗逋，清篚不孤。身腾彩仗，魄濯冰壶。橹鸣风而哑哑，箫咽水以呜呜。万道金蛇，沄沄自绾；一轮玉兔，皎皎初扶。羡鱼而观钓者，控鲤而话仙乎。壮少陵笔底之波澜，乾坤日夜；问小范胸中之丘壑，廊庙江湖。

遂令千潭渺渺，万籁沉沉。静影澄璧，浮光耀金。卸估帆于远浦，隐渔火于寒浔。此夜湖光，尽陪玉盏；谁家秋思，尚仵瑶琴。数将几处峰青，梦里记诗人之句；吹彻一天白露，空中留太古之音。不尤足展宗悫乘风之志，而惬谢庄赋月之心也哉！

权土炭赋 以 "土炭轻重，可测阴阳" 为韵

至之义统乎三，权之法定以五。至有短长，权分仰俯。橐籥谁司，机缄自鼓。往来符寒暑之期，阖辟验乾坤之户。九阳默运，悬之而炭在洪炉；一撮无多，准之而令颁率土。

夫以伏近庚三，阳回子半。天根月窟之频移，晴雪温风之迭换。铜尺难量，金壶孰按。八十一日之寒图，未点春讶何来；六十五刻之昼漏，偏迟景疑再旦。胡仲冬仲夏，虞书惟察以玑衡；而一阴一阳，史记史稽之上炭。

岂不以土也者，王于四季，列在五行。为重阴所凝结，异颢气之清明。夏之日则上圭可测，冬之寒则上鼓先迎。乃载之块，乃持以衡。曾经绿野携来，挥金等重；又似软红踏遍，拾芥同轻。

惟炭也，活火能炊，积灰可壅。白屋争贻，红炉共拥。实阳

气所潜藏，作寒天之供奉。德原在木，伐当黄落之秋；惜更如金，名美乌银之种。偶与衡平，竟同土捧。势何有乎低昂，权然后知轻重。

时而天欲飞花，朝将赐果。柔荔几枝，寒梅数朵。喜亚岁之宜人，信阳和其召我。土自扬之弥高，炭自垂之如堕。天心无改，洵坐致以非难；日至堪求，岂与权之未可。

金翼忽其翔南，玉杓俄而指北。腾赤日之一轮，异黄钟之九德。鹿角解于峰前，蝉声鸣于岭侧。土如委地，阴已伏于一抔；炭似吹霞，气早蒸于五色。盖星堪纪乎龙躔，而候不同于蠡测。

是何必铜仪考证，玉律推寻。孤竹吹管，空桑理琴。借驵琮之轩轾，审元气之浮沉。香饼携时，胜对立竿之影；苔花划处，宛窥添线之针。故巽为权所行，可以度方中之永日；坎为权所执，可以观代谢之元阴。

圣天子四时为柄，二曜重光。协气旁流于泰宇，大权悉综于乾纲。冰炭不言，而臣摅忠直；土疆尽美，而民乐丰穰。固宜石廪占年，不待鸟官之司至；玉衡齐政，如吹凤琯以调阳。

玉河新柳赋 以"绿树阴浓夏日长"为韵

十里碧波，六街红旭。雪絮纵横，晴丝断续。嗽莺舌以徐调，泛鸭头而浅浴。依依而柳尽垂金，浥浥而河如漱玉。几日春来，天上旗影飞青；一时花扑，溪边水光漾绿。

不见夫锦浪回环，石梁横渡。远势垂虹，澄波振鹭。源浚玉泉山畔，净碧如揩；支分金水桥头，软红满路。望城郭之盘纡，带河流之奔注。场开九市，人看走马之花；春满万家，荫接栖莺之树。

盖是玉河者，引昆明而浸巨，达通惠而流深。两堤翼翼，万树森森。官街邻玉署之旁，红墙数仞；人字写液池之影，翠黛千寻。蕴藉风流，莫是灵和旧植；萧疏水次，依然梁苑新阴。

犹忆冰凝河浍，腊待岸容。叶逐霜减，条随雪封。写新韵以翩翩，未逢陶令；缅芳姿兮濯濯，不晤王恭。虽复风前驻马，尘外携筇。是古干犹横于岁晚，而繁阴尚待乎春浓。

俄细雨兮长亭，更轻烟兮曲榭。鹅黄袅而横栏，鹦绿遮而绕舍。风剪裁初，月梭织乍。柳条谁折，如牵灞岸之衣；柳叶谁穿，竞说华林之射。盖初归草际之春，又近梅炎之夏。

于时节过禁烟，候吹暖律。月影犹疏，晴丝渐密。遥连槐市，如依辋水之庄；近接柯亭，咸载枚乘之笔。乳燕飞迟，花骢去疾。对树色之葱茏，望河光兮洋溢。莫不玩淑景于初春，而极娱游于暇日。

况夫合百廛之佳景，荷九陛之恩光。红拂杏园之杏，绿依桑圃之桑。是何待营名细柳，赋献垂杨。即看烟霭帝城，金缕之舞风自韵；想见源分福海，璇波之流泽方长。

刻木为耕夫织妇赋 以题为韵

周世宗治尚宽仁，政殊苛刻。念廉远而堂高，轸租衣而税食。每怀绿野，朝负耒以何劳；更恤红窗，夕停梭而不得。于是仿厥形模，加之拂拭。遂令士女之图，竟列君王之侧。

盖以耕织之难也，锸荷青畴，杼操白屋。犊叱冲泥，蚕看入簇。倚桑梯于晓月，早卖新丝；盼稻陇之秋云，先空旧谷。计拙或鸠，踪忙似鹜。敢希渥泽于岩廊，遽被恩晖于草木。

况巍巍兮紫陛，更穆穆兮彤墀。阙高树梓，盖曲承芝。不同茧馆缫三，后妃有献；未是藉田推九，保介亲咨。称丝尚待，省稼何时。未必一人之视听，周知万姓之云为也。

胡为举目，忽尔关情。梨云缥缈，篝火纵横。雨笠写劳劳之态，寒机销轧轧之声。岂真天上农星，辉流殿陛；莫是河间织女，石化昆明。何彼妇之特勤于织，而斯人之不辍于耕。

爰稽其制，宛刻为图。柳村形影，茅舍规模。鹤头倒曳，蝉翼平铺。蓑青草隐，袖翠花扶。耒耜烟迷，一枝携来白叟；衣裳云想，七襄貌出黄姑。既设其官于鸠鸠扈扈，遂肖其像于妇妇夫夫。

质矣民情，难哉物力。汗雨犹挥，镫花不息。漫夸玉食鹄形，或瘁风霜；无侈袗衣龟手，频劳朝昃。相对依依，澄观默默。讵云未解躬耕，忍令休其蚕织。

徒观其材散同樗，性戕异柳。肘拟杨生，形描株守。非刻鸢之自诩匠心，非刻猴之浑忘棘手。第见紫陌尘容，绿窗蓬首。不琢不雕，何妍何丑。漫疑鹤籥，鸣促杼之王孙；应讶螭坳，噪催耕之鸠妇。

此皆念切农桑，情关粟布。大泽涵濡，元模陶铸。况身际乎熙朝，幸宏开乎宝路。户富仓箱，家盈缣素。何异乎上地中地，豳风陈黼座之诗；丝人谷人，寰海纳天储之赋也哉！

音声树赋 以"夜闻丝竹之音"为韵

画省风清，枢垣日暇。梅话傅岩，棠怀召舍。有拔地之古槐，荫凌云之曲榭。千寻黛色，苔翠封将；一片清光，桂轮上乍。何处繁音急节，乐奏钧天；顿教密叶疏枝，声传清夜。此天将宣燮鼎之和，人待赞纶扉之化也。

则有西台旧事，南部新闻。借半庭之嘉植，卜一代之元勋。每值金瓯，选姓名而郑重；先听玉树，奏丝管以缤纷。材堪作栋，木亦超群。岂因丁固当年，松阴早梦；抑是邺侯深夜，芋火曾分。胡清响宛传于绿水，觉高枝已接乎青云。

诚以是树也，音声为号，磈砢多姿。金黄缕缕，玉绿枝枝。叶荫鸾阁，英飞凤池。屈轶阶前，露湛同沾旧日；垂杨殿外，风流合想当时。方宫商之未吐，阕节奏以谁知。不随迎辇之花，根移紫陛；难近从绳之木，直表朱丝。

忽讶新声，偏成异曲。非管非弦，亦丝亦竹。龙吟自清，雁柱相续。似歌翠羽，冬干飞琼；如奏霓裳，秋香缀粟。声来而烟锁浓青，响罢则月低寒绿。想十年树就，手培桢干之材；即五夜听余，耳洗筝琶之俗。此会韵传丹地，万木无声；明朝人到黄扉，一夔已足。

试聆雅调，借验洪緹。南柯送喜，东阁凝禧。栖凤为条，布荫而长邻凤阁；化龙有干，铺棻而合近龙墀。韵胜戛琅玕之竹，音疑铿金石之芝。声在树间，若有假而鸣者；曲真天上，亦似夔乎鼓之。

夫惟圣天子调元是念，树德为心。帝牖松生，荫覆舞阶之羽；宸垣桐挺，声谐解愠之琴。招隐未吟丛桂，翘材早宴琼林。植豫茂之楩楠，凌霄捧日；谱中和于律吕，戛玉敲金。由是青蒲论事，丹扆垂箴。不诚极班联之隆遇，足以播雅颂之元音也哉！

雨后山光满郭青赋 以题为韵

地卷新岚，天收宿雨。雉堞晴开，螺峰溜吐。花含雾而蝶飞，柳垂丝而燕舞。日上三竿，烟洪半坞。漫空湿翠，直教洗净氛埃；满郭浓青，恰喜招来窗户。

在昔梦得情闲，和州住久。门对万山，郭环千亩。看云而逐樵童，课雨而呼田叟。笏拄霞霏，琴眠瀑走。怡人烟景，何分村北村南；写我画图，只在山前山后。

第见岩扉重叠，石磴回环。藤垂树古，竹瘦苔斑。高排岭脊，低映屏颜。掌凌空而似拊，眉远睇而成弯。随处列屏，黛描蓝本；有时读画，青到柴关。时则雨犹未至也，而只看乎绕郭之崇山。

俄焉锦鸠催唤，石燕回翔。银丝积润，竹瓦生凉。一片藓花，客滑登山之屐；半畦浪穀，人栽负郭之秧。既悦志于泉声树色，更凝眸于云影天光。

白点忽收，青留不断。林挂铜钲，沼平银碗。峰腰路转，迟夕照以闲闲；洞口絮铺，纳归云而缓缓。刚听山前之雨，静景霏微；更看雨后之山，清辉美满。

则有翼翼山城，迢迢水郭。屋瓦鳞铺，圳塍绣错。青梯万仞，直疑天外飞来；青霭一峰，恰自风前吹落。鸟鸣谷而嘤嘤，鹭飞田而漠漠。尽看翠点矶头，不辨绿浮草脚。

于是登高阁，敞闲庭。芳酒荐，绮琴停。山须饱看，雨记曾听。山市帘开，唤卖花于深巷；野田牧返，撷短笛于前汀。涌来叠嶂层峦，照须眉而尽绿；送入珠帘画栋，映鬟髻而皆青。

盖由佳景萧闲，韶光和煦。林壑争奇，烟霞寄趣。况夫蔼琼岛之新阴，沛天街之甘澍。风清乾络，幸近承湛露之恩；日捧泰山，窃愿奏凌云之赋。

东坡后游赤壁赋 以题为韵

一天寒月，十里霜风。鲸波晕碧，渔火分红。不速适逢佳客，雅游仍续髯翁。喜今夕复停乎画鹢，记旧时曾印乎泥鸿。好携酒盏诗筇，重经沔北；不待铜琶铁板，更唱江东。

犹忆夫木叶微脱，秋云似罗。曾披玉露，共泛金波。吹箫索和，扣舷载歌。亦既踪偕鱼鹿，舞起蛟鼍。问江山兮未改，计日月之几何。岂期踏月游来，淹留江国；尚未乘风归去，直入銮坡。

盖自白水盟坚，黄州住久。人抱冬心，地邻夏口。借泉石以遣怀，绘烟云而挥手。偶商举网，鲈絜四腮；更劝提壶，蚁倾一斗。曷禁登山临水，神游千载而前；肯教弄月吟风，兴倦九秋以后。

乃振衣兮高顶，快拄筇以从头。八鸿纵览，万象兼收。危巢攀鹘，幽筱潜虬。俯临而怪石争出，仰睇则寒星欲流。蹑双屐以难从，客自迟回中道；讶万山之俱应，翁方笑傲沧洲。固已破尘中之俗累，而成物外之清游。

一舸仍登，千峰忽隔。剪镫罢婪尾之尊，吹笛送紫裘之客。回瞻来径，只余江上峰青；容与中流，亦任波心月白。不逢费叟，而鹤已乘黄；如遇琴高，而鲤犹控赤。

既而蜗舍更阑，凫汀露滴。扉白版以重扃，乡黑甜而试觅。来羽士兮翩翩，话游踪而历历。一笑相逢，万缘俱寂。款关揖我，方惊缟袂凌烟；开户无人，剩有兰釭照壁。

是知蝶化偏闲，蜻从可慕。虽偶继乎前尘，尚未离其故步。只今江店云寒，雪堂日暮。黄泥坂畔，频看去马来牛；赤壁矶边，谁问闲鸥宿鹭。流连风景，好醒春梦于十年；愿叩山灵，重结古欢于两赋。

雁字赋 以"木落南翔，冰泮北徂"为韵

万里云蓝，半天雾縠。渺渺书空，行行送目。翰染烟飞，势斜锦簇。是蚓是蛇，亦鸡亦鹜。格妙鸿裁，毫欺虎仆。惟雁影之翩跹，宛字形之起伏。写到鸾漂凤泊，秋水斜阳；传来鸟篆虫书，寒山古木。

时则绝塞草衰，空林叶落。玉宇澄清，金风瘦削。羽重芦衔，足低帛缚。雁峰之烟雨微茫，雁迹之尘沙落寞。几番雁唳遥闻，何处雁书远托。悬空草破，青天则一纸平铺；照影临来，碧水则千行绎络。

雨意初合，云容乍含。章宜急就，格似粗谙。影迷骤认，墨妙微参。风乱而画将类鹜，烟深而细似眠蚕。度石而碑题苍藓，临江而墨泼澄潭。几时乍展瑶笺，玉关秋早；何地方完笔阵，衡岳天南。

翼恰高鶱，声方远扬。如裁凤诺，恍制鸾章。毫非簪兔，书
轶换羊。或斜或整，乍短乍长。岂真苏武之书，羁愁远达；莫是
液池之柳，人字回翔。

则有寒闺停织，夜阁回镫。缄封锦字，泪掩红冰。望龙堆而
路远，窥兔魄以宵澄。忽一行点缀分明，似寄秦嘉之札；想数载
音书辽阔，空担苏季之篷。定疑字寄乌衣，云轩送燕；不等花生
宝墨，误笔为蝇。

又有笔珥西清，典雠东观。云锦心裁，牙签手按。技陋虫雕，
经夸鹅换。青天搔首，问奇落雁峰前；碧落题碑，辨字戏鸿堂畔。
莫不引领混茫，游情汗漫。绘画天文，缔章云汉。直欲望飞鸿而
急趁风抟，岂惟赋鸣雁而寄情冰泮。

他若戍客辽阳，征人塞北。羽檄星驰，鸿泥雪塞。望长空而
字字纵横，听遗响而声声凄恻。影盼晓风残月，遑笑鸦涂；形描
薄蔼微曛，讵同鹄刻。灰疑画荻，稿成芦荻江边；锥若划沙，格
仿金沙岭侧。

由是鸿章远播，鹏路攸徂。濡水则草颠张旭，带雨则腕湿髯
苏。飞白则山前结阵，裁红则花下携雏。尽传韩柳精神，飞鸣指
顾；妙到钟王体势，仪羽为图。我国家珍鹭序，重鸿儒。仪夸舒
雁，瑞纪飞凫。吉卜渐逵，已庆青云得路；赋传遵渚，期偕赤舄
陈谟。

蟹断赋以"渔者纬萧，承流障蟹"为韵

白蘋香散，红蓼花疏。一镫烟外，两桨霜初。惟横行之郭索，
堪随处以爬梳。刚是菊天，宜对酒人之酒；试从苇岸，闲观渔父
之渔。有纬萧而至者，向水滨而问诸。

爰有断焉，制器惟精，称名独雅。籊竿匪钓于渊，蔓草先求
诸野。惊锦浪之游鱼，约银涛如奔马。傥遇无肠公子，求则得之；

宛逢度索仙人，援而止者。

天随子见而叹曰：是水国之秋光，得江村之风味。即蟹舍兮徐观，信鲈乡其可贵。予求予取，爱此轮困；是断是迁，昭其经纬。想吴野人之门外，鲜击依然；问毕吏部之船头，酒醒尚未。

夫以蟹之为物也，旁行横海，直下乘潮。黄丁负异，绀甲争翘。设鱼筌而莫获，奋螳斧以偏骄。不教网取团脐，榜人称快；安得持从左手，麴友重招。能勿对浪花之浩渺，而怅野兴之飘萧。

兹乃茅茹共拔，贯索相承。如圃樊柳，如岛垂藤。如珊入网，如泥引绳。如设滥渊之罟，如撑隔浦之罾。如河上翁之织箔，如月下老之携绳。限将衣带一条，沙爬兀兀；横拄晶帘十幅，浪卷层层。障圌筐而屡困，掉博带以安能。

清露满野，空江早秋。草泥路滑，星火光幽。几处登盘，馔霜脐而梦雪；有人荡浦，网铁脚而挐舟。采彼萧兮容与，执吾断兮夷犹。待将缚以寒蒲，嫛姍出水；何异搴来荇菜，左右乘流。

第见奔走蟹奴，喧阗蟹浪。时隔芦滩，遥闻鲈唱。渺万感于拍浮，洗寸心之尘障。关怀稻熟，已肥白玉之腴；到手杯空，共醉黄花之酿。固应双螯把而尽得风流，一舸浮而若其天放。

况复名士品题，才人挥洒。吴味分赊，江瑶共买。领略三秋逸趣，橙老烟岑；咀含一品奇膏，珍搜溟澥。岂仅白水同盟之念，所乐知鱼；宜守黄中通理之爻，借观诸蟹。

金带围赋以"一时四相，先兆名花"为韵

种降从天，花开捧日。品重纱笼，香浮绮室。惟此奇观，赏宜良弼。江山钟秀，五百年名世笃生；草木通灵，九十日芳春洋溢。倚画栏而影亚双双，像金带而荣铺一一。

昔韩魏公之守维扬也，黄堂坐理，绛节分持。评花选胜，摘叶裁诗。未步槐厅，绶初纡其若若；闲观芍圃，香乍放以枝枝。

晚节恩荣，待昼锦名堂之会；韶光绮丽，正春芳满坞之时，

爰有宝带征奇，名花献瑞。英族舒丹，蒂垂结翠。押红玉以成围，腰黄金而表异。摇曳当风，斑斓拂地。更胜科名草长，台阶之兆惟三；预知鼎鼐元调，迪哲之人有四。

盖以是花也，秘省常栽，丰台屡放。臭比兰清，心同葵向。谁拈一瓣之香，巧绘万钉之状。非荷裳与蕙带，香赠人间；非蕣荚与莲莆，根移天上。莫是种槐旧第，早储一代传人；抑同煨芋禅关，领取十年宰相。

花真如客，地与俱仙。金瓯未卜，玉铉争传。烧烛频看，人话邀头之日；举觞共贺，春留婪尾之天。当绮席初排，事偶不期而合；纵和羹有待，花偏得气之先。

锦砌烟开，华堂春晓。丝管骈罗，香云缭绕。幕官则霞举轩轩，郡倅则风裁矫矫。忽报嘉宾，才通介绍。拈花笑共，想皆梦卜之人；下带道存，恰应钧衡之兆。

岂不以朝廊硕辅，河岳菁英。锡鞶带而昭宠遇，赐金筋以表忠诚。指佞当侪乎屈轶，扬芬何减于华平。对花而占旌节，倚树而问音声。此时鱼佩依稀，早卜衮衣之望；异日龙图襄赞，定垂竹帛之名。

我朝绩熙皋禹，治迈勋华。猷宣黼黻，气蔚云霞。臣是栋梁，箴则陈之丹扆；相皆柱石，诏先贲以黄麻。固应湛露承恩，依温室省中之树；岂仅春风得意，看长安市上之花。

圣驾临雍讲学赋_{以题为韵}

皇上临御之三年，将举上仪，敷文命。开元模，炳心镜。乃卜二月上丁之吉，释奠先师，升香致敬。越七日癸丑，诏群僚，领英俊。启桥门而讲学，肃万方而观听，礼也。粤夫辟明雍和，规模肇定。环林菱蔚，圆流朗莹。昔炎汉之三雍，立经师而砥行。

繄虎观与鸿都，信金声而玉润。萧梁则讲肄亲临，李唐则经筵竞进。钟鼓管弦之乐备，登降揖让之仪盛。怀经者会云，侈袂者连乘。皇皇焉，穆穆焉，莫不梦旦而琴文，祖尧而述舜。洎我国家之初经营也，朱果昌其祚，白山笃其庆。膺图篆于东方，允德协乎三姓。太祖奋威乌喇，睿裁深濬。定辽阳而迁沈阳兮，巩金瓯而布政。审国语以谐声兮，创国书为考证。焕妫画与羲图兮，俨史纬而经经。至太宗而蒙古称藩，朝鲜纳聘。乘大白小白以整军兮，巡松山杏山而弭衅。迨櫜弓卷甲于盛京兮，文治犹然其丕振。建文庙以宏延兮，选士设科而倍慎。羌秘书、崇文与国史兮，三院屹然其崇峻。世祖入关以定鼎兮，极九有之协应。圣风播而云靡兮，义声驰而雷迅。盛礼兴乐，绥猷若性。士蝼蛇于绵蕞，工軯磕乎鼗磬。越六叶而逮我皇兮，允广渊而齐圣。方奋武于青宫兮，埽欃枪于一瞬。忠勇毅然其克嗣兮，始乘乾而出震。治已媲于黄农兮，心独契于贾郑。书圃乐其伴奂，礼园供其游泳。亦既广甲科，宏汲引。略经畬，整文阵。杞梓翘秀于邓林，玺绂倏爚于寒畯。五星聚而珠联兮，九河清而轨顺。麒麟游于郊薮兮，鸑鷟鸣于千仞。庭轧芴乎朱草兮，野缜纷乎丹甑。四海之内，嘒嘒熙熙，仰神禹之祗承，美武汤之表正。戴岐阳之怙冒，钦昭考之义胜。摄衢室之渊衷，汇源流于孔孟。而圣躬犹抑然自下，未尝忘乎咨儆也。

盖以恢帝王之宏图，调阴阳之元化。铺鸿藻以扬厉，陈彝章以切磋。则必凛绍闻，详劝课。誉宏通，惩懈惰。佛仔肩以缉熙，藉图书为右左。而后俎豆莘莘，极上倡而下和。洪惟我世祖之九年，实始举隆仪，勤法驾。殚周情与孔思，直虞迈而唐跨。圣祖嗣兴，思艰图大。秀艾坌集于璧池，弦诵铿鈜于上舍。八旗皆俊秀之班，五氏尽诗书之亚。丘索精其枕藉，典坟倚为脍炙。爰讲学于八年，实已进纯王而祛杂霸。维世宗之右文，越二载而罔暇。戒祭酒以垂箴，启泽宫以观射。棫朴风兴于海内兮，槐棘云从于辇下。新庙貌于阙里兮，亘虹梁而环曲榭。倏庆云之叆叇兮，补寥天以无罅。高宗御极，达聪左个。典举再三，恩隆格破。时则有朝鲜外藩，献琛挽驮。幸观礼于皇都，式三重以寡过。羡中国之有圣，随四方而来贺。膏雨忽其霍霶兮，洒天衢以微涴；藻芹濯以弥鲜兮，芳菲菲其远播。皇心豫而大赉兮，匪颁曷悕乎珍货。披玉轴以拜恩兮，赐锦袍而列坐。洒宸翰之烺烺兮，湿天题于宝座。仁宗由是前光，迪纯熙迓。经筵则朱墨纷陈，味余则琳琅满架。麈视学于三年，屡披章于乙夜。兰扇发以升庭兮，玉开莹而待价。焕奎府之文芒兮，靖南衡与西华。遂献馘于泮林兮，铭丰功于类祃。迨凤诏之再颁兮，尚不欲以勤劳谢。宜我皇纂戎洪绪，早朝晏罢。砺志精勤，宅衷蕴藉。抚旧典以永怀，务化成于区夏。虽义闻昭于海隅，皇道瞻于宾蜡。而扇巍巍，显翼翼，犹有不容相假者已。

爰命太史，爰诹吉辰。其日中浣，其时仲春。李桃蓝藟于凤阙兮，兰茝缛绣于龙津。菁莪苞茂以舒秀兮，华桐幂䍥而铺茵。红旭炫晃于槐市兮，绿波瀿瀙于藻蘋。霁云瀚乎雉尾兮，赪霞绚乎虬鳞。沐东皇之阊泽兮，寰海歌咏乎皇仁。厅启绳愆兮奥窈，堂开率性兮宏深。坊合经乎崇教兮，殿将历乎传心。羌先期以申戒兮，诏屡降于儒林。其内则司业、祭酒、王公、大臣、六堂蓼扰，庶尹辚辌。贵游子弟，畿辅缙绅。若若朱绂，偕偕青衿。声教之所渐被，经籍之所浸淫。炳至文之郁郁，期入古而骎骎。又有天禄、石渠宏博之彦，承明、金马著作之伦。东班、西班兮络绎，左翼、右翼兮璘彬。学正、学录兮罔不谨恪，鸣赞、引赞兮莫不肃震。奏衔名而钦派，悉绷连而崝嵘。其外则圣裔、贤裔，乘驿而云屯。东鲁、西安，辐轳而毕臻。下及椎髻、镂肤之辈，黄支、乌弋之氓。稽首京师，壤奠作宾。冠纵绯其藻咏，会弁烂其纷纶。亿若登春台以熙熙，聆广乐而愔愔。或鱼颉而鸟昕，或鹤立而麟振。服方领以矩步，先习礼于成均。乃复召水部，制冠簪。戒农曹，悬赏银。命武备，设铺陈。使宗正，董贤亲。膳司饎饎以饫赐，武夫戴鹝而徼巡。更衣之幄铺锦，席衣之彩错金。

蹲猛簴以碣硞兮，张雅瑟与颂琴。翬华辖而未御兮，偃朱竿以待伸。招雨师而泛洒兮，扚风伯使清尘。大丙弭夫骓辔兮，文鱼警夫雕轮。似华星之烂于虹渚兮，湛清露于响晨。似景风之煽乎艳阳兮，荡祥氛于绮闉。惟时天子方斋心菆室，毓德枫宸。听投签于阶石，摄诚敬于明禋。而礚礚硍硍，炳炳麟麟。跄跄济济，秩秩闾闾。凡望幸于东华门、成贤街而外者，合苍髻与黄耇，皆延颈举踵，俟我后以亲临。

质明则鸡人戒虎，侣从卤簿，肃仪卫供。帚棕街以冰净兮，阅棂星以穹窿。设中和韶乐于阶下兮，蒙瞍僧响而奏公。设丹陛大乐于门内兮，清乐骈列乎其东。金人矫首以仡仡兮，雷鼓磉其逢逢。翕赫昒霍，雾集而蒙合兮；蟺蜎蠖濩，深靓而莫穷。祭酒捧书以鳞布兮，玻锦帙其必恭。书左案而经右案兮，祈敬达乎宸聪。檐东西兮，领鹓班而殷辚。桥左右兮，骧鹭序以奔漎。齐总总，以撙撙。其相缪轕兮，拟玉佩之珑璁。贲若草木之烜春阳兮，森若鱼龙之逢雨风。而后春卿执简，请驾出宫。礼服备，御辇通。发灵鼍，铿鲸钟。驷苍骈取骊，骖时龙。华芝糁缊于高盖兮，鸾铃铮鎗于玉璁。九旂翩其飙举兮，云钺舞而花浓。青屋烂乎晴霁兮，朱旐亘乎长虹。八神奔而景嵒兮，走陆梁而飞蒙茸。前以太仆，随以章缝。凝丞陪乘，英杰珥彤。雅雅鱼鱼，回回熊熊。咸分翼排立，跪送于午门以外，而拜迎于辇道之中。我皇于是下雕辇，诏臣工。容晬盎，意谦冲。释奠先圣，告濯告充。导以礼官，相以太宗。秬鬯泔淡，元瓒沖瀜。芬芬懿懿，胖蠁丰融。讹硕麟而威素虬兮，焄蒿郁其蓬蓬。士皮弁以执豆兮，胥肃肃而雍雍。丝竹骈隐于四壁兮，羌洙泗其毋同。出大成之殿兮，度舒雁而仪鸿。御彝伦之堂兮，易衮服而华虫。筮俨探于委宛兮，道如访于崆峒。景时中之圣德兮，抒睿藻以褒崇。爰乃适辟雍而升宝座，聪听乎于谕于乐之钟镛。春官乃昌言曰：煌煌隆轨，聿追镐丰。洋洋圣谟，昭若发蒙。环九垓而建极，超百代而立隆。故积天下之道德，斯为辟；壅天下之仪则，是谓雍。群臣敢竭其梼昧，愿以奉彝训于皇躬也。

帝曰：俞哉，惟余一人，勤思参两。志借以崇，业赖以广。猗嗟臣工，言正论说。贤传圣经，以次进讲。毋愕贻于庞杂，毋黝纠于尘块。勿重牲以赆缪，侚辰光而悦朦。俾在廷有所折衷，而多士亦资规仿焉。惟时奏盛平之雅声，播咸英之清响。噌吰竑窭，爢煂犝朗。鸣赞齐班，儒臣列仗。佩缬银鱼，袍曳绣蟒。御香袅于博山，墨彩喷于书幌。屼书城以璘瑞，决文澜而泱渍。隆崛岉于青云，讵萎翳于榛莽。赫燀燀兮鸿胪，分引以趋跄。汨硇硇兮虎拜，扬休而偋悦。讲官自桥以南，历阶而上。左右便蕃，肃如函丈。捧案以备参稽，赐坐而加崇奖。侍中重席兮词不穷，博士悬河兮奇共赏。理醰醰以炳焕，论铿铿而慨慷。书陈四子兮义粹精，道贯百王兮源浩荡。由格致而治平兮，咸了然于指掌。揭修身为本计兮，宛提纲而挈网。非我后之宣聪，曷由启群伦之惘惘。既而祭酒陈经，单思畴曩。玉屑霏于燥吻兮，澄心馨以凝想。阐精一之奥旨兮，溍元识之朗爽。盖授受综其要图，绝非鹜歧途而杭断港。遂乃抒笃论于睿怀，涵天章以万象。绍允执而学有渊源，明诚正而理殊㤿恍。进而领之，若递钟之操于伯牙；俯而思之，若元珠之探于象罔。又若春霆发声，而惊蛰纷飞；烛龙衔照，而幽泉炯晃。微言奥旨，莫不覃覃深深，而龙见，而鸟澜，如乙火之吹于藜杖也。巨纪宏纲，莫不浩浩瀚瀚，而虎变，而兽扰，如夜光之剖于灵蚌也。爰有平格耆臣，兰台职长。雍容揄扬，揖让俯仰。而称制曰：惟圣有道，日悬天壤。惟皇有学，日加陶养。尔师弟其勉旃，庶足开将来而承既往。

时则圣驾犹未离乎辟雍也，第见胪欢，心奏清乐。仪丹凤，舞元鹤。臣心醉，天颜穆。雀舌烹，龙团瀹。承以鹦鹉之杯，斟以鸬鹚之杓。玉滴流膏，心香散馥。醽燕衍衍，醑湑绰绰。咇茀郁烈，馣然旁薄。漱艺圃之芳润，极湛恩之优渥。礼官敬告礼成兮，用以纾皇心之俨恪。由是返翠斿，移黄幄。载鸣鸾，控蛮鹿。云中之凤辇扶双，天上之龙骖御六。鸾斾揭兮星斗回，华盖平兮雨风簇。髶髦崒綷兮云飞，流苏骚杀兮电逐。皮轩鸿绸而绕猎，通游毖路以腾踔。峨峨影影，震震燫燫。卤簿前驱，导迎乐作。咏禧平之章，士戢肩其思乐。訬宫墙之辨，华晤缁帷以俨若。鼓箧翕习兮承育陶，铅錾缅联兮资博约。如堨如篦，如黼如铎。既乃退适于璇宫，规隆茂而辇煜铄。越翼日，备笙簧，陈羽籥。宫悬展，朝仪肃。武卫排天仗以分胪，仪曹捧谢章而进牍。宫漏未尽兮声传曙钟，庭燎有熏兮响残街柝。或三凤兮八龙，或百鸷兮一鹗。鳞萃鸟企，麟至雀跃。高会芙蓉之阙，大启天章之阁。环紫陛以觊觎，晋彤墀而俯伏。拜手赓歌，深情扬榷。际龙虎之风云，绥鸳鸯之福禄。天子乃御太和之殿，披衮龙之服。钟动午门，鞭鸣殿角。于焉记功，于焉访落。葵衷懔兮竭匡襄，天语褒兮备询度。电炡焱竖，云蔚赧驳。并将颁敕谕之炜煌，俾刊行于太学。惟崇实而黜华，恃贤臣为先觉。固非宋祖唐宗，所得拟其约略也。未几进司筵，具觞酌。臇山肤，罗海错。饭雕胡，羹芍药。露台敞兮风日清，垫席连兮履綦蹴。一行再行兮，奶酒茀芬；专席共席兮，绮筵驿骆。群臣方鼓舞欢忻，悚惶怍愕而未已也。犹且大甄陶，宏拔擢。进官阶，增科目。赐以彩缎，励尔边幅。赐以宫袍，戒尔覆悚。赐以文史，嘉尔诵读。赐以宝墨，供尔研索。输玉府之贡珍，启龙威之秘钥。或瓒锡而圭厘，或金追而玉琢。鹿鸣兮承尔筐，鹤鸣兮縻尔爵。隐赈崴嵬，峥嵘熠烁。簪缨鳞罗兮，若鸿翼之顺风；万骑潇率兮，若巨鱼之纵壑。勤清问于九重，遂以观人文于百族。

　　盖惟展尧思，殷舜慕。率旧章，循掌故。绍千圣之心传，延万年之景祚。仰维前代之成宪兮，既屡宏乎撰著。日知之隽旨攸昭兮，乐善之宸章备具。镌十三经于太学兮，既砭讹而订误。萃三万卷于文渊兮，亦缔章而绘句。鸿文峣然其蔚起兮，蜚英声而扬骏誉。矧仁宗之明睿兮，念典未忘于迟暮。我皇继志而述事兮，仁孝弥深于睿虑。故方其出斋宫，乘宝辂。小大咸从，伊教匪怒。非以夸誉髦之思皇，实以循列祖之故步也。乃考遗文，疏传注。

研精殚思，时敏是务。非以侈皇极之敷宣，犹是凛列宗之轨度也。彼孔颖达之颂释奠，孰若我皇之述舜祖尧封，先型而如晤。徐伯阳之颂临雍，孰若我皇之访范陈图，抉经腴于素裕。惟一人之无逸兮，范八纮而归陶铸。是用礼轨昌明，仁风吐嘘。养以和平，敦以仁恕。远至兮迩安，上畅兮下溯。百灵共效乎怀柔，万井宏开乎宝路。况复东鳀向化，西羌景附。朔北思毖，荆南觉悟。俗尽称为文薮兮，家悉储为武库。春弦溢于茆檐兮，夏课严于稚孺。粲风翻而云游兮，无作好与作恶。狭三季之趑趄兮，祛百王之蔽锢。快瑕秽之荡涤兮，奠苞桑以永固。于是薄海内外，天载地覆。经纬之所分躔，太和之所布濩。蹈德咏仁，踌躇四顾。莫不含和，吐气以致。词曰：盛哉乎德，是诚足广教思，大施措。六五帝而四三王，可以流管弦播韶濩者也。夫缵先绪，则达孝昭；牗颛愚，则深仁宇。酿春雨以涵濡，煽春风之和煦。置衢尊以斟酌，示周行而曲赴。又岂仅音昭昭以式临，马蹻蹻而在御。谓足敷帝训于紫宸，树先声于粉署云尔哉！行且起伯夷而相仪，晋后夔而共语。扬雄珥笔以摛辞，相如抽毫而献赋。合衢童壤叟之讴歌，有难罄形容于含茹。由是仁风衍而外流，谊方激而遐骛。而我熙朝之景运，炳焉与三代同风，固千载所推为奇遇者已。爰作颂曰：于昭辟雍崇德教兮，爰差吉旦载翠纛兮，鼓钟喤喤舆前导兮，我后戻止载色笑兮，式昭德音大则效兮，释奠礼成招选造兮，圜集桥门宏训诰兮，上绳先志广仁孝兮，多士汇征窥蕴奥兮，厚赐宠颁阴雨膏兮，化日中天永焜耀兮，瀛海从风德攸好兮，亿万斯年归丕冒兮。

读知养恬斋诗即题

万山深处钟灵淑，一代名臣剩缥缃。四牡皇华天子使，新诗题遍驿邮旁。

金铃玉磬韵悠扬，字字拈敲节奏长。健笔一枝天缭绕，我来披拂灿奇光。

名流赌韵昔登场，赤帜高张未觉恇。不有甲兵填满腹，岂能迅扫蓟门霜。

滇云陇月照湖湘，墨沈犹流奕叶香。第一开心谈不朽，易名恰并状元郎。明状元黎淳，华容人，谥文僖。

袁祖绶题，时年七十有六。

重印《知养恬斋全集》跋

罗文僖公一代伟人，其诗文镂板已三十余年而世不知，板亦不见，其仲嗣及孙求之十许载弗获。今岁，余以授公孙左清业，登公之堂，得读知养恬斋诗文，因题拙句四章，用志钦佩。五月，偕来省垣，忽以无心得之，左清深以为喜。余谓翰墨因缘，与造化往来，遂令潜藏毕出，感通甚微，理或然与！兹左清有事刷印，以公同好，而属余识其颠末于此。

光绪五年岁次己卯八月，石门袁祖绥予文氏跋，时年七十有六。